经济学学术前沿书系

EVOLUTION AND UPGRADE MECHANISM OF BEIJING KNOWLEDGE INTENSIVE SERVICE INDUSTRY UNDER ECONOMIC NEW NORMAL

经济新常态下北京市知识密集型服务业演化及升级机制研究

郭红莲　杜红平　徐建国　肖为群　著

U0952487

经济日报出版社

图书在版编目（CIP）数据

经济新常态下北京市知识密集型服务业演化及升级机制研究／郭红莲等著. -- 北京：经济日报出版社，2020.8

ISBN 978-7-5196-0699-2

Ⅰ.①经… Ⅱ.①郭… Ⅲ.①服务业-产业发展-研究-北京 Ⅳ.①F719

中国版本图书馆 CIP 数据核字（2020）第 139312 号

经济新常态下北京市知识密集型服务业演化及升级机制研究

作　　者	郭红莲　杜红平　徐建国　肖为群
责任编辑	陈　芬
责任校对	匡卫平
出版发行	经济日报出版社
地　　址	北京市西城区白纸坊东街 2 号 A 座综合楼 710（邮政编码：100054）
电　　话	010-63567684（总编室） 010-63584556（财经编辑部） 010-63567687（企业与企业家史编辑部） 010-63567683（经济与管理学术编辑部） 010-63538621　63567692（发行部）
网　　址	www.edpbook.com.cn
E-mail	edpbook@126.com
经　　销	全国新华书店
印　　刷	北京建宏印刷有限公司
开　　本	710×1000 mm　1/16
印　　张	15.5
字　　数	214 千字
版　　次	2020 年 8 月第一版
印　　次	2020 年 8 月第一次印刷
书　　号	ISBN 978-7-5196-0699-2
定　　价	48.00 元

版权所有　盗版必究　印装有误　负责调换

目　录

绪　论

0.1 问题的提出

0.1.1 研究背景

目前，我国经济由原来的高速增长转变为中高速增长，进入了新的稳定增长状态。农业、工业受到资源、环境等诸多因素的限制，增长潜力有限，服务业由于就业容量大，发展前景广，将会成为我国经济“稳增长、保就业”的主力军。北京市作为我国的首都和世界城市，是我国的政治、经济和文化中心，2018 年第三产业增加值占到 GDP 的 81.0%，知识密集型服务业（Knowledge Intensive Service Industry，简称 KISI）增加值又占到第三产业的 69.3%、GDP 的 56.1%。在经济下行压力日益增大的情况下，KISI 将是能给经济带来活力的最重要因素，KISI 的景气程度将直接决定北京市经济的景气程度（见图 0－1）。

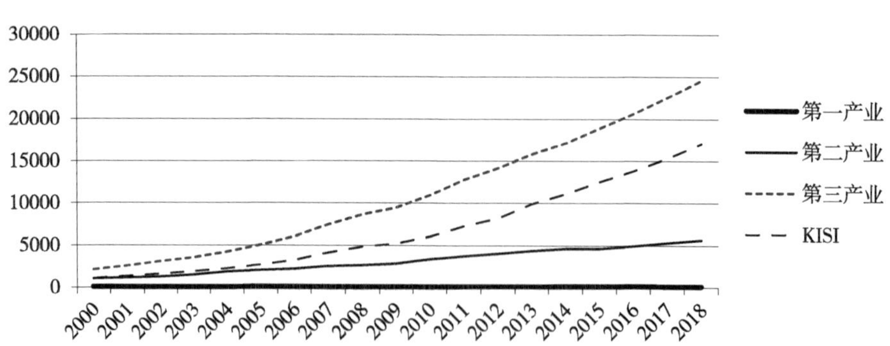

图 0－1　北京市 2000—2018 年三次产业及 KISI 增加值发展情况（单位：亿元）

然而，近几年北京市 KISI 的发展却不尽如人意（见图 0－2）。2001 年—2010 年 KISI 的平均增长率为 19.0%，2011 年—2018 年平均增长率仅为

13.9%，并且2016年—2018年连续3年仅为10%左右（见图0－2）。因此，如何在经济新常态下保持北京市经济强劲的增长已成为政府的重要议题。2019年1月14日，陈吉宁市长在《北京市政府工作报告》明确提出，2019年的主要任务有“坚持改革开放，着力推动北京高质量发展”，要“坚持创新驱动，着力增强全国科技创新中心的引领性和影响力”和“坚持文化自信，着力抓好全国文化中心建设”。基于此，本项目将对经济新常态下北京市KISI的演化及升级问题进行研究，希望能为北京市KISI的发展提供理论指导和决策支持。

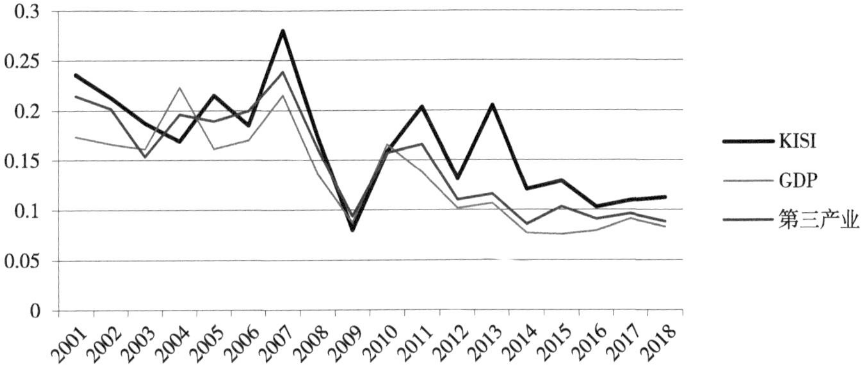

图0－2　北京市2000—2018年KISI增加值的增长率

0.1.2　研究意义

北京市KISI在首都经济发展中扮演着重要角色。近几年来，KISI发展迅猛，占GDP的比重越来越大，研究北京市KISI的发展，对北京市提高知识密集型服务企业经济效益、提升北京市KISI产业的整体竞争力、促进产业升级、优化产业结构、提升城市创新能力和国际竞争力有着重要的实践指导意义；而本书所采用的研究方法和创新之处也具有一定的理论价值。

0.1.2.1　实践指导意义

（1）提高知识密集型服务企业的经营管理水平和经济效益的需要。在知识密集型服务企业迅猛发展的同时，存在着不少包括技术、管理、市场、人才等方面的问题。这严重阻碍了知识密集型服务企业的发展，使许多知识密集型服务企业面临生存风险，一些企业也由此被淘汰。因此，研究北京市 KISI 的演化及升级机制，为知识密集型服务企业提供理论依据及实证研究，指导知识密集型服务企业的经营实践，从而提高知识密集型服务企业的经营水平，使知识密集型服务企业得到持续、健康、快速地发展。

（2）提升北京市 KISI 产业的整体竞争力的需要。从国际范围看，KISI 比一般服务更具有高度国家集中性及地区集中性的特征，如东京 KISI 占日本全国 KISI 的比重达 50%；曼哈顿是纽约 KISI 高度聚集的中心区，面积不到纽约市的 10%，但 KISI 就业集中度在 90% 以上。通过本文的研究，解决北京市如何营造 KISI 发展的良好氛围，制定怎样的产业扶持政策，如何形成高层次的 KISI 集群优势等在 KISI 发展中亟待解决的问题。

（3）促进北京市产业升级、产业结构优化的需要。通过与知识密集型服务企业的合作，传统企业的创新系统得到改造，使其向“组织创新型”升级转变。另一方面，KISI 与高新技术制造产业群优势互补，实现产业群的互动及服务与技术的正反馈，打造产业发展所需的完整知识链，使产业结构不断优化。通过本文的研究，为制造企业与知识密集型服务企业间的合作模式提供理论依据和实践指导，促进北京市产业的升级和产业结构的不断调整。

（4）增强北京市城市创新能力、提升国际竞争实力的需要。2017 年 9 月 13 日，党中央、国务院批复的《北京城市总体规划（2016 年—2035 年）》中提出，“北京的一切工作必须坚持全国政治中心、文化中心、国际交往中心、科技创新中心的城市战略定位”。KISI 产业集群与北京市文化、科技、国际交往、创新之间存在着强烈的互动效应，KISI 的发展依托于知识创新、技术创新和管理创新，以及这些创新的扩散和转移。发展 KISI 是北京成为全国“四个中心”的必然选择。通过本书的研究，将探讨集群内企业成员如何通过交流与合作，促进资源和信息的互补，进而使得服务技术增强和服务创新能力提高，最终提升北京市的国际竞争实力。

0.1.2.2　理论意义

服务管理、产业组织理论、博弈论、区域经济理论、技术创新理论是当前经济管理学术界研究的热点，本书拟以这些理论为基础，运用博弈论、投入产出法、灰色系统等方法来研究北京市 KISI 的发展，深入分析北京市 KISI 发展的特殊性，探讨 KISI 发展的一般规律，为丰富和发展这些理论和方法作出有益的尝试。

0.2　国内外研究现状述评

0.2.1　关于 KISI 内涵的研究

0.2.1.1　KISI 的概念

较早关于 KISI 的研究主要集中在其内涵上。不同学者对 KISI 研究的角度不同，因此定义不同，至今未有对 KISI 形成较普遍公认的定义。大致有以下几类：

第一类从投入资源特征、产出特征角度考虑。如 Miles 等认为 KISI 是指那些显著依赖于专门领域的专业性知识、向社会和用户提供以知识为基础的中间产品或服务的公司和组织。KISI 包括两大类：面向新技术集中使用者的传统专业服务（如促销广告、金融服务、会计和法律服务等）；以新技术为基础的知识密集型服务（如软件设计和其它计算机相关活动）。经济合作与发展组织（2001）认为，KISI 就是那些技术及人力资本投入密度较高、附加值大的服务行业。

第二类则从服务对象、服务过程和提供服务类型的独特性出发，如

Pim Den Hertog 和 Bilderbeek 认为 KISI 最重要任务是在服务业与制造业的创新过程中提供相关知识的服务；Hipp 认为知识密集型服务公司是指具有重要知识源作用的公司，服务于制造业和服务业客户，或服务于大学和其他研发机构等；Muller 和 Zenker（2001）提出 KISI 是提供高知识附加价值服务给其他企业的组织，是“顾问性”的公司。

第三类从企业人力资本状况、创新能力、创新过程出发，如 Dethe 和 Schmid 认为“测量服务业内员工的教育水平、过程创新和产品创新的平均比率，高于以上三个指标平均比率的产业（至少一个指标在平均比例以上）才能确定为 KISI”。Nählinder 提出 KISI 是提供基于技术的知识密集型服务的商业企业，KISI 及其客户均拥有受过良好教育的雇员，二者之间存在很高水平的交互作用。Kemppil 和 Mettänen 指出 KISI 的定义主要包括以下三点：①知识是服务的重要投入；②服务高度依赖于专业能力和知识；③服务提供商和客户之间有高度的互动，为知识的扩散和新知识的产生提供可能性。

第四类从运用的工具或技术角度出发，如国务院发展研究中心（2001）将 KISI 定义为：运用互联网、电子商务等信息化手段的现代知识服务产业，其产品价值体现在信息服务的输送和知识产权上，包括金融、保险、教育、咨询、信息电信、物流配送、计算机软件与信息加工服务、研究开发与测试服务、市场服务、商务组织服务（管理咨询、员工招聘服务）和人力资源开发服务等知识含量较高，需要一定专业技术水平和科研水平的服务行业。这一定义被认为较为全面和准确。

0.2.1.2 KISI 的特征

关于 KISI 的基本特征，我国学者进行了较多的研究。黄西川等（2003）认为 KISI 的特征有：它们都属于知识产品的再生产过程；从业人员主要是脑力劳动者，有比较完整的知识结构和应用、传播专业知识的能力；资产结构流动性强，以无形资产为主；组织结构扁平，生产组织方式柔性化；生产（供给）和消费的可分割性。李红（2005）认为 KISI 有以下特征：蕴涵密集的知识资产；高素质驾驭知识资产的知识工作者；高度依赖新技术；提供“知识服务”的角色定位；高交互性与网络学习；高度创新；强渗透与强辐射性。魏江等（2007）将 KISI 的特征归纳为“四高”，即高知识度、高技术度、高创新度和高互动度。李霞等（2007）认为 KISI 的特征有五个，即高度专业化的知识特性、服务的高附加值特性、服务的个性化、定制化特性、服务过程的交互性、广泛的知识网络特性。吴艳、高汝熹和陈跃刚（2007）认为 KISI 具有高度的交互性、高度的创新性和高附加值性。综合以上学者的研究基础，将 KISI 的特征归结为以下几点：

（1）高知识性

从知识创新过程来看，KISI 服务产品的性质是“知识密集”的，这些“产品”作为要素参加到客户的知识创造和知识整合过程中，知识密集型服务产品中包含大量的隐性知识，这些知识来源于它们与客户间的持续知识互动工程。从人员知识化专业化程度来看，KISI 作为特定知识的提供者，其雇员结构中通常有较高比例的接受过高等教育或相应培训的人才，他们是公司与客户之间知识交换的界面，KISI 的知识和能力与从业人员密切相关。知识是产业发展的第一要素，KISI 高度依赖专业性知识；或者组织自身就是主要的信息与知识来源。KISI 的知识资产有三大来源：组织内部员工的经验和专业知识、组织外部环境和客户的知识、两者互动产生的新知识（李红，2005）。

（2）高技术性

KISI 就像一个纽带，将技术知识与产业发展连接起来，它一方面积极地使用新技术为企业提供服务（如金融、保险、广告），另一方面创造并扩散新技术（如软件开发）。KISI 包含了特殊领域的技术知识，IT 咨询、工程咨询、管理咨询都聚集了大量的技术知识，其中最明显的例子是 ICT 的高度使用。

（3）高互动性

KISI 是客户需求导向型的。要为需求个性化、差异化的客户提供高度个性化的知识定制服务和专业知识设计，其服务过程必然伴随着服务机构与客户之间的频繁信息沟通和强烈的互动。KISI 与客户之间的知识流动是双向的过程，一方面 KISI 从客户那儿获取知识，反过来 KISI 通过把从外部获取的知识与自身知识结合，向客户提供特别问题的解决方案，同时补充 KISI 本身的知识库。KISI 与用户的互动越紧密持久，就越有可能将组织和技术的诀窍结合到用户的创新过程之中。由于 KISI 在提供服务时需要企业专业人员与客户间强烈的交互作用，因此 KISI 非常依赖个人的暗默知识，这使得个人专业知识成为其中的关键性资源，劳动力也因此成为知识密集型服务企业最重要的生产性资源。知识密集型服务企业间的竞争更多是在专业人员能力和素质上的竞争。

（4）高创新性

KISI 在知识经济社会中对知识的产生和扩散起着关键性的作用，在许多方面尤其在 R&D 和创新方面与普通服务业存在差异，扮演着知识接受者、知识界面和知识催化剂等角色。Miles 等（1995）提出，KISI 作为客户的创新合作者，有着影响其客户创新轨迹的能力，在创新过程中扮演着推动者、传播者和发起者等多重角色。KISI 在为客户提供服务的同时，自身必须不断创新，吸收新知识、学习新技术，创造出适合技术和生产发展要求的知识应用模式，推动客户的创新和发展。因此，从组织外部来看，KISI 为外部企业充当外部知识源，促进了其服务对象——客户公司的创新；从组织内部来看，KISI 自身也处在不断创新之中，包括服务方式、服务途径、服务内容等方面的知识创新；同时 KISI 与其他经济部门之间存在着互动关系，发挥着创新桥梁的作用。

（5）高附加值性

KISI 通过自身的知识创新，在满足客户需求的过程中，帮助客户实现创新，是一种高智力型难以复制的创新服务。首先，知识作为一种生产要素，其投入是报酬递增的。如以软件为载体的显性知识的开发成本是很高的，然而一旦被创造出来，就可以以接近为0的边际成本进行再生产和传播，如电影业、音乐制作业和计算机软件业。与显性知识低成本复制相联系的价值创造潜力会进一步激发人们对显性知识系统化的热情，数字化技术使得这一过程更加容易，极大地降低了知识的复制成本；其次，知识服务业不需要在特殊系统或过程中投资，也没有什么有形的产出。然而，客户却可能从中受益，如信息的来源渠道拓宽，形成新的组织结构和程序或更有效的培训或市场；其三，最重要的是一般的投入品在生产的同时就被消耗了，但在知识密集型行业中，知识的投入不仅没有消耗，反而在生产、与客户接触的过程中慢慢累积。客户从来自咨询企业专家的知识和经验中受益，同时咨询公司在咨询过程中其知识也得以积累和沉淀，这些将被用来建议别人，因此 KISI 具有高的附加值（吴艳、高汝熹、陈跃刚，2007）。

（6）强渗透与强辐射性

KISI 已成为知识经济社会知识基础设施的重要组成部分，承担着基础性知识生产和重新配置的双重功能，在国民经济发展中起着前瞻性、领导性和驱动者的作用。这个特殊的产业通过知识和信息的运用渗透到各个经济部门，为各个经济部门创造着高的附加价值。当前 KISI 与制造业融合，以及产品——服务统一化或服务功能化趋势是这一特征的体现。另外，功能上不同的 KISI 经常与其他 KISI 高度缠绕，相互依赖，如计算机服务、技术工程服务和法律服务、会计咨询服务间的相互依赖。这样，很多 KISI 相互关联而形成一种具有相当强烈的内在一致性的“知识密集型服务集群”，集群中的企业会出现明显和强烈的与其他部门间的合作与外购行为。

0.2.2 关于知识密集型服务企业的研究

KISI 是以知识密集型服务企业（Knowledge Intensive Business Service,

简称 KIBS）为基础的。近几年，国内外相关领域的研究成果迅猛增加，研究内容的深度和广度也在不断增强。关于 KIBS 的研究主要围绕创新模式、创新绩效以及对制造业的绩效影响等展开的。

0.2.2.1 关于知识密集型服务企业创新模式的研究

Pim Den Hertog（2000）探讨了作为创新参与者的知识密集型服务企业，建立了一个服务创新的四维模型，指出了除技术因素外，新服务理念、与客户之间的交互界面和服务传递系统对于创新的重要性。在创新过程中服务企业的作用被分为五种基本模式。知识密集型服务企业除了作为创新的推动者、传播者和发起者三种功能外，一些 KISI 还通过它们与客户存在的共生联系，具有作为创新的参与者的功能。另外，他还讨论了在创新过程中，除了有具体的和有形的知识传递外，基于过程的和无形的知识流动在这种关系中显得尤为重要。他认为 KISI 可被看作逐渐成为了与大学、科研院所等“第一知识基础设施”相对的“第二知识基础设施”。Nicoletta Corrocher、Lucia Cusmano 和 Andrea Morrison（2008）用实证的方法研究了意大利伦巴第地区的 KISI 创新模式，将其分为四种：交互创新模式，产品创新模式，保守创新模式和技术组织创新模式。在与集群成员有关的因素中，进一步的研究发现企业战略是最重要的决定因素，另外企业规模、客户位置和培训也对 KISI 的创新起着重要作用。Wong Poh Kam 和 Annette Singh（2008）基于对新加坡 180 个关键知识密集型服务企业的调查，研究了新加坡 KISI 的创新模式。发现虽然有许多知识密集型服务企业都有创新活动，但是只有 1/4 的知识密集型服务企业多于 25% 的收入来自于最近三年引进的服务。虽然 KISI 内部不同行业创新的比率不同，但是创新的企业都具有较快的员工增长率、营业额增长率和较高的国际化水平。一般来讲，知识密集型服务企业在创新率、创新强度上比制造企业更强。然而与欧洲发达国家相比，新加坡 KISI 的创新水平还有差距，因此，新加坡需要进一步开发人力资源和整合知识密集型服务企业的创新系统，以使它们成为新加坡经济发展更有力的创新推动者、传播者和发起者。Mark Freel（2006）根据对1161个小企业的调查数据，研究了KISI的技术创新模式，验证了Tether（2004）的一些观点，如在t－KIBS中，员工的高学历与技术创新有密切关系；而在p－KIBS中，与客户和供应商的合作对创新的作用明显；相反，研发投入对于制造企业的创新来说是最重要的因素。另外，也有一些因素如t－KIBS中的研发投资、与大学以及供应商的合作等被证实在t－KIBS创新中的作用并不明显。白鸥、魏江（2014）对比研究了p－KIBS与t－KIBS的KISI创新轨迹演化。魏江等（2006，2007，2008）从知识产权、技术方向、创新产生与供给、生产力发展水平的影响、创新周期、创新产品特征、国际化特征、系统空间范围等方面分析了知识密集型服务创新活动的一些基本特征，并与制造创新进行了对比；概括出KISI的创新范式具有先导作用、高度顾客导向性、与制造创新的边界日益模糊、成为制造企业构筑核心竞争力的关键、对市场经营模式的重塑五大特征。他们还对KISI的概念进行了梳理，提出KISI的特征与内涵有：高知识度、高技术度、高互动度和高创新度，并在探究分类依据基础上，将KISI具体分为四大类：金融服务业、信息与通讯服务业、科技服务业和商务服务业。接着，探讨了服务创新的实施框架，认为服务创新实施内容主要包括：产品创新、过程创新、组织创新和市场创新这四大方面，提出服务创新是从产品概念到市场开发的“一连串的事件”，市场和组织创新应当纳入服务创新的内容框架并受到充分重视。Nicoletta Corrocher等（2008）用实证的方法研究了意大利伦巴第地区的KISI创新模式。徐建敏和任荣明（2007）在对服务创新类型文献回顾、对KISI特征分析的基础上，通过泰康人寿保险、分众传媒、东软公司和携程网四个成功案例，根据KISI和客户接触的流程顺序将创新类型分为前端服务创新，服务过程创新，后端服务创新三类。孙阿楠、刘林红、夏琳和陈晓雨（2006）以恒生公司为例，研究了基于客户互动的软件服务创新模式。他们从知识观的角度总结出三种典型的软件业服务创新模式：技术推动型服务创新模式、双向互动型服务创新模式、客户导向型服务创新模式，分析了不同模式下的客户、互动过程和知识传递的特点，验证了 Strambach 提出的 KISI 生产和传递知识三阶段过程模型在软件服务业中的适用性。Robert Huggins（2011）对比探讨了伦敦和赫尔辛基 KIBS 发展中的创新、市场和网络问题。研究发现，KIBS 的发展通过知识流动到新的空间突破了全球化的限制，然而，KIBS 所在的区域仍然是企业创新系统关键的知识基础和空间建筑基础。

0.2.2.2 关于知识密集型服务企业创新与制造业关系的研究

王炳才和尹丹红（2008）探讨了 KISI 与制造业中的创新体系，他们通过分析制造业中的创新体系、比较制造业和知识密集型服务，揭示出制造业中创新体系是由各种表现为异质性的知识密集型服务活动联结起来的。这些服务有的是政府主导的，是先进的知识密集的政府服务，有些是知识密集型的商业服务，这些服务促进了制造业中经济效率的提高。Lars Bengtsson 和 Mandar Dabhilkar（2009）研究了瑞典 KISI 外包对制造业绩效的影响，结果显示制造业外包没有对运作绩效产生明显的影响。进一步的研究发现对技术和组织能力的投资对于提高制造业绩效有明显的作用。究其原因，主要是因为将部分业务外包和将关键流程分开会产生额外的成本和管理的对外依赖性。Poh Kam Wong 和 Zi - Lin He（2005）研究了新加坡知识密集型服务企业与制造企业之间的创新行为。发现知识密集型服务企业比制造企业更具有创新精神，但制造业比知识密集型服务企业更注重研发；知识密集型服务企业比制造业具有更高的人力资本密集度、培训支出和创新支出。尽管有些细微差别，知识密集型服务企业和制造企业具有相似的创新目标；知识密集型服务企业在创新上不如制造企业与国外伙伴合作多；知识密集型服务企业和制造企业在地理位置的合作上都呈 U 型模式；在知识密集型服务企业对制造企业客户提供的创新支持中，社会资本非常重要；在创新的不同阶段，与客户地理位置上的邻近对知识密集型服务企业和制造企业创新的重要性不同。Gallego Jorge 和 Maroto Andrés（2015）以欧洲 18 个国家 2000 年—2007 年的统计数据为基础，探讨了欧洲 KIBS 在长期协同发展中的专业化定位问题。Ferreira，João J. M. 等（2013）研究了 KIBS 创新与其他行业的区别，他们对比了葡萄牙 1000 家企业的数据，发现非 KIBS 企业反而具有更好的创新能力和创新绩效。金昕、陈松（2015）研究了 KIBS 的知识源战略、动态能力对探索式创新绩效的影响。李清政、徐朝霞（2014）以资源基础观关系营销和开放式创新理论为基础，探讨了顾客共同生产对服务创新绩效的影响机制。许学国、王羊昕、杨文静（2017）运用协同学思想构建 KISI 与先进制造业子系统的协同度评价指标体系。通过基于灰色关联与 CRITIC（criteria importance though intercrieria correlation）赋权法建立的复合系统协调度模型，实证研究上海市 2006 年—2015 年间 KISI 与先进制造业复合系统的协同化发展水平。研究结果表明：上海市 KISI 与先进制造业子系统有序度呈持续增长趋势，尤其是 KISI 子系统的有序度在近年来提升显著；而复合产业系统在经历高速发展后，受限于先进制造业的发展瓶颈及产业间多方面深度融合的欠缺，导致两产业系统在结构与功能上无法进一步有序耦合，产业协同化进程逐渐放缓。

0.2.3　关于 KISI 与区域经济的研究

国内外学者们探讨了关于 KISI 与区域经济的关联关系、作用机理及演变方式方面。Peter Wood（2005，2006）探讨了服务业对经济增长、区域重建和政策的作用。针对传统的服务业对区域经济的贡献认识，即服务业对区域经济的贡献在于它通过专家对其他活动的基础支持作用，“服务”质量对创新是非常重要的，包括互动、市场感知和无形的质量如信誉等。KISI 的增长反映了公司、中小企业和公共部门网络中 KISI 功能广泛的地区差异，区域竞争力更多的是体现在全球大都市区域的差异化，而不是区域创新系统内技术上的差异。他还研究了欧洲 KISI 的区域重要性。他评价了 KISINN（KISI 和创新）的网络工作，考察了 1996 年—1997 年欧洲八个国家 KISI 的区域影响（辐射）范围。他研究了自 1997 年以来 KISI 的增长对区域政策特别是与创新过程有关的思想产生了怎样的影响。Andreas Koch 和 Thomas Stahlecker（2006）从定性和概念角度对比分析了德国不莱梅、慕尼黑和斯图加特三个城市的区域创新系统、KISI 基金和生产系统之间的相互作用关系，表明了区域技术经济和制度结构如何影响早期的 KISI 产业发展。三个城市之间的差别主要在于为 KISI 的建立和持续发展提供知识、人力资源和机遇的资源禀赋。特别是在 KISI 发展的早期，与它们供应商和客户地理位置上的接近非常关键。为了 KISI 的持续发展，不但需要整个地区的设施，更重要的是知识密集型服务企业要有扩张的战略定位，另外，降低人才进入壁垒，创造吸引优秀人才的软环境也是发展知识密集型服务产业非常重要的前提条件。Heidi Wiig Aslesen 和 Arne Isaksen（2007）用实证方法分析了挪威首都奥斯陆地区 KISI（特别是软件产业和组织咨询业）作为其他企业和产业的代理人的作用。研究聚焦于在促进地区创新和增长的两方面作用，表明这两个 KISI 领域主要是为顾客提供个性化的产品和服务，因此他们有机会经常与顾客进行面对面的交流，这种联系刺激了创新，从而促进了区域经济的增长。Andrew Chadwick，John Glasson 和 Helen Lawtonon Smith（2008）研究了 20 世纪 90 年代英国区域和亚区域 KISI 从业人员的变动情况，他们发现 KISI 不但在“知识经济”时代起着关键作用，而且也是吸引劳动力最快的产业部门。然而在英国，这种就业增长分布非常不均衡。实证表明，在伦敦和“大东南”地区从北—西—南延伸的首府城市 KISI 的就业增长最强劲，而其他地区的 KISI 就业增长趋势却很微弱，没有明显的证据表明 KISI 的就业会从大城市向小城镇扩散。王缉慈等（1998，1999）运用增长极理论和孵化器理论分析了高新技术产业开发区对区域发展的影响。认为硅谷发展模式成功的因素为：众多高技术人才与密集的大学（研究机构），利于创新的特殊社会文化环境，风险投资，区域内的产业发展与集聚优势，区域内衍生小企业的能力强，特有的区域创新网络系统。并以知识创新和提高国力为目标，从知识与创新、技术进步与应变的区域政策、全球化和本地化、新的产业空间以及创新环境概念等五个方面，探讨了改进我国区域政策目标，推进区域创新环境建设的问题。并以中关村为例，分析了企业战略与地方区域创新环境的相互作用，讨论了有利于企业自身和整个本地化经济发展的战略，认为体制问题及思想意识问题是中国高新技术产业发展的主要问题。阎小培（1999）采用第三产业普查资料，深入分析了改革开放以来广州信息密集服务业的发展水平、空间发展特征和原因及其对城市地域结构的影响，揭示了信息密集服务业发展与城市地域运动的关系。魏江、朱海燕等（2007，2008）认为产业集群作为区域经济的助推器，其内部的制造业企业、一般服务业、大学科研机构、政府以及 KISI 五大主体之间的交互学习与创新显得尤为重要。而 KISI 作为创新系统内的知识中介，扮演着四种不同的创新桥梁角色：传统桥梁、“蜜蜂式”桥梁、“红娘式”桥梁、“网关式”桥梁。从 KISI 知识生产和知识转移的角度，深入分析创新桥梁的要素构成及知识生产和转移情况，得出创新桥梁的作用机理为知识获取、知识整合和新知识转移三大环节。并以某咨询公司为例，通过对管理咨询企业创新过程的剖析，探讨了知识密集型服务企业与客户互动各个阶段互动强度和知识转移路径的变化，进而揭示了 KISI 创新过程中与客户的创新机制。Robert Huggins（2011）、张霞等（2013）、时省等（2013）、方远平等（2014）认为 KISI 对整个区域经济的作用体现在集聚起来的企业通过创新，激活了市场主体之间的网络联系作用，即区域创新系统是以 KISI 的生存和发展机制为内生动力的。Marco Bettiol 等（2013）提出知识密集型服务企业的规模、经验、服务标准化程度、在技术网络中的投资和企业相对密度是影响区域内企业市场扩张的重要五要素。马睿、陈丽珍（2014）运用空间偏离—份额分析的方法，研究了 2004 年—2012 年江浙沪三个地区 KISI 整体和分行业竞争力水平，探索地域之间的联系是否对竞争力产生影响。结果表明 ：地域之间的联系对KISI的竞争力有一定的影响。在考虑空间影响下，通过与浙江和上海的对比，发现江苏省在三个省市中最具有竞争力，各个行业都有一定的优势，其中商务服务业的竞争力比其它两地强很多。Roberta Capello，Andrea Caragliu and Camilla Lenzi（2012）以欧洲地区为例，从空间和产业视角研究了区域城市表现、创新绩效与产业结构之间的关系，结果表明，区域大城市表现与其创新绩效正相关，原因是该地区具有强大的知识密集型服务而不是先进的制造业。Yuzhuo Cai，and Cui Liu（2015）以上海同济大学创新集群为例，探讨了大学在区域创新系统中的作用，研究发现，大学在区域创新中的作用是基于知识密集型服务而不是高科技制造，不同于假设的三螺旋结构模型，同济大学的研究表明在初始阶段，研发创新是自下而上的，在后期阶段，研发创新多为自上而下的。这种模型可能更适合中国的国情。Marco Bettiol等（2013）以创新活动活跃的意大利威尼托地区150家KIBS的数据为例，研究了KIBS市场扩张与企业规模、经验、服务标准化程度、对网络技术的投资、关系强度之间的关系，结果表明，企业规模、经验和对网络技术的投资与企业市场扩张之间呈正相关关系。Kristin Kronenberg（2013）探讨了挪威企业的再选址问题，结果显示，KIBS不同于非KIBS的搬迁行为，它们更有可能搬到人口聚集、工资高、本行业集群程度高的地区。Christine Benna等（2015）探讨了知识生产与工业设计企业选址之间的关系。KIBS一般聚集于大城市，主要原因是他们的知识生产所依赖的当地社会网络在大城市。Hung－nien Hsieh等（2015）以新竹和台南地区为例，探讨了KIBS对当地创新体系的知识中介作用。David Doloreux等（2008）研究了加拿大魁北克省1124家KIBS的特征和创新活动后发现，不论在大区域、中等区域还是中心区，KIBS的特征和创新活动都非常相似，没有明显的统计学差异。Andrew Johnston and Robert Huggins（2016）探讨了英国区域创新系统中大学、KIBS和协作网络之间的关系，研究发现企业的性质、位置、大学合作伙伴的研发意愿是他们形成知识网络的空间和地区的重要因素。越小的KIBS企业越愿意与当地的大学形成联系，因为他们对当地创新系统的依赖性更强。

0.2.3　关于北京市服务业的研究

0.2.3.1　对北京市服务业整体的研究

江晓薇（2001）对北京服务业发展的现状、发展趋势进行了分析，在此基础上提出了发展北京服务业的政策框架，主要包括：对于服务业本身再认识；提高人力资源素质；降低服务业的进入门槛。张华和梁进社（2004）认为城市或区域之经济活动的“基本/非基本部分”这个划分揭示了城市或区域与其内外的重要联系。他们以北京市投入产出表和全国投入产出表的数据为基础，验证了用区位商法测算基本部分的有效性，发现用传统的区位商法测算基本部分的误差很大。并对用区位商值判定的误差进行了阈值敏感分析和部门分析。对传统的区位商法进行了改进，确定了改进的区位商法的公式形式，并对公式进行了验证。另外，在投入产出分析的框架下得出了一个以中间使用率为基础的新的测算基本部分的经验公式，用北京市多年的数据对该公式进行了验证。庞毅和宋冬英（2005）分析了北京的经济发展现状，认为北京完全具有大力发展现代服务业的比较优势，提出以市场为导向，以企业为主体，以提高服务业科技竞争力、提升服务业附加值为核心，做大做强新型现代服务业，促进传统服务业的升级和改造，是首都现代服务业发展的重要选择。赵群毅、郑国和周一星等（2005，2007）首先从生产性服务业的增长动力、在城市和区域发展中的作用、生产性服务业的空间分布、生产性服务业企业的空间行为、全球城市框架下的生产性服务业几方面，对西方生产性服务业地理学研究进展进行梳理，归纳了西方生产性服务业地理学研究的主要特点。其次利用实际调查和深度访谈的资料，分析了北京经济技术开发区对北京郊区化的影响内容和影响机理，以北京第二次全国基本单位普查数据和都市区 228 个“街区单元”为属性数据和空间数据，运用空间分布实态模拟、空间自相关、因子分析等定量方法，完成了北京都市区生产者服务业空间结构的实证研究，总结提炼出北京都市区生产者服务业空间结构的主要特征和结构模式。接着将结论与西方研究的主流观点进行了比较，发现了转型期我国都市区快速发展的生产者服务业在整体空间结构、功能地域结构等方面的独特性。并提出了新的发展背景下我国生产性服务业地理学研究的拓展方向。汪先永等（2006）根据北京 1997 年 124 个部门投入产出表和 2002 年 130 个部门投入产出表，辨识北京产业体系的内在联系，确认重点产业链，并在此基础上确定北京产业结构调整方向，提出北京应重点发展机械设备产业群、电子信息产业群、汽车产业群、医药产业群和科研文教产业群。贺灿飞和朱晟君（2007）采用 2004 年经济普查数据考察北京制造业地理集聚及其形成机制。认为北京市制造业中传统产业比较集聚，高新技术产业和“现代制造业”相对分散，制造业呈一定郊区化趋势。实证分析表明，产业劳动力结构和空间结构显著影响北京市产业集聚水平。由于北京市具有一体化的高素质劳动力市场，高教育水平、高技能、高职称以及研发型劳动力显著促进产业集聚，低素质劳动力市场由于地域分割严重，不利于产业集聚。制造业向心分布提升产业集聚水平，但郊区化则推动产业分散布局。内部规模经济是产业集聚的推动力，地方产业政策与引资政策则导致产业离散分布。蔡安宁等（2015）则对世界城市目标下的北京产业链演变进行了研究，认为 1997 年—2007 年，一直处于核心产业的主要有计算机制造业、建筑业、航空运输业、金融业及科教服务业。孙永波、甄圆圆（2015）利用北京市 2004 年—2013 年现代服务业相关数据，通过建立多元回归模型，对北京市现代服务业发展的影响因素进行实证分析。结果表明：经济发展水平，服务消费需求水平，城市化水平，工业化水平，区域开放度以及政府投资支出与北京现代服务业发展均存在正相关关系。其中，经济发展水平对现代服务业发展的影响最为显著，而工业与现代服务业之间还未实现“无缝对接”，第二产业的发展并没有真正发挥对现代服务业发展的促进作用。

0.2.3.2 对北京市服务业与其他地区的对比与互动研究

谭成文和杨开忠（1997，2000）利用有关人口普查和统计资料，在京、津、沪对比中对北京经济基础进行了研究。认为北京第三产业总体优势明显，发挥着全国性三产服务中心的职能作用；天津在第三产业服务输出上，总体明显弱于北京，主要为大区服务。北京以物流为基础的劳动密集型三产行业处于劣势，如处于绝对劣势地位的水上运输业，处于显著相对劣势地位的仓储业、批发业；天津则是以人流、知识为基础的资金密集型、KISI 相对北京的劣势十分突出，如出版业、教科文、旅游业等，但一些物流行业相对北京处于绝对优势或相对优势地位。相对而言，北京发挥了人流、资金流、信息流中心的作用，天津则扮演了物流中心的角色。方远平和阎小培（2004）从服务业内部增加值构成、就业结构和基本—非基本分析等方面归纳与比较分析了我国沿海中心城市北京、上海和广州的服务业内部结构特点及其发展趋势，发现生产性服务业与社会性服务业发展迅猛，逐步成为中心城市的主导服务行业，而分配性服务业则出现较为明显的下降趋势，此外，其他服务业的快速发展表明服务业多样化趋势开始出现。同时归纳出三大中心城市的服务业结构特征为：北京市的服务业最具竞争优势，生产性和社会性服务业的地位最突出，上海市的生产性服务业发展水平较高，而广州则以分配性服务业高度发达而著称。并总结了中心城市服务业特征、趋势及一般规律。童昕和王缉慈（2005）以北京和上海为例，采用调查问卷和企业深入访谈相结合的方式，分别考察了两市 50 家创新型企业。从微观层面，对比企业对所在城市创新环境的主观认知与评价。调查发现企业对两市创新性产业的发展前景比较乐观，但上海企业对上海市的创新环境评价总体高于北京企业对北京的评价。结论指出，北京与上海的创新性产业发展与本地创新环境的特点密切相关，而城市对创新产业的影响是一个综合与复杂的过程。城市的创新政策需要改变以往针对个别重点产业的狭窄思路，而转向适应技术和市场快速变动的区域综合发展观。刘作丽和贺灿飞（2007）利用我国第一次经济普查数据分析京津冀地区工业结构趋同现象，并采用计量模型探讨工业结构相似的影响因素。王小平和陈永国（2008）以京津冀经济圈为例，研究了区域生产性服务业梯度与协作发展问题，认为京津冀生产性服务业各行业的梯度特征可以从增加值梯度、就业梯度和劳动生产率梯度等三个方面进行分析。基于梯度特征，提出进一步完善京津冀生产性服务业协作的对策措施包括建立政府性协调组织、发挥非政府组织的积极作用、促进三次产业互动协调发展、推进 KISI 的产业扩散、培育区域性大型服务业企业集团、加快中小企业网络化服务体系建设等。王必锋、赖志花（2016）的研究表明，天津市先进制造业与北京市高端服务业的协同程度在总体上高于河北省，各地可根据不同产业的不同情况，采取价值链延伸协同发展模式、价值链嵌入协同发展模式和价值链重组协同发展模式，以北京市高端服务业带动京津冀先进制造业的协同发展，建立高端服务业和先进制造业协同发展的平台，制定相关政策鼓励高端服务业和先进制造业的协同创新。孙兆慧（2015）研究了北京和台湾文化创意产业合作现状和存在问题，提出应引导台商投资北京文化创意产业、促进均衡布局，鼓励北京文创企业到台湾投资，大力开展京台两地创意人才的交流与合作，处理好政府与市场之间的关系等对策建议。申静等（2015）对比分析了北京与新加坡、华盛顿、伦敦和东京等国际大都市（国家）的高端服务业重点行业发展水平，揭示了北京高端服务业的优势和劣势。借鉴国际大都市（国家）的先进经验，提出了北京市应优先发展环境卫生行业、商务服务行业和信息服务行业，加强教育行业、科技服务行业和物流行业的建设，全面提升金融行业的国际竞争力等发展路径及对策。

0.2.3.3 对北京市高新技术服务业与区域发展研究

王缉慈、盖文启等（1996，1999）在调查研究的基础上，对北京中关村新技术企业集聚区域的企业衍生、集聚与扩散因素，以及企业的异地发展和地区内的商业区化趋势进行了讨论。刘学亮（2002）讨论了知识型服务业的兴起历程，阐释了知识型服务业兴起的原因，提出了关于知识型服务业的概念和行业类别的界定，探讨了知识型服务业的特征，并提出了北京发展知识型服务业的战略规划为：以医疗、传媒、教育、研发、会计、设计、律师、咨询、信息服务、投资银行等产业作为北京发展知识型服务业的重点；在空间布局上，建立以朝阳区、海淀区、西城区为中心的战略布局体系；鼓励以合伙人制企业、工作室、个人开业、NGO等多种形式发展，承认和规范这些组织形式的发展；实现北京整体形象的提升，将知识型服务业建成北京区域经济的特色，以此开展多方面的宣传等工作；发挥知识型服务业的特点，以首都知识型服务业构建北京区域经济创新体系网络。赵群毅（2007）利用北京市两次全国基本单位普查所提供的大样本数据，以“街区”为基本空间分析单元，从不同空间层次，分析了北京生产者服务业空间变动的特征及结构模式。发现：两次普查间，北京生产者服务业整体上处于空间集聚阶段；近郊区内沿为快速增长的核心地域，中心城增长速度缓慢，但并没有表现出明显的空间分散特征；“城八区集中分布，外围点状分布”的整体格局表现更为突出。傅正华和李明亮（2008）分析了北京创新性服务业发展趋势，认为在未来的一段时间里，北京创新型服务业的发展将呈现以下几个趋势：国际化趋势进一步加剧；专业服务能力将明显增强；创新型服务机构对政府的政策预期归于理性，行业管理趋于规范化；创新型服务机构进一步分化、整合，竞争力明显提升；创新型服务业新的业态将会不断出现。闫淑玲（2019）从北京市商务服务业各项指标数据着手，采用GM（1，1）模型从总量视角对北京市商务服务业发展趋势进行预测，最终得出未来五年北京市商务服务行业的发展趋势。文章认为，北京市商务服务业存在的问题有：具有较强国际竞争力的企业数量不足，人力成本逐步攀升、缺少高端人才，行业标准化体系不完备。提出要强化政府的引导作用、培育国际高端服务品牌、形成国际化标准体系、引进和培养高层次人才体系等建议。王思琦等（2010）依据北京市

KIBS 的相关统计数据，从 KIBS 行业资产额、从业人员数、从业人员工资报酬三个方面详细分析了北京市 KIBS 的现状，以利于衡量现在经济下北京市与国际发达城市之间的差距。

0.2.4 关于产业演化升级的研究

0.2.1.1 关于产业演化的研究

贺灿飞（2006）基于北京市投入—产出表，依据产业净流出，分析了北京市产业的比较优势及其变化。过去 15 年来，北京的劳动密集型和原料型制造业的优势逐渐丧失，以电子通信设备、化学工业和机械设备制造业为代表的资本和技术密集型产业正成为优势产业；服务业中，传统服务业从 20 世纪 80 年代的优势地位退居劣势地位，取而代之的是知识密集型的生产者服务业，如金融业、软件和计算机服务业、信息传输服务业、广告业、房地产开发业、商务服务、科技交流和推广服务业等。产业联系是北京产业比较优势的显著影响因素，资本、知识和技术是北京市产业比较优势的投入支撑。周伟（2016）通过调查研究和实证分析发现底特律破产的主要原因是其产业结构过于单一，加之政府的产业结构调整失当以及美国的特殊国情所致。文章论述了底特律产业结构演变过程、总结了其破产的经验教训，将底特律的产业结构与北京的产业结构进行了对比分析，提出了北京产业结构优化调整的思路与对策。颜燕等（2017）从区域产业演化的视角出发，探讨了产业关联以及制度环境对区域产业演化的影响。通过对 1998 年—2013 年中国 337 个地级单元和 167 个三位数制造业的实证研究发现，区域产业演化受到产业关联的显著影响，倾向于朝着与区域已有产业存在紧密联系的方向进行多样化发展。同时，对外开放度、市场自由化水平和政府干预程度三项区域制度变量作为重要的外部力量，会影响甚至改变区域产业演化的路径和方向。对外开放度高、市场自由化水平强、政府干预力度大的区域更有利于提高新产业进入和降低已有产业退出的可能性。赵卓、王敏（2015）建立了产业协同演化动力数理模型对我国电子及通讯设备业进行实证分析，验证了产业演化是关于一个特定市场需求、产业供给和制度环境等动力因素互动的非线性协同过程，据此提出我国现阶段产业发展的相关政策建议。杨阳、焦郑珊、孙显斌（2018）以汽车产业演化史为案例，根据产业演化路径及其运行机理，构建技术推动、需求拉动以及中介驱动三个层面的分析框架，从汽车产业演化动力机制转化的不同周期匹配中获得数据，通过交叉分析和比较分析，总结出影响产业演化的关键因素，探讨不同影响因素间的特点及其逻辑关系，最终形成产业演化的动力模型。他们认为产业演化是由三个相对独立结构组成的生态动力系统。前端结构的动力源是创新人才，引发产业变革；后端结构的动力源是企业家，承担着科技转化和产业发展的使命及责任，挖掘新需求，建立现代产业体系；中端结构是一个自上而下的过程，产业发展战略和平台载体二者相辅相成，是产业平稳过渡和演化的关键中介力量。邢菁华、张洵君（2018）重点分析了体外诊断产业的需求因素，产业知识基础和研发网络中协作关系变化，通过相关产业案例，归纳出在市场经济环境下，中国体外诊断为代表的技术创新与产业之间的演化关系。毛琦梁、王菲（2018）基于2003年—2009年中国地级地区四位数制造业数据，实证研究了地区比较优势演化的空间关联及其内在的知识扩散作用机制。结果表明，中国地区比较优势演化存在显著的空间关联，邻近地区间比较优势相似性程度更高，而且邻近地区间具有更大可能在对方已有显性比较优势的行业中发展获得比较优势。知识扩散空间衰减使得邻近地区间具有知识流动的优势，通过“成功产业示范效应”作用途径，知识扩散更易发生于具有较强竞争力的产业中，促进本地发展邻近地区的优势产业，进而引致邻近地区间比较优势的趋同演化。刘志攀、杨浩雄、魏彬（2016）研究了美国电子信息产业的演化及组织模式，将美国电子信息产业演化动因归于技术发明、市场需求、成果转化和政府行为四大方面，然后构建了电子信息产业演化机理因果循环图，依据美国电子信息产业发展的真实数据，应用系统动力学构建模型并进行仿真，提炼美国电子信息产业演化规律，并对中国未来的电子信息产业发展提供借鉴。孙晓华、王林（2014）从技术经济范式转换的视角，分析了战略性新兴产业演化的过程及阶段性特征，基于战略生态位管理理论，考察了技术和市场生态位在新兴产业发展不同时期的作用，针对市场生态位构建中存在的障碍因素，以新能源汽车为例，探究了有利于战略性新兴产业市场生态位培育的机制设计，包括新技术与市场需求的连接机制、消费者偏好的引导机制、基础设施的供给机制和公共政策的激励机制。薛雅伟、张剑、云乐鑫（2018）通过分析产业演化规律及阶段特点，构建了青岛市新区产业生命周期演化模型，选取四点法为参数估计方法，基于西海岸新区 2003 年—2015 年三次产业数据，分析新区产业生命周期演化规律。结果显示：西海岸新区第一产业占比较小，生命周期处于成形阶段的前置阶段，即发展停滞期；第二产业是新区发展的支柱产业，但已进入生命周期的成熟阶段；第三产业是新兴产业的聚集地，处于高速成长期，前景广阔。针对西海岸新区各产业生命周期演化情况，可以采取实施产业转型、培育新兴产业、打造特色产业等发展策略。毛剑梅、锁箭（2017）认为互联网通过产品、企业以及产业三个层面驱动旅游产业的社会化，这一过程既是技术驱动旅游产业内部各要素演化的过程，也是驱动旅游产业转型发展的过程。旅游企业及旅游业主管部门要主动融入互联网，以互联网助推企业竞争优势的获取和旅游产业的转型发展。邹文杰、蔡鹏鸿（2015）从揭示研发产业的自组织特征出发，应用哈肯产业系统演化模型，借助我国省市研发产业相关数据对研发产业演化机制进行实证分析，结果表明：研发产业生产率是研发产业演化的决定性因素，它主宰了研发产业的演化方向，技术市场交易量是影响研发产业演化的重要因素，研发产业生产率和技术市场交易量相互作用推动研发产业演化。霍国庆、王少永、李捷（2015）通过回溯全球主导产业演进历程发现：产业发展和人们需求具有强相关性，产业朝着满足更高层次需求的方向演化，满足高层次需求的产业因融入人类更多的智慧、具有更高智能化水平而表现出较强的成长性。在此基础上基于需求层次理论与需求弹性理论演绎出满足不同需求层次产业的五种产业生命周期类型，包括长期稳定型、周期波动型、螺旋上升型、迅速淘汰型和倒 U 型，并利用美国纺织业、汽车制造业、计算机及电子产业和化工产业 1977 年—2012 年的产值规模数据的时间序列图对相关产业生命周期类型进行验证，进而通过案例分析发现产业创新、产业政策、宏观环境等因素通过产业需求共同影响产业的演进，并使得产业生命周期表现出差异化，而“满足不同层次的需求”这一产业属性在产业创新、产业政策、宏观环境等因素对产业生命周期的影响中起调节作用。特日昆、宋波、徐飞（2015）基于技术与制度协同创新视角，在新熊彼特理论框架下，剖析战略性新兴产业技术、资本和人才等技术创新要素以及企业、金融和公共部门等制度创新主体，根据技术创新要素与制度创新主体之间的互动关系构建战略性新兴产业技术与制度协同创新框架。在此基础上，结合战略性新兴产业生命周期，阐释技术与制度协同创新的战略性新兴产业演化机理。王庆金、侯英津（2015）分析了文化创意产业价值链的纵向延伸、横向延伸以及价值链、创新链和资金链“三链”融合的集聚演化路径，探讨了网络化价值扩散的集聚演化路径，研究了市场拉动和文化推动下的空间演化路径，从法律法规、文化创意产业集聚区与区域经济的互动发展、投融资机制、文化创意企业的培育以及文化创意产业的协同创新平台体系等方面提出了文化创意产业集聚发展的策略。

0.2.4.2 关于产业升级的研究

渠慎宁、吕铁（2016）通过构建包含工业和服务业的两部门动态随机一般均衡（DSGE）模型，从工业和服务业相互融合的角度剖析产业结构转型对经济的影响。数值模拟结果发现，从经济增长潜力看，随着服务业占 GDP 比重的上升，其将会降低工业技术创新拉动 GDP 增长的效果，而服务业技术创新对 GDP 增长的影响却不会发生多少变化。服务业具备“经济稳定器”的作用，但其技术进步对宏观经济的外部性影响要弱于工业。在未来推进“产业结构迈向中高端”的过程中，应保持工业和服务业的均衡发展态势。邓向荣、曹红（2016）基于产品空间结构视角，利用 Feenstra 全球商品贸易数据及联合国商品贸易数据，在构建全球产品空间布局图的基础上，可视化中国 1962 年—2014 年产业升级路径，并实证检验中国与世界各国产业升级与比较优势之间的关系。结果表明：全球产业升级偏离比较优势程度与经济增幅正相关，生产能力累积引发产业持续创新是跨越式增长的重要原因；中国 50 余年的产业升级具有适度偏离比较优势特征，传统劳动密集型产业退出障碍会降低资源配置效率，抑制技术密集型产业的创新能力累积与跨越式升级。因此，建立产业进入退出机制以集中国家优势推进装备制造业等产业关键技术与共性技术研发，成为中国转型升级路径的必然选择。李伟庆、聂献忠（2015）深入地研究了产业升级与自主创新之间的影响机理，并在此基础上，就产业升级对自主创新的影响，运用适当模型和 1998 年—2012 年中国省际层面的相关数据进行了经验性检验。实证结果表明，产业升级对中国整体自主创新存在显著正面的溢出效应，产业升级的创新溢出效应越明显，中国自主创新能力越强，而对东部、中部和西部的自主创新效应则越存在较大差异。充分利用产业升级实现自主创新能力的提升，关键是要加大研发投入，提升自身的消化吸收能力和自主研发能力，营造有利于自主创新的政策环境。杨亚平、周泳宏（2013）利用中国 35 个大中城市 2000 年—2010 年面板数据进行经验检验，回归结果发现城市相对劳动力和土地成本对工业相对产值存在“挤出效应”，对服务业相对产值具有“促增作用”。并且相比服务业，劳动力成本变化对工业产值的挤出作用更明显；由于工业用地存在较明显的机会成本，土地相比劳动力对工业的离散力作用更显著。对比东中部城市群以及东西部城市群的计量检验结果发现，相比西部城市，中部城市具有低成本比较优势，成本差距对中部城市结构升级的推动作用更明显。汪旭晖、冯文琪（2016）通过分析大连市以电子商务服务业助推现代服务业升级的现状、面临的问题及未来发展方向的案例，总结出以电子商务服务业助推现代服务业升级的五条路径：以产业集聚为目标，倾力打造电子商务集聚区；以电子商务龙头企业为引领，努力提高现代服务业的总部经济效率；

以引进和建设第三方电子商务交易平台为手段，助推本地服务业触网上线；以结构优化为主线，实施电子商务驱动的传统服务业改造和优势产业培育；以区域协同为依托，大力促进城乡发展的协调互动。魏杰、杨林（2015）认为新常态下经济发展的主要任务：一是深化改革，二是产业结构调整。新常态下服务业、战略性新兴产业和现代制造业急需升级和培育。同时，产业结构调整可能会造成很多企业的经营困难甚至破产，产业结构调整的成本应由政府承担主要部分。因此，应实施更加适应新形势的配套改革措施，为产业结构调整提供更加便利的条件。陈如洁、张鹏、杨艳君（2019）从劳动生产率的视角，构建科技服务业发展水平对制造业升级影响模型并研究区域差异。根据经济发展水平将中国 30 个省份进行分类，计算出 2007 年—2016 年 30 个省份的科技服务业发展水平指数并作为核心解释变量，然后利用相关面板数据进行回归检验。结果显示不同经济发展水平地区两者之间的关系存在着差异：经济水平领先的地区由于两者发展层次的不匹配导致了科技服务业的发展没有对制造业升级起到相应的支撑作用，而经济发展水平中等的地区显示前者对后者存在正向促进作用，落后地区则显示两者不存在相关性。徐晔、陶长琪、丁晖（2015）构建了区域产业创新和产业升级指标评价体系，提出了产业创新与产业升级耦合模型，并对我国珠三角地区 2003 年—2011 年的产业创新和产业升级的耦合度做出了实证分析。研究发现，区域产业创新与产业升级耦合系统之间存在着要素、组织结构和制度上的耦合关系。实证结果表明，我国珠三角地区的产业创新与产业升级耦合关联度和耦合协调度都处于一个比较低的阶段，但自 2003 年以来一直处于缓慢的调整上升状态，未来有很大的提升空间。张其仔（2014）基于能力的比较优势理论，在对产业进行重新分类的基础上，对中国地区之间是否已发生雁阵式产业升级，以及能否通过雁阵式产业升级跨越中等收入陷阱进行了探讨。研究发现，无论是利用传统的产业分类方法，还是新的产业分类方法进行分析，中国已经发生了雁阵式产业升级现象，而且进入到了雁阵式产业升级第二阶段，东部地区在向中西部地区转移产业的同时，其自身的产业升级方向并不十分明晰；通过对地区间比较优势演化的分析，还发现，在雁阵式产业升级过程中，中国正面临“比较优势陷阱”的风险。这些因素都不利于中国通过实施雁阵式产业升级战略，克服中等收入国家可能面临的“比较优势断档”问题，实现区域协调发展。

综上，学者们对 KISI 及企业进行了多方研究，但对北京市 KISI 的演变发展进行的研究却显不足。本课题将在以上学者的研究基础之上和未来经济新常态的大环境形势下，着重对北京市 KISI 的演变及升级机制进行研究，主要解决以下问题：经济新常态下 KISI 的发展环境有什么特征？北京市 KISI 的创新机理、集聚效应、演化机制在经济新常态下有什么特点？北京市 KISI 同行企业之间、服务供应链上各节点企业之间的竞争合作在经济新常态下将分别呈现什么样的态势？KISI 升级是通过什么路径、如何实现的？政府应当采取什么样的政策措施更好地促进北京市 KISI 的发展？这些都是有关北京市 KISI 演化升级的主要问题，但要回答清楚并不容易。

0.2.5 本文研究范围界定

金学军（2002）将 KISI 分为技术服务（硬知识服务）、咨询服务（软知识服务）和电子商务服务（混合知识服务）三类。其中技术服务具体包括了信息技术服务、软件开发与信息源管理、专利服务等，咨询服务具体包括了金融投资咨询和代理服务、创业咨询服务、企业管理咨询服务等，电子商务则不仅提供了信息处理技术——信息处理平台，而且也提供了相关的信息咨询服务，因此是一种混合知识服务。黄西川等（2003）认为 KISI 包括：法律服务、会计、审计和簿记服务、统计服务、咨询业、市场调研和民意测验服务、广告业、营销沟通、工程和建筑设计业、城市规划服务、计算机应用服务业、管理服务（如人力资源管理、风险管理服务等）、保险和精算服务、公共关系服务、信用或证券评级、经纪与代理业

（如人才代理、猎头企业等）等。李春景、杜祖基和曾国屏（2006）将 KISI 分为邮政与电信服务、金融和保险服务、计算机及相关服务、R&D 活动、其他商业活动五类。魏江、胡胜蓉（2007）根据我国国民经济行业分类（GB/T4754—2002）和国际标准产业分类（ISIC/Rev. 3），并参考以上学者的定义，将金融服务业、信息与通信类、科技服务业、商务 4 大类 14 小类服务业列为 KISI。

本书则根据研究内容需要、北京市的特点以及获得数据的便利性，根据 Dathe、Schmid（2002）的观点，即"测量服务业内员工的教育水平、过程创新和产品创新的平均比率，高于以上三个指标平均比率的产业（至少一个指标在平均比例以上）才能确定为 KISI"，同时参照魏江、胡胜蓉（2007）对 KISI 的分类以及《北京市统计年鉴》和 2012 年投入产出表的行业分类，我们将信息传输、计算机服务和软件业、金融业、租赁和商务服务业、科学研究、科学研究与技术服务业、教育、卫生、社会保障和社会福利业、文化、体育与娱乐业作为北京市的 KISI（见表 0 - 1）。

表 0 - 1　北京市 KISI 部门的分类

部门（代码）	部门细分	行业代码	主要经济活动
信息传输、计算机服务和软件业（29）	电信和其他信息传输服务业	60108	电信，互联网信息服务，广播电视传输服务，卫星传输服务
	计算机服务业	61109	计算机系统服务，数据处理，计算机维修，其他计算机服务
	软件业	62110	公共软件服务，其他软件服务
金融保险业（32）	银行业	68115	中央银行，商业银行，其他银行
	证券业	69116	证券市场管理，证券经纪与交易，证券投资，证券分析与咨询
	保险业	70117	人寿保险，非人寿保险，保险辅助服务
	其他金融活动	71118	金融信托与管理，金融租赁，财务公司，邮政储蓄，典当，其他未列明的金融活动

续表

部门（代码）	部门细分	行业代码	主要经济活动
租赁和商务服务业（34）	租赁业	73123	机械设备租赁，文化及日用品出租
	商务服务业	74124	企业管理服务，法律服务，咨询与调查，广告业，知识产权服务，职业中介服务，市场管理，其他商务服务
科学研究事业（36）、综合技术服务业（37）、教育事业（39）、卫生、社会保障和社会福利业（40）、文化、体育和娱乐业（41）	研究与试验发展	75126	自然科学研究与试验发展，工程和技术研究与试验发展，农业科学研究与试验发展，医学研究与试验发展，社会人文科学研究与试验发展
	专业技术服务业	76127	气象服务，地震服务，海洋服务，测绘服务，技术检测，环境监测，工程技术与规划管理，其他专业技术服务
	科技交流和推广服务业	77128	技术推广服务，科技中介服务，其他科技服务
	地质勘查业	78129	矿产地质勘查，基础地质勘查，地质勘查技术服务
	教育	84135	学前教育，初等教育，中等教育，高等教育，其他教育
	卫生	85136	医院，卫生院及社区医疗活动，门诊部医疗活动，计划生育技术服务活动，妇幼保健活动，专科疾病防治活动，疾病预防控制及防疫活动，其他卫生活动
	社会保障业	86137	社会保障业
	社会福利业	87138	提供住宿的社会福利，不提供住宿的社会福利
	新闻出版业	88139	新闻业，出版业
	广播、电视、电影和音像业	89140	广播，电视，电影，音像制作
	文化艺术业	90141	文艺创作与表演，艺术表演场馆，图书馆与档案馆，文物及文化保护，博物馆，烈士陵园、纪念馆，群众文化活动，文化艺术经纪代理，其他文化艺术
	体育	91142	体育组织，体育场馆，其他体育
	娱乐业	92143	室内娱乐活动，游乐园，休闲健身娱乐活动，其他娱乐活动

资料来源：根据 2012 年 42 个部门投入产出表和中国 2012 年投入产出表部门分类与国民经济行业分类对照表整理

0.3　研究内容与研究方法

0.3.1　主要研究内容

本书的主要研究内容拟按以下六个专题展开：

专题一：经济新常态下北京市 KISI 发展现状及环境分析。在对国内外研究文献进行分类综述的基础上，界定本文的研究范围；对北京市 KISI 的总量情况、占 GDP 比重、从业人员情况、变迁规律、存在问题进行归纳总结；着重对经济新常态下 KISI 的生产要素、需求条件、相关和支持产业、政策和机遇等环境因素进行分析。

专题二：经济新常态下北京市 KISI 演化机制研究。对经济新常态下北京市 KISI 所处的演化阶段进行判识；探讨 KISI 的创新机理、集聚效应；建立北京市 KISI 的产业演化模型，对北京市 KISI 的成长动力、稳定机制进行分析研究。

专题三：经济新常态下北京市 KISI 升级机制研究。首先探讨新常态下 KISI 内部同行业企业间的横向竞争合作关系，建立竞争演化模型来模拟产业的市场结构、行为和绩效；其次研究新常态下服务供应链条上各企业间的纵向竞合关系，对节点企业间的竞合过程、互动创新行为特征进行分析，建立 KIBS 供应链竞合创新博弈模型，模拟在一定契约机制下通过合作创新实现产业升级的过程，提出 KISI 升级的路径选择原则。

专题四：经济新常态下北京市 KIBS 转型升级案例研究。本项目将选择北京市典型的 KIBS 如北京移动和北京联通、工商银行和农业银行、百度公司和谷歌公司进行同行业企业之间竞争合作的案例研究；选择加盟中国银联的 18 家商业银行、中国联通和中国电信两家移动通信运营商、华为和三星等手机制造商组成的移动支付产业联盟进行知识密集型服务供应链竞争合作的案例研究。以验证专题三的结论，并为其他 KIBS 的升级提供借鉴。

专题五：经济新常态下北京市 KISI 发展预测研究。对北京市 KISI 未来发展的总量、占 GDP 的比重、人才需求、资金需求、分行业的发展总量及要素需求等进行预测。

专题六：经济新常态下北京市 KISI 发展的政策及对策研究。提出经济新常态下促进北京市 KISI 升级的政策建议，为有关部门的决策提供支持；提出经济新常态下 KIBS 的发展对策，为 KIBS 的决策提供参考。

0.3.2 研究思路

本书拟采用“资料收集、文献综述——经济新常态下北京市 KISI 发展现状及环境分析——宏观产业整体演化分析（产业演化机制、产业发展预测）——微观企业竞争演化升级分析（微观企业竞合创新行为分析、产业升级机制分析）——案例研究——结论及对策、政策建议”的技术路线进行研究（见图0－3）。

0.3.3 研究方法

理论分析法。本书利用产业组织理论、演化博弈理论、区域经济理论等国内外研究成果，分析北京市 KISI 的发展，并剖析北京市 KISI 的发展过程和制约因素。借鉴国内外最新的研究成果，分析北京市 KISI 发展的升级机理、演变过程和外部条件。

模型模拟法。本书将建立反映 KISI 产业演化的演化博弈模型、反映未来发展趋势的预测模型、反映 KIBS 间竞争的博弈模型、KISI 供应链上节点企业间的竞合博弈模型。

案例分析法。通过对北京市 KISI 中银行、电信、软件等行业企业进行

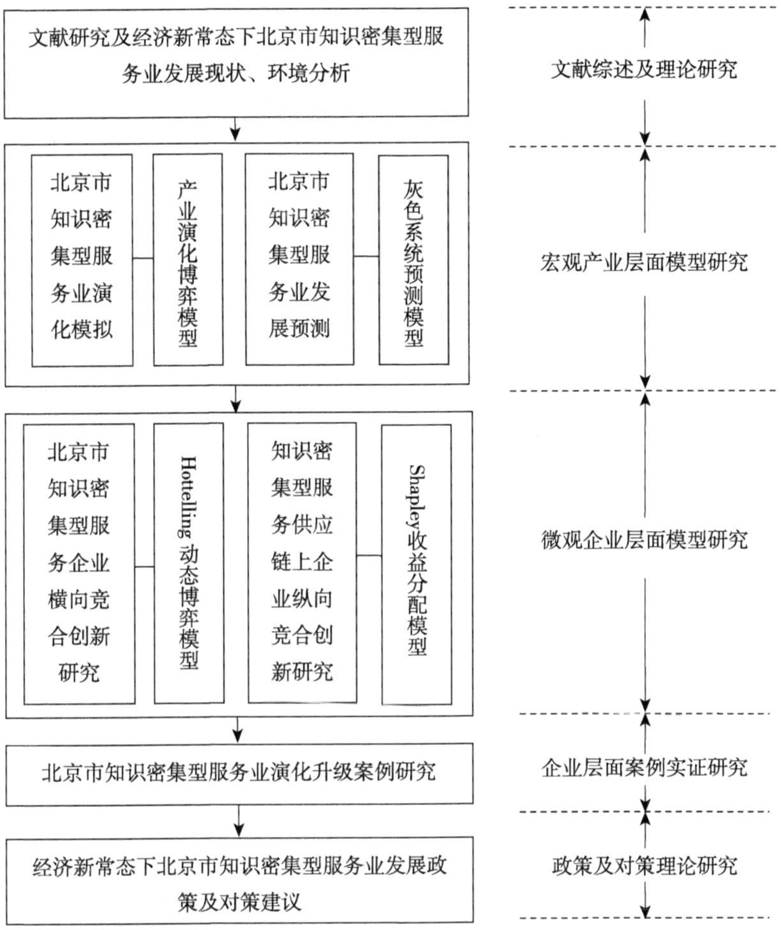

图 0－3　本课题的研究思路

剖析，运用已有的理论解释实际发生的现象间的关系、检验已有的理论或提炼出新的思想，发现新的问题。为其他 KIBS 发展提供借鉴。

0.4　本课题研究的重点、难点和创新之处

0.4.1　本课题的研究重点和难点

本课题的重点和难点体现在以下两点：一是反映 KISI 产业演化的演化

博弈模型建立和反映未来发展趋势的预测模型建立；二是反映 KIBS 间竞争合作创新的博弈模型建立和刻画 KISI 供应链上节点企业间的竞合创新博弈模型建立。

0.4.2 创新之处

本课题的创新之处将主要体现在以下两点：

研究内容体系创新。本项目将对经济新常态下北京市 KISI 的发展现状、发展环境、企业间竞争、供应链上的竞合、产业升级、演化轨迹等进行系统的研究，是北京市 KISI 的一个完整的实证研究。

研究方法创新。本书将运用演化博弈论研究北京市 KISI 的发展问题，是用新的方法研究 KISI 发展问题；另外，本书对北京市 KISI 的发展建立博弈模型、灰色系统预测模型、产业演化模型并用统计数据进行实证分析，将已有的方法运用于新的研究领域，也是一种创新。

第一章　经济新常态下北京市 KISI 发展现状及环境分析

1.1 总量情况

1.1.1 增加值总量

进入21世纪以来，北京市KISI整体上升趋势显著，增长速度有波动。从2000年—2017年，北京市KISI的工业增加值由1073.5亿元增加到15308亿元，17年中增长了14.3倍，翻了3番多，成为拉动北京市经济发展的重要力量（见图1－1）。KISI增长速度与北京市地区GDP的增长速度变化基本保持一致。

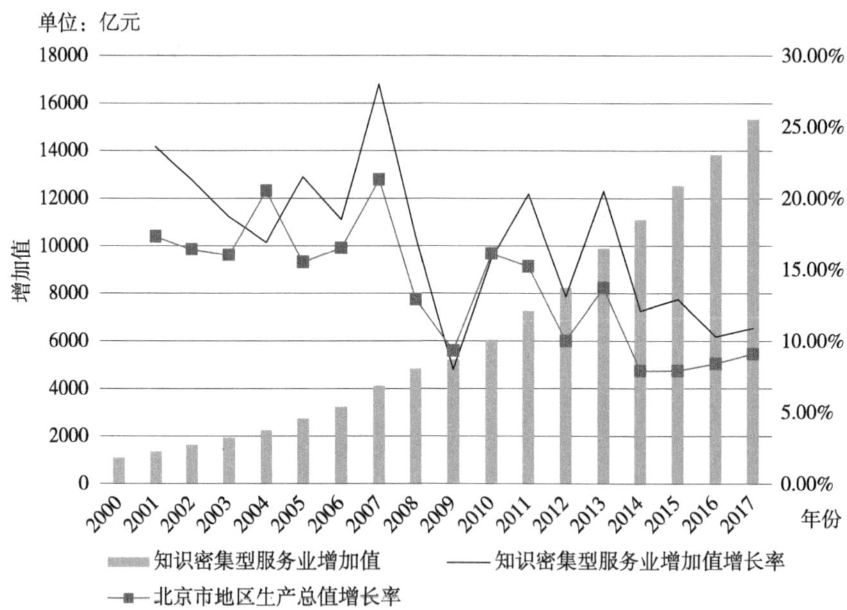

图1－1　北京市KISI增加值发展状况

数据来源：《北京市统计年鉴（2004—2018）》

1.1.2　增加值在北京市 GDP 中所占比例

从 2000 年—2017 年，北京市 KISI 占地区 GDP 的比重由 34.0% 上升到 54.6%，基本呈现稳步上升的态势，成为北京市经济的重要支柱。

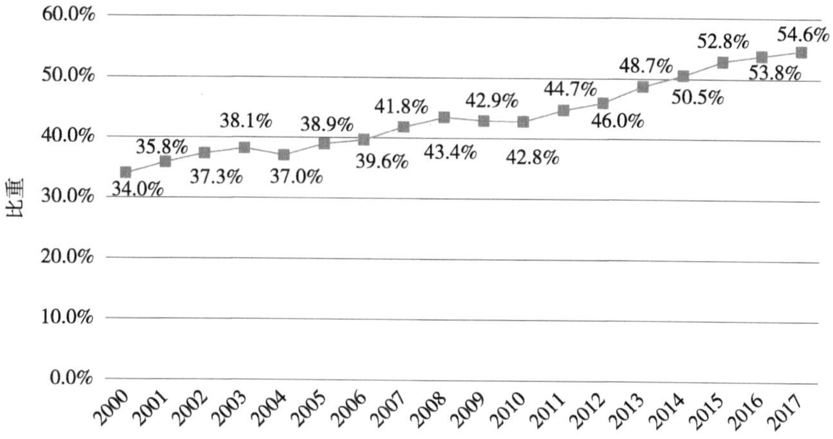

图 1－2　北京市 KISI 增加值占 GDP 的比重发展状况

数据来源：《北京市统计年鉴（2004—2018）》

1.1.3　就业总人数

从 2003 年—2017 年，北京市 KISI 的从业人员从 169.0 万人增加到 547.5 万人，增长了 2.2 倍，新增从业人员 378.5 万人。（见图 1－3）

1.1.4　在全市就业人口中所占比例

《北京市统计年鉴》中，2007 年之前按不同行业统计“全市从业人员”，2008 年之后按不同行业统计“全市法人单位从业人员”，统计口径不一致使得年度之间的可比性较差，但也能看出一些总的状况：从 2003 年—2017 年，北京市 KISI 从业人员占从业人员的比例由 24.0% 上升到了 48.9%，增长了 1 倍，KISI 成为吸纳就业的主要领域。（见图 1－4）

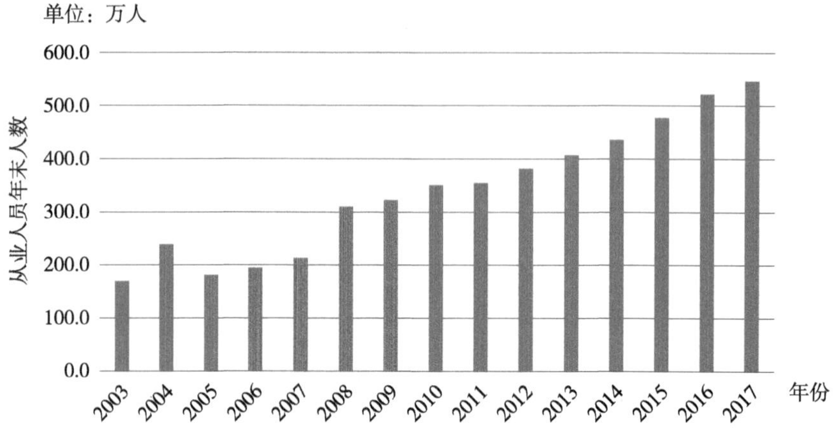

图 1－3　北京市 KISI 从业人员的发展状况

数据来源：《北京市统计年鉴（2004—2018）》

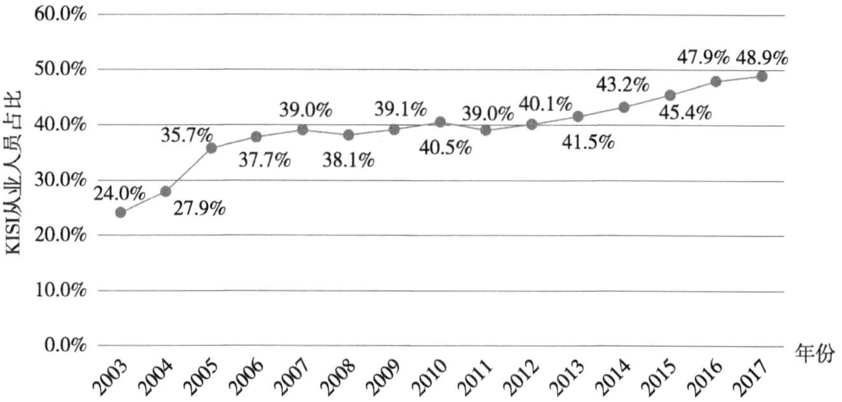

图 1－4　北京市 KISI 从业人员所占比重的发展状况

数据来源：《北京市统计年鉴（2004—2018）》

1.2　内部结构

1.2.1　增加值结构

根据国家统计局规定，2012 年起执行 2011 年国民经济行业分类标准

(GB/T 4754—2011)。2012 年之前行业按国家 2002 年版国民经济行业分类标准核算，受行业划分标准变化影响，有些行业缺少同口径数据，KISI 内各行业年度之间的可比性较弱，不过仍然可以看出变化。从北京市 KISI 内部各行业占比的变化看，金融业从 2000 年占 KISI 的“半壁江山”（占比 39.6%）一直减少到了 2017 年的 30.4%；而信息传输、软件和信息技术服务业（2002 年版国民经济行业分类标准为“信息传输、计算机服务和软件业”）从 2000 年的 15.3% 增加到了 2017 年的 21.1%，呈稳定增长趋势；租赁和商务服务业占比呈现先升后降的变化，2000 年占比 11.1%，最高占比在 2012 年为 16.3%，到了 2017 年又降为 12.6%；科学研究和技术服务业（2002 年版国民经济行业分类标准为“科学研究、技术服务和地质勘察业”）占比从 2000 年 11.5% 增加到了 2017 年 18.7%，增长趋势明显；教育占比从 2000 年以来，一直比较稳定，维持在 9% 左右；卫生和社会工作

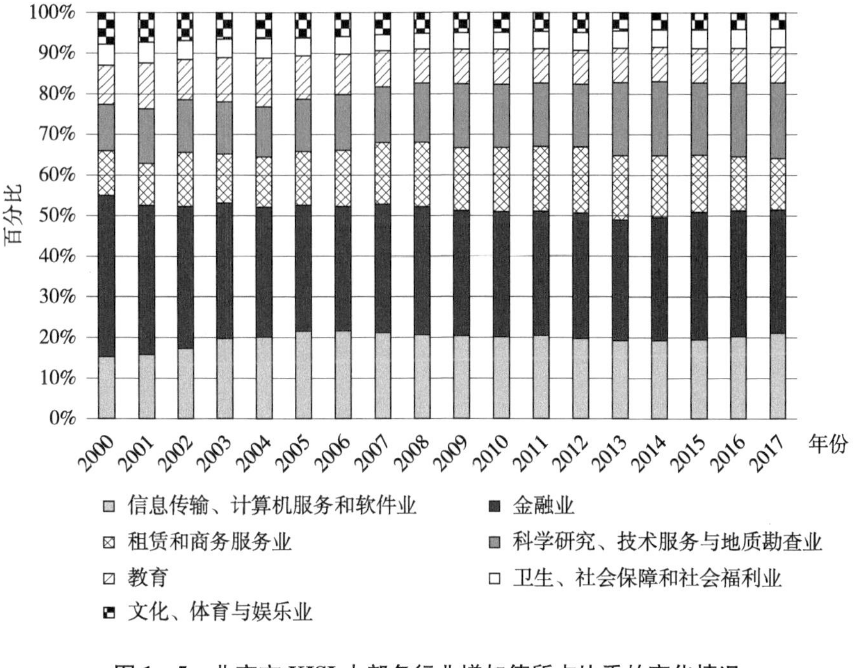

图 1 –5　北京市 KISI 内部各行业增加值所占比重的变化情况

数据来源：《北京市统计年鉴（2004—2018）》

（2002 年版国民经济行业分类标准为“卫生、社会保障和社会福利业”）占比变化不大，2000 年为5.2%，2017 年为4.5%，占比最低（3.9%）年度为2008 年；文化、体育与娱乐业占比则呈现了逐年减少的趋势，从2000 年的7.9%减少到了2017 年的3.9%。（见图1－5）

1.2.2 人员结构

从业人员比例情况：增长最快的是租赁和商务服务业，从2003 年的16.5%上升到2017 年的31.7%；其次是信息传输、计算机服务和软件业，从2003 年的10.6%上升到2017 年的18.6%；金融业所占比例稳中有升，从2003 年的8.3%上升到2017 年的10.4%；科学研究与综合技术服务业，教育，卫生和社会工作，文化、体育与娱乐业从业人员比例有所下降，分别从2003 年的19.4%、9.8%、7.2%下降到2017 年的9.8%、5.8%和4.3%。（见图1－6）

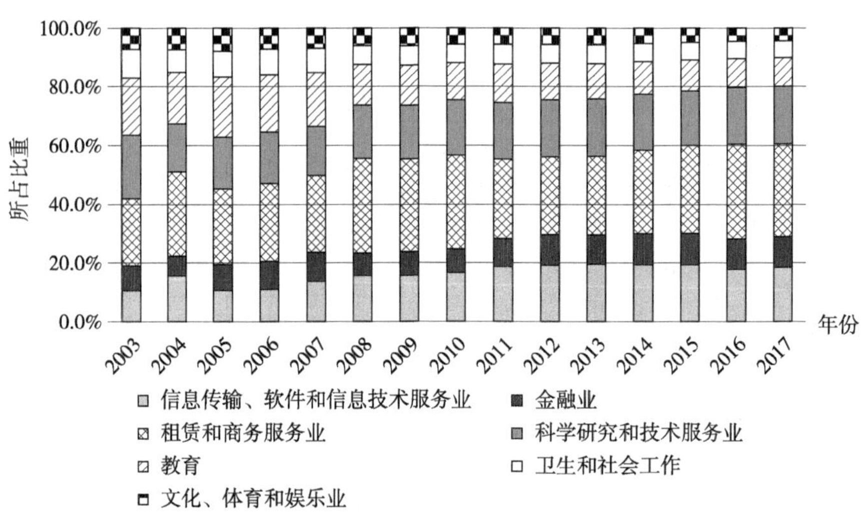

图1－6 北京市KISI内部各行业从业人员所占比重的变化情况

数据来源：《北京市统计年鉴（2004—2018）》

1.3　空间布局

1.3.1　信息传输、软件和信息技术服务业

信息传输、软件和信息技术服务业主要聚集在中关村科技园。中关村科技园区起源于 20 世纪 80 年代初的“中关村电子一条街”，1988 年 5 月，经国务院批准，北京市政府印发了《北京市新技术产业开发试验区暂行条例》。《暂行条例》规定：“以中关村地区为中心，在北京市海淀区划出 100 平方公里左右的区域，建立外向型、开放型的新技术产业开发试验区”，在北京市新技术产业开发试验区内注册的高新技术企业可以享受《暂行条例》所规定的国家各项优惠政策。1999 年 6 月，国务院对科技部、北京市政府报送的《关于实施科教兴国战略加快建设中关村科技园的请示》做出《关于建设中关村科技园区有关问题的批复》，原则同意关于加快建设中关村科技园区的意见和关于中关村科技园区的发展规划。同年 8 月，北京市新技术产业开发试验区更名为中关村科技园区。2009 年 3 月，国务院印发《关于同意支持中关村科技园区建设国家自主创新示范区的批复》，明确中关村科技园区的新定位是国家自主创新示范区，目标是成为具有全球影响力的科技创新中心，并同意在中关村示范区实施股权激励、科技金融改革创新等试点工作。中关村成为中国首个国家级自主创新示范区。这一区域由于高校和研究机构密集、科技人才密集、科学仪器密集、图书情报密集、科研成果密集，成为民营科技企业创业的首选地。各级政府对民营科技企业的鼓励和扶持以及给予政策的保障，降低了企业创业和科技创新的交易成本。这些优势吸引了越来越多科技企业的加入，扩大了市场的聚集和辐射性。在人才、技术、信息、市场、政策等要素的综合作用下，中关村发展成为规模经营、规范运作的示范区。

从 1994 年 4 月起，经原国家科委（后更名为科技部）批准，北京市

新技术产业开发试验区和中关村科技园区先后三次调整范围，经历了“一区三园”“一区五园”“一区七园”的发展格局，但政策区域范围始终保持100平方公里不变。2006年1月，经国务院批准，发展改革委发布《公告》，审核确定中关村科技园区规划用地总面积为232.52平方公里。随后，国土资源部公布了中关村科技园区的海淀园、丰台园、昌平园、电子城、亦庄园、德胜园、石景山园、雍和园、通州园、大兴生物医药产业基地等10园规划用地的四至范围。2012年10月，国务院印发《关于同意调整中关村国家自主创新示范区空间规模和布局的批复》，原则同意对中关村国家自主创新示范区空间规模和布局进行调整。调整后，中关村示范区空间规模扩展为488平方公里，形成了包括海淀园、昌平园、顺义园、大兴－亦庄园、房山园、通州园、东城园、西城园、朝阳园、丰台园、石景山园、门头沟园、平谷园、怀柔园、密云园、延庆园等16园的“一区多园”发展格局。

截止2018年的数据，在中关村示范区有高新技术企业22110家，从业人员约272万人，以软件、集成电路、计算机、网络、通信等为代表的重点产业集群形成。2017年软件和信息技术服务业总收入5628.9亿元，互联网和相关服务总收入1818.6亿元。

1.3.2 金融业

金融业主要集中在西城区的金融街。目前金融街已经成为中国的金融总部集中地，集合了中国金融的核心力量，且金融企业的层次、门类齐全。据统计，2017年金融街现有金融、电信等433家知名企业和单位，金融业企业总资产达100万亿元，金融业企业总收入约8236亿元，基本奠定了中国金融管理中心的地位，正成为区域性国际金融中心的有力竞争者。此外，朝阳区CBD、海淀金融走廊、中关村丰台园总部基地、亦庄经济开发区等已经成为国内金融机构的总部所在之地，大型跨国公司聚集之地和跨国公司在华投资的地区总部，外埠企业研发和销售的首选基地。

为了推进北京金融业的发展，北京市对未来 10 年首都金融业的空间布局进行了重新改版规划。未来北京将呈现“一主一副三新四后台”的金融业空间布局，金融产业将呈现“十”字格局纵横发展。其横轴为长安街，复兴门—西单—东二环—CBD 一线；竖轴则是西二环，稻香湖—中关村—金融街—丽泽商务区。北京未来的金融业将以金融街作为主中心区，以 CBD 作为副中心区。除金融街和 CBD 外，中关村西区、东二环交通商务区和丽泽商务区这 3 个区域，将分别规划为新兴科技金融功能区、新兴产业金融功能区和新兴金融功能区。四个金融后台园区根据其所处的地理位置，侧重业务不尽相同。朝阳区金盏乡距离机场比较近，将成为全国金融业务的结算中心。两至三年后，来自世界各地的金融数据源源不断向这里汇集，分析整理好的数据再打包发往地球的各个角落。海淀区的稻香湖，则有一些大的商业银行，包括一些创业投资性的与科技相关的资本聚集；通州的金融结算后台可能集中在通州新城西北部。而西城区德胜园由于位置比较靠近市中心，则侧重于建立银行的一些结算、清算、呼叫中心。

1.3.3　租赁和商务服务业

租赁和商务服务业主要聚集在 CBD（中央商务区）。北京 CBD 是西起东大桥路、东至西大望路，南起通惠河、北至朝阳路之间 3.99 平方公里的区域。“十二五”以来，CBD 功能区生产总值快速增长，2015 年超过 2500 亿元，占全区经济总量的比重超过 50%。CBD 中心区生产总值从 2010 年的 636.4 亿元增长到 2015 年的 1110 亿元，年均增长 10.3%。2015 年，CBD 中心区营业收入 5800 亿元，地均产出率达 830 亿/平方公里，劳均产出率达到 187.6 万/人，实现社会消费品零售总额接近 400 亿元，完成固定资产投资超过 200 亿元。楼宇经济繁荣发展，商务楼宇总量从 2010 年底的 89 座增长到 2015 年的 119 座，纳税贡献过亿楼宇从 2010 年的 23 座增长到

2015年的52座。重点产业快速发展，基本形成了跨国企业总部与商务服务业、国际金融业联动发展、文化传媒和文化创意产业快速集聚、房地产业等配套服务业高端化发展的现代产业体系。CBD中心区的商务服务业和金融业的规模以上企业数、收入数、从业人员数占CBD功能区的比重在50%左右。

十三五期间，围绕京津冀协同发展、北京“四个中心”城市战略定位和建设国际一流和谐宜居之都的目标要求，主动融入“一带一路”和京津冀协同发展的总体布局，坚持五大发展理念，以“一城四体系”的软硬环境建设（光华国际金融城和产业协同发展体系、企业信用体系、人才服务体系、环境品质体系）为主要抓手，以高附加值金融业、高端时尚产业和互联网等新兴产业为新经济增长点，统筹推进首都服务业开放综合承载区、国家文化融合创新示范区和国际商务交往核心引领区建设，建设国际一流的现代化高端商务中心。

1.3.4 文化、体育与娱乐业

（1）文化产业

为加快北京市文化创意产业转型升级，助力全国文化中心建设和构建高精尖经济结构，2018年6月21日中共北京市委、北京市人民政府印发《关于推进文化创意产业创新发展的意见》，加快推进文化创意产业功能区发展，按照主体清晰、管理有序、体系健全的原则，完善建设运营管理体系，提升主导产业规模，提高专业化服务水平，推动产业资源和配套服务设施向重点区域倾斜，优化布局文化创意产业功能区、文化创意产业示范园区、文化创意产业园区、文创小镇、文创街区、文创空间等，实现集聚发展、错位发展。

从北京市文化创意产业发展的空间布局来看，主要集中于首都功能核心区和城市功能拓展区，主要集中在三环以内，目前北京市批准的30个市级文化创意产业集聚区，近 2/3 的数量集中在城市中心区内。从文化创意产业各个细分产业的分布来看，以信息技术为基础（软件、网络及计算机服务，广播、电视、电影）的文化创意产业规模较大，主要集中在城市北部的海淀、朝阳，分别依托文化旅游资源和文化设施资源发展起来的文化旅游业和文化艺术产业主要集中在东城和西城，此外，朝阳的传媒产业、顺义的设计服务业发展较为突出，其他区县文化创意产业发展速度较快，但特色不突出。

北京市还制定了系列计划来解决上述问题，如“旗舰计划”，力争用 5 年时间，培育 1 ~2 家年营业收入过千亿、5 家以上收入过五百亿的龙头文创企业。实施“涌泉工程”，选择具有行业领先优势、高增长潜力、年收入亿元以上的企业，对其高精尖项目给予支持，力争 5 年内培育形成 100 家具有品牌优势、创新优势、规模优势的骨干文创企业。开展“滴灌行动”，连续 5 年，每年选择支持 200 家创新性强、增长速度快、发展前景好、规模达千万元以上的优质中小企业，重点提供投融资、专业技术、政策服务，培育“专、精、特、新”文创企业。

近年来，北京形成了一批特色鲜明的文化产业园区，成为推动文化产业集聚发展的重要力量。他们有的小而美，在专业领域精耕细作，提供具有行业特色的专业化平台服务，成为引领行业发展的重要力量，如中国北京出版创意产业园、北京 DRC 工业设计创意产业基地等；有的大而专，提供全方位的产业公共服务，是园区文化企业的贴心管家，为文化企业营造了良好的发展环境，如清华科技园、中关村软件园等；有的在保护利用老旧厂房的基础上改造而成，既为城市保留了工业文明印记，又融入了新时代文化元素，成为城市文化新地标，如莱锦文化创意产业园、天宁 1 号文化科技创新园等；有的实现了文化园区与文化社区的有机融合，在集聚高质量文化企业的同时，建设了实体书店、影剧院、小剧场等配套公共文化空间，对园区周边社区文化氛围营造起到了良好的带动作用，成为百姓的“文化会客厅”，如 77 文创园、郎园 Vitage 等；有的实现了跨区域连锁经营，通过品牌授权、自主建设、合资运营等方式，不断提高园区知名度和影响力，如，北京文化创新工场、尚8等。他们的发展，为北京文化产业高质量发展提供了重要支撑，也为城市更新和文明复兴注入了全新活力。

（2）体育产业

关于体育产业的布局，北京已形成了六大功能区以及南北有大型体育主题公园、东西有特色体育健身园区的基本格局。主要包括奥林匹克中心区，重点发展体育休闲、体育旅游、体育会展、体育文化业建设；龙潭湖体育公园，主要是发挥国际组织聚集的优势，发展体育总部经济、体育用品销售和体育国际商用服务；潮白河水上休闲运动区则是重点发展以水上休闲运动为特色的体育休闲、体育旅游业；此外，五棵松球类建设运动聚集区、十三陵户外休闲体育区、八大处网络区，用于体育发展、综合服务、户外体育休闲、旅游业和动漫等产业。

1.4 生产要素

1.4.1 知识资源优势

KISI 的一个主要特点就是生产过程中是以知识的投入为主的。北京在知识资源方面有着得天独厚的优势。北京有丰富的教育资源与人才资源，在全国率先普及了九年制义务教育，2018 年末，全市拥有中等教育学校757 所，在校生 52.5 万人；小学 970 所，在校生 91.3 万人。在此基础上，又率先进入高等教育普及化阶段，全市共有普通高等院校 92 所，重点高校占全国的四分之一，进入“985”“211”“双一流”的有 20 多所，全国高校有 300 多个博士点，北京占全国三分之一；全市共有 59 所高等学校和88 个科研机构培养研究生，硕士的规模占全国五分之一，在学研究生达到33.6 万人；普通本专科在校生达到 58.1 万人。此外，中国工程院院士一半以上分布在北京科研院所、高等院校。在北京的户籍人口当中，大专以上的人数占就业人数的比例为五分之一，在全国名列第一。这些都说明北京发展现代服务业具有独一无二的智力资源优势。这对于以高素质人才投入为支撑的 KISI 发展来说非常重要。

1.4.2　科学技术资源优势

北京是全国最大的科学技术研究基地。2018 年末，全市研究与试验发展（R&D）经费内部支出 1870.8 亿元，相当于地区生产总值的 6.17%，全年申请专利 211212 件，授权专利 123496 件。

随着北京市社会发展步入提高公共服务质量、促进人的全面发展阶段，北京市的科技创新能力不断增强。据北京市统计局统计，2018 年，全年研究与试验发展（R&D）人员 397034 人，其中本科及以上学历 341202 人，占科技活动人员总数的 85.9%；技术合同成交 82486 项，技术合同成交总金额 4957.8 亿元；无论是高级人才还是熟练工人的可获得性方面均具有明显优势；科技存量、科技投入到科技成果的产出遥遥领先于其他城市，产、学、研的结合及中介服务全国最优；世界 500 强企业中已有 293 家在北京设立代表处或研发中心；北京的软件产业、微电子、新材料、生物工程和新医药等领域的技术居于全国领先水平，相关产业基地建设取得明显进展。北京发展 KISI 的科学技术优势在全国遥遥领先。

1.4.3　资本资源优势

北京是我国中央金融决策中心。国家金融宏观调控部门——中国人民银行、银监会、证监会、保监会均在北京。包括四大国有商业银行——中国工商银行、中国建设银行、中国银行、中国农业银行在内的中国主要商业银行、国家开发银行、中国农业发展银行等政策性银行总部均设在北京，北京的金融街集中了大量国内金融机构总部，位于朝阳区的北京 CBD 则集中了众多的国际金融机构。北京还汇集了中国人寿、中国人民财产保险股份有限公司、泰康人寿等全国性保险公司的总部。银河证券、中金公司等大型证券公司的总部，以及中国证券登记结算公司、中国国债登记结算公司都设在北京。2018 年全市金融机构（含外资）本外币存款余额 148136.3 亿元，贷款余额 65520.3 亿元。实现国内外保险业务收入 1793.3 亿元。北京发展 KISI 有明显的资本优势。

1.4.4　天然资源优势

北京中心位于北纬 39 度 54 分，东经 116 度 23 分。位于华北平原西北边缘。北京与天津相邻，并与天津一起被河北省环绕。北京的西、北和东北，群山环绕，东南是缓缓向渤海倾斜的北京平原。北京平原的海拔高度在 20～60 米，山地一般海拔 1000～1500 米，与河北交界的东灵山海拔 2309 米，为北京市最高峰。境内贯穿五大河，主要是东部的潮白河、北运河，西部的永定河和拒马河。北京的地势是西北高、东南低。西部是太行山山脉余脉的西山，北部是燕山山脉的军都山，两山在南口关沟相交，形成一个向东南展开的半圆形大山弯，人们称之为“北京弯”，它所围绕的小平原即为北京小平原。综观北京地形，依山襟海，形势雄伟。诚如古人所言：“幽州之地，左环沧海，右拥太行，北枕居庸，南襟河济，诚天府之国”。

全市面积 16410.54 平方公里。其中市区面积 1368.32 平方公里，建成区面积 1254.2 平方公里。山地面积 10417.5 平方公里，占全市面积的 62%；平原面积 6390.3 平方公里，占全市面积的 38%。

北京位于华北平原与东北平原、蒙古高原的交接处，对于维持东北这一相对独立而又极为重要的地理区域与内地的联系、维持国家和民族的统一具有不可替代的作用。同时北京位于渤海沿岸，属于环渤海经济圈，发展经济的条件优越。最后，作为全国陆上交通总枢纽，北京与东南、华南经济发达地区的交通都相当便利，京沪铁路一带是中国人口最密集的东部沿海平原地带，京广铁路则纵贯中国南北中轴线，同时又有京哈铁路贯穿东北。一些优质的自然资源为北京市发展 KISI 提供了便利的基础条件。

1.4.5 基础设施优势

北京市城区的路网结构以矩形环状为主，道路多以此为依托，与经纬线平行网状分布。先后依托城市扩展，建设了二、三、四、五和六环路。截至 2018 年，全市道路总长 29429 公里，其中高速公路总长 1115 公里，京哈、京沈、京津塘、京石、八达岭、京承、京开等多条高速公路流经北京，全市立交桥数共有 435 座。全市铁路 58 条，总营业里程 1103.1 公里，京秦铁路、京哈铁路、京沪铁路、京九铁路、京广铁路、京原铁路、京包铁路、京承铁路、京通铁路等多条铁路干线汇集于此。2018 年，北京首都机场旅客吞吐量突破 1 亿人次，货邮吞吐量 209.9 万吨，目前已开通 200 多条国际国内航线，通往世界主要国家及地区和国内大部分城市。

北京已与世界上所有国家和地区通邮，国内直拨电话可达所有城市，国际直拨电话可达 200 多个国家和地区。2018 年，全市固定电话用户达 614.5 万户；移动电话用户达到 4008.8 万户，互联网宽带接入用户数为 634.7 万户。

2018 年，全市各类电影放映单位 238 个，共放映电影 309.5 万场次，观影人次达到 7644.7 万人次，票房收入达 35 亿；北京地区博物馆数 179 个；公共图书馆 24 个；群众艺术馆、文化馆 20 个；档案馆 18 个。

2018 年，全市有各类卫生机构 11100 个，床位 12.4 万张，卫生技术人员 28.2 万人。全市平均每千常住人口执业（助理）医师数为 5.08 人、医院床位 5.40 张。

第六次全国体育场地普查数据显示北京体育场地数量为 20075 个，包括体育场、体育馆、游泳场馆和各种训练房。这些交通、通讯、文化、体育、卫生基础设施都是发展北京市 KISI 独一无二的生产要素资源优势。

1.5 需求条件

1.5.1 房地产业、建筑业、制造业和现代物流业对 KISI 的需求强劲

目前，我国还处于快速工业化、城市化阶段，北京市作为我国的首都，人口压力不断加大，造成了对住房的大量需求；制造业仍然是我国经济的主体形态，但制造业低端化、大量资源消耗以及造成的环境压力，已经严重威胁到我国可持续发展，促进制造业由“微笑曲线”低端向两端提升对研发、设计、计算机服务、软件等 KISI 提出了更高、更强劲的需求；社会经济的高速发展也需要现代物流业的高效率和高质量服务。作为首都经济的重要组成部分，北京的房地产和建筑业、现代制造业、物流业呈现出良好的发展态势，对 KISI 发展也产生了强大的市场需求。2012 年，北京市批发和零售、交通运输、仓储和邮政对 KISI 的需求旺盛，达到了 1229.23 亿元；建筑和房地产业的快速发展也对 KISI 需求，达到了 673 亿元（见表 1－1）。

表 1－1　2012 年北京市投入产出表中对 KISI 需求最大的 12 个行业

单位：亿元

行业	批发和零售	房地产	交通运输、仓储和邮政	公共管理、社会保障和社会组织	建筑	电力、热力的生产和供应	住宿和餐饮	交通运输设备	化学产品	通信设备、计算机和其他电子设备
需求	824.97	440.46	404.26	375.28	232.54	173.49	127.39	90.90	73.87	66.41
名次	1	2	3	4	5	6	7	8	9	10

数据来源：《北京市 2012 年投入产出表》

1.5.2 各类型总部聚集对 KISI 的需求空间广阔

跨国公司在北京设立地区总部 42 家，投资性公司 153 家，外资研发中

心 239 家；北京聚集了 160 多家中央企业集团总部，41 家金融企业集团；聚集了北京市属的企业集团总部 106 家，其中全国 500 强企业 12 家；外埠企业集团总部，如蓝星集团、经纬纺机等。各类型企业总部的聚集，会产生大量的金融、会计审计、法律、信息咨询等生产性服务业需求，将大力推动北京 KISI 的发展。

1.5.3 庞大的人口数量对 KISI 的需求潜力巨大

北京作为我国经济发达的特大型城市，到 2018 年，常住人口已经达到 2154.2 万人，具有很大的服务性消费的市场需求。2018 年末，北京市城镇居民人均可支配收入 67990 元，人均消费支出为 42926 元，居民消费能力在全国大型城市名列前茅。2019 年 1－8 月规模以上互联网信息服务、平台服务、数据服务企业收入均增长 30% 以上。随着社会人口整体素质越高，人们对信息传输和软件业、医疗卫生、教育、体育、娱乐等 KISI 产品的需求越大，从而越有利于 KISI 发展。

1.5.4 城乡居民消费结构升级对 KISI 的需求增加有力

2019 年 1－3 季度全市服务性消费对总消费增长的贡献率达到 7 成以上。升级类消费保持较快增长，智能家电和可穿戴智能设备类商品零售额增速在 20% 以上。2019 年 1—10 月，全市实现市场总消费额 22764.1 亿元，同比增长 7.8%。从服务性消费看，实现服务性消费额 12819.3 亿元，增长 10.1%；从商品性消费看，实现社会消费品零售总额 9944.8 亿元，增长 5.0%；其中，限额以上批发和零售业企业实现网上零售额 2581.6 亿元，增长 27.4%，占社会消费品零售总额的比重为 26.4%。城乡居民食品、衣着及家庭设备等支出的比重继续下降，居住、医疗保健、交通通讯、娱乐教育文化服务等发展和享受支出所占比重不断上升，消费结构发生了重大变化，住房、汽车和数字化产品成为居民消费热点。住宅、汽车销售的增加，除了直接增加流通业的规模外，住宅建筑贷款和消费贷款、购车贷款等银行业务的开展，以及与住宅和汽车消费相关的保险险种的设立及推广运用，拉动了金融保险业等现代服务业的增长；数字化产品消费的增加，对信息服务行业的快速发展起到推波助澜的作用。居民消费结构的不断升级，服务性消费需求的不断增加，为北京 KISI 的持续发展提供了广阔的市场空间。

1.5.5 以北京、天津为核心的首都经济圈对 KISI 的需求释放迅速

以京津为中心的京三角地区具有很大的发展空间。首都经济圈有着较佳的区位优势，首都圈与西部地区、环渤海地区和东北地区相对紧密的经济联系，以及国家对这些地区的振兴战略将有助于吸引更多投资者的目光，进而对北京市 KISI 产生巨大需求。其次，随着首都圈各个层面合作的展开和协作机制的逐渐完善，将有利于该区域的产业结构在统一规划下调整，并形成更合理的区位分布，从而进一步提高区域的产业整体竞争力。北京作为首都，将“更好地为发展服务”确定为北京市城市功能定位的“四个服务”之一，必将成为京津地区更多 KISI 需求的提供者。另外，政府层面、研究层面到企业层面，推动京津冀北地区经济联合起飞的一系列思路和规划举措正陆续出台。首都经济圈合作机制一旦理顺，这一区域对 KISI 的需求潜力释放将十分迅速。

劣势：目前北京的制造业发展相对滞后，导致工业设计、会展、物流等直接为制造业企业提供服务的国际知名企业为跟随服务对象而离开北京；二是北京市商务成本较高，与周边地区相比不具有优势，对 KISI 的进一步发展有所制衡；三是房地产和建筑业未能成为 2008 年国家规划振兴的十大产业之一，房地产业如果衰退，则会对 KISI 的需求产生影响。

1.6 发展中存在的问题

北京市 KISI 目前虽然发展迅速，但在经济实体、发展体制机制、意识形态中仍存在不少问题。

1.6.1 经济实体中存在的问题

1.6.1.1 KISI 发展总量不足

虽然 2017 年北京 KISI 增加值占北京市 GDP 比重已达到 54.6%，成为首都经济发展的重要支柱，但与发达国家国际化大都市服务业发展水平还有较大差距。东京 1997 年服务业的比重已达到 82%，华盛顿为 80%，纽约为 85%；1998 年汉城为 82%，中国澳门为 90%；2000 年香港为 87%。另外，北京服务业的总体水平也有待提高。如北京 KISI 从业人员 2017 年人均生产率约 1.09 万美元，而同期美国、日本、欧盟人均生产率达 6 万美元以上。部分行业的增加值明显偏低，比如，2017 年，文化、体育和娱乐业的增加值仅有 598.1 亿元，占北京市 GDP 比重 2.13%；科学研究和技术服务的增加值为 2859.2 亿元，占北京市 GDP 比重为 10.2%；卫生和社会工作的增加值为 696.0 亿元，仅占 2.48%。这些都与北京作为全国文化中心的地位极不相称。

1.6.1.2 竞争力不强

在自主创新的关键领域，特别是在基础软件领域，拥有自主知识产权的本国企业虽然得到政府的大力支持，但是产业主体多数是有学术研究背景的中小企业，成长速度缓慢，经常出现发展瓶颈。比如，目前北京市的绝大多数信息服务业企业员工人数都不到 100 人，超过 500 人以上的企业仅占 5.3%。有 15.5% 的企业资产规模在万元以下。经营收入在 100 万元以下的占到单位总数的22.0%。如此小的资金投入、人员投入和经营规模很难使企业有能力加大创新投入，参与国际竞争。

高技术产品出口在世界技术产品出口总量中所占的份额，不仅与发达国家而且与新兴工业化国家和地区相比也有较大差距。究其原因是，企业的技术创新能力不强，研究开发与生产脱节的矛盾没有得到根本解决，多数企业仍未成为技术创新主体，致使高技术产业发展的主体弱小，竞争力不强。

1.6.1.3 缺乏与高新技术的集成应用

目前，北京服务业中劳动密集型行业所占比重较大，高新技术应用不足，科技含量低，信息化程度不够，增速缓慢，缺少各种现代科技支持的服务平台及网络技术的应用，从业人员素质和服务水平较低，专业人员不足。此外，行业经营管理水平也不能很好适应经济发展的要求，这些都制约了北京服务业的发展，使其对服务业增加值所作的贡献不断减少，其颓势已经制约了整个北京 KISI 的发展，对北京经济的进步产生不利影响。

1.6.2 发展中体制和机制中存在的问题

1.6.2.1 大部分知识密集型服务行业垄断色彩较浓

目前一些垄断性行业竞争不充分，存在着服务质量差、价格高、服务单一、创新乏力等问题。一些部门对某些领域过分看重其兼有的属性，如银行作为调节经济手段的属性，科学教育、卫生体育等领域作为公益性、福利性事业的属性，文化传煤等作为意识形态的属性等等，导致这些领域仍然保持着过多的市场准入限制，政府或国有经济垄断经营，发展很不充分，市场在服务业资源的配置中还没有发挥基础性作用。在一些垄断行业，已经形成既定的利益分配格局和利益集团，要打破其独家垄断获取高额利润的状况，割断其与相关单位在人财物等方面的利益纽带，容易受到抵触，因此改革难于深入。

1.6.2.2　管理体制改革滞后

据对 KISI 前置审批项目的不完全统计，涉及国家法律 17 部，国务院行政法规 33 部，国务院政策性文件 20 个；中央和国务院有关部门的部门规章、文件 106 件，此外还有各地制定的地方性法规、文件形成了一个庞大的集合。各政府部门之间的规定和管理办法存在着许多不衔接、不配套甚至相互矛盾之处，为企业和服务业的发展带来很大的障碍。主要表现在行政审批环节过多、效率不高，行政执法尺度宽严不一，同时在行政执法中广泛存在的重复检查、重复收费、行为不规范等现象依然十分突出。另外，大量本应作为营利性市场主体存在的经营性机构存在于社会事业单位之中，KISI 中事业单位非常多，许多服务领域至今仍被视为非生产性活动，本可以产业化经营、商业化运作的服务领域，却被当作公益性、福利性的社会事业来办，该市场化的没有市场化。公共支出越位挤占了稀缺的公共资源，分散了财力，使得社会急需的公共服务供给不足或无力供给。

1.6.2.3　KISI 的技术标准、行业规范和统计制度不完善

目前我国 KISI 普遍缺乏现代化的行业标准，已有的标准一般都比较落后，不适合产业发展的新形态，或者是泛泛引入国外认证机构评价体系，不适应我国服务业发展的具体情况。特别是与人们生活密切相关的银行、电信、医疗服务、网络购物等服务业需求量大，但由于目前还没有相应的服务标准，服务不规范，质量难于保证，制约了服务市场的快速成长和健康发展。另外现行服务业的统计不能准确反映实际情况，一是统计工作体系不完善，统计渠道不畅；二是服务业统计制度不健全，科技、教育、文化、卫生等行业的分类调查没有覆盖全社会，各类专业服务、广告、会展等行业还没有常规的统计制度；三是统计数字不准确，一些服务业数据是靠估算出来的，有漏报、少报现象。在第一次经济普查中，2004 年我国

GDP 新增 2.3 万亿元，服务业新增 2.17 万亿元，占 97%。

1.6.3 意识形态中存在的问题

对服务业的认识还存在很多偏差，重视工业而轻视服务业的思想仍然存在。

1.6.3.1 认为 KISI 不生产和不创造价值

一些领导将发展经济片面地理解为上项目、建工厂，服务业许多领域被当作非生产性活动来对待，忽视了服务业在经济增长、扩大就业、服务人民生活、满足人们精神文化需求、促进社会发展方面的功能和作用。还有一些企业追求“小而全”和“大而全”的倾向还比较明显，企业内循环服务替代了理应外包的战略合作。这些认识上的偏差，导致了我国生产性服务业的发展缺乏产业政策的引导，更缺乏配套政策的支持，以及市场需求的支撑，严重制约了 KISI 生存与发展的空间。

1.6.3.2 受到不正确的政绩观的影响

客观上讲，制造业有很多大项目，拉动地方 GDP 增长的作用相对较为显著，投资后见效也快；KISI 服务业虽然也有大项目，但更多的是量大面广的分散性小项目，短期内的投资效果远远不如制造业。因此在制定规划和政策时，往往偏重于鼓励制造业的发展。

1.6.3.3 对 KISI 认识和研究不够

一些领导、专家对 KISI 服务业的新领域、新业态不熟悉，对现代服务业的新要求新知识学习研究不够。还有一些专家、学者认为目前我国的经济发展水平还没有达到服务业加快发展的阶段，把发展服务业与实现工业化割裂开来，过分强调第一、第二产业的发展对服务业的带动作用，而忽视服务业对实现新兴工业化的重要作用。

1.7　小结

本章对北京市 KISI 发展现状、环境条件、存在问题进行了分析，认为北京市 KISI 的发展总量、从业人员都处于快速发展时期，KISI 产业内部结构、空间布局也在进一步优化之中；北京市 KISI 生产要素充沛，相关和支持产业目前尚好，但恐后劲不足；目前北京市 KISI 在经济实体、体制机制、意识形态中仍存在一些阻碍和制约发展的问题。

第二章　经济新常态下北京市 KISI 演化机制研究

本章将对经济新常态下北京市 KISI 所处的演化阶段进行判识；探讨 KISI 的创新机理、集聚效应；建立北京市 KISI 的产业演化模型，对北京市 KISI 的成长动力、稳定机制进行分析研究。

2.1 产业演化基本理论

2.1.1 演化经济理论

我国进入了以增速平台降低、结构再平衡、增长动力转变等特征在内的“新常态”发展过渡时期，“经济新常态”不仅仅是经济增速下台阶，更期望的是经济质量上台阶，也就是经济结构发生全面、深刻的变化，不断优化升级，经济增长从对投资和出口的依赖转而更多依靠消费和内需，从要素驱动、投资驱动向创新驱动转换。由于增长动力的重塑成为最为紧迫的任务，因此，意味着向结构调整和机制转型要动力、要速度，将成为向新常态过渡的时期中经济政策的目标和主要取向。考虑到服务业尤其是知识密集型服务业对“调结构、转方式、稳增长、保就业、惠民生”等政策目标具有诸多特殊的重要功能，同时又因为过去我国外向型经济红利主要是从制造业获取，与此相应的服务部门始终是以本地化和封闭化形态发展，因此，未来服务业在全球化规则的导向下，其发展的空间极其辽阔、潜力巨大，知识密集型服务业必将成为我国经济结构调整和转型升级的新动力和主引擎。

演化经济学是一门借鉴生物进化的思想方法和自然科学多领域的研究成果，是研究经济现象和行为演变规律的学科。演化经济学试图以演化范式研究经济过程，它明确存在于对新古典经济学持不同见解的著作中，一般认为凡勃伦（Veblen）、马克思（Marx）、马歇尔（Marshall）和熊彼特（Joseph Schumpeter）是经济演化思想的先驱者。

凡勃伦最早提出演化经济学这一术语，并创立制度学派，凡勃伦深受达尔文进化论的影响，认为经济学应该抓住演化和变异这个核心主题，而不是新古典经济学中所强调的静态和均衡思想。众所周知，马克思关于技术进步类似于生态系统中物种共同演进及其相互转换的论断显然具有进化论思想。马歇尔是正规新古典经济学的先驱者，他认为经济学的目标应当在于经济生物学，而不是经济力学。经济学是研究引起发展的种种力量，它的基调应该是动态的，而不是静态的。熊彼特的经济发展理论把创新看作是经济变化过程的实质，借用生物学，他把不断地从内部彻底变革经济结构，不断地毁灭旧产业、创造新产业称作“产业突变”，认为这种创造性毁灭过程是资本主义的基本事实。

演化经济学思想的真正形成的标志是理查德·R·纳尔逊（Richard R. Nelson）和悉尼·G·温特（Sidney G. Winter）合作的经典著作《经济变迁的演化理论》。他们借用达尔文生物进化论的基本思想——“自然选择”思想，认为在经济中，也有“自然选择”，企业在市场中互相竞争，企业要在竞争中立于不败之地，需要不断创新，扩大自己的优势和在行业中所占的份额，因此创新是经济发展的根本动力。他们强调“惯例”、“搜寻”、“创新”和“选择环境”，认为经济的演化过程是一个“惯例”的学习过程，每个企业的惯例可以被看成是企业知识和经验的载体，这些惯例之间存在一定的差异性，企业的惯例是可以“遗传”的。如果企业按照惯例运行能够获得满意的收益，那么这些惯例往往不会发生变化。但是，如果企业的运转出现异常而使收益低于某一个限度时，企业将有可能对惯例进行调整。企业努力调整惯例的行为称为“搜寻”，企业的研究开发活动以及市场开拓活动都属于这种探索性行为。在有几种方案可供选择时，企业的选择受选择环境的影响。选择的环境包括外部环境（市场环境，如产品需求、要素供给、价格等因素）和内部环境（行业内和企业内的环境，如创新引起的变化)，选择环境的变化对企业的成败兴衰有很大影响。本章将运用经济演化博弈理论对北京市 KISI 进行模拟。

2.1.2 产业生命周期的“S”型曲线

产业生命周期指的是一个产业从弱小到强大、从不成熟到成熟、直至衰亡的整个过程。虽然各个产业成长经历也许不完全相同，但总体上会表现出一种普遍特征，也就是存在着一种典型的成长轨迹。荷兰经济学家范·杜因在《创新与经济波动》一书中将创新生命周期轨迹假设为 S 型，而且认为一般的生命周期演化模式都呈现 S 型（如图 2－1)。并可以将产业划分为四个阶段，即形成期、成长期、成熟期和衰退期。

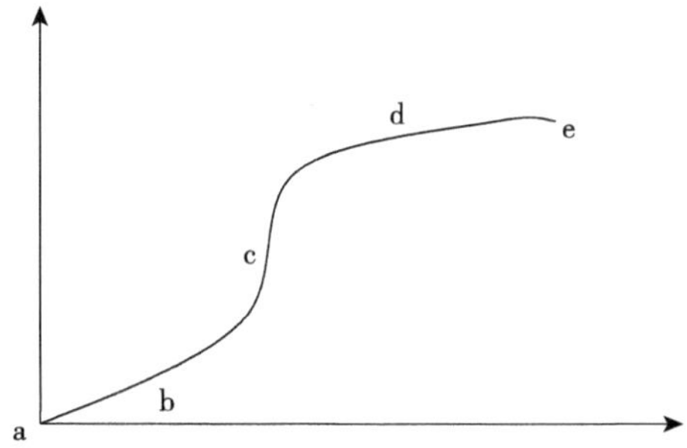

图 2－1 产业生命周期演化的 S 型曲线

各个阶段的特点为：

(1）形成期。产业形成期的产品品种单一，质量低劣，产品成本高，利润单薄。经营一般处于亏损或微利状态。如果产业不符合市场需要，产业就很难上升到高级阶段。但由于它有成功的可能性，所以对风险投资的吸引力最大。一般的风险投资从这个阶段进入得较多。

(2）成长期。处于成长期的产业的产品开始有了统一的标准，质量体系也基本建立，消费者对产品已基本接受，生产方式已转为大批量生产。由于产品供不应求，利润率较高，产业处于追加投资的极佳时期。因此有大量的投资者和大批企业加入该产业，从而使产业的规模迅速膨胀，在量上呈加速增长的趋势，成长曲线处于陡峭的上升阶段。

（3）成熟期。处于成熟期的产业中产品已基本定型，标准化程度很高，产品价廉质优，市场呈饱和状态，产业增长的规模开始趋于稳定，市场结构向垄断竞争或寡头垄断过渡，市场中厂商数量也相对稳定下来，集中度提高，产量增长很慢或持平。整个产业的利润率较低，投资者进入减少。投资以软性投资为主，这个阶段以集约式增长为主要特征。

（4）衰退期。处于衰退期的产业，产品性能上没有太大的差异，但由于价格竞争的结果，产品质量却不同一。市场需求开始减少，价格下跌，产品和生产能力大量过剩，企业普遍处于亏损状态。厂家纷纷从产业中退出转向其他产业。产业内购并频繁，产业集中度进一步提高。

当产业到达 S 型顶点后一般有以下几种演化类型（见图 2－2）。一是按生命周期从成熟走向衰退，直至趋向消亡（图 2－2a）。这种情况极为少见。二是当处在衰退期时，产业出现产品创新，从而使产业走向新生（图 2－2b）。三是产业在成熟期不断有新的需求出现，使产业不断地扩张（图 2－2c）。四是产业生命周期的重复，即当产业完成了一个生命周期后，又具有了崭新的需求内容，从而使其再次成长（图 2－2d）。五是产业达到一定阶段如成熟期或衰退期的某个阶段后几乎不再上升和下降。即它不产生新的用途又不被其他产业所替代（图 2－2e）。

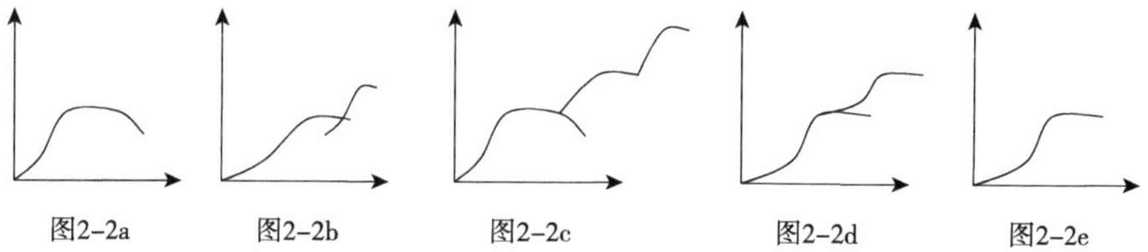

图 2－2　产业到达 S 型曲线顶点后的几种演化类型

2.1.3　北京市 KISI 生命周期演化模型构建

北京市 KISI 遵循产业系统发展的生命周期规律，故采用皮尔

（R. Pearl）和瑞德（L·J·Reed）两人的 Logictic 生长曲线进行描述和测算，生长曲线的基本方程为：

$$y = \frac{L}{1 + ae^{-bt}} \tag{1}$$

式中，y 表示产业增加值，L 表示由四点法测算的产业增加值，t 表示增长时间，b 表示增长率，a 为常数尺度，对方程（1）进行求导可得：

$$\frac{dy}{dt} = \frac{b}{L}y\ (L - y) \tag{2}$$

通过对（2）式求导并变换可得到 logistic 曲线的两个拐点和一个极值点，分别为：

$$t_1 = \frac{\ln a - 1.317}{b};\ t_2 = \frac{\ln a}{b};\ t_3 = \frac{\ln a + 1.317}{b}$$

其中，t_1 为产业发展起飞点，t_2 为产业发展的峰值点，t_3 为产业发展的成熟点。根据上述求得的几个关键点，产业发展生长全过程的速度曲线可以分为四个发展阶段，分别为形成期（$0 \leqslant t \leqslant t_1$）、高速成长期（$t_1 \leqslant t \leqslant t_2$）、低速成长期（$t_2 \leqslant t \leqslant t_3$）和成熟期（$t_3 \leqslant t \leqslant \infty$），如图 2-3 所示。

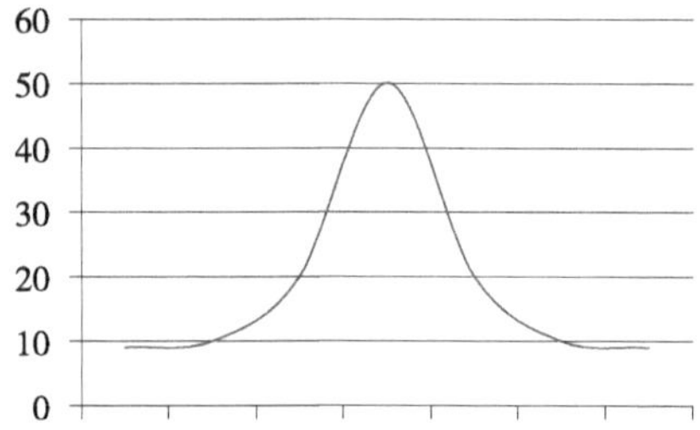

图 2-3　北京市 KISI 生命周期演化的速度曲线

本章选取实测数据系列的起始点（t_1，y_1），中间的（t_2，y_2）和（t_3，y_3）及终点（t_4，y_4），把上述四点分别带入估计 L 值的式（3）中，求得：

$$L = \frac{y_1y_4\ (y_2 + y_3)\ - y_2y_3\ (y_1 + y_4)}{y_1y_4 - y_2y_3} \tag{3}$$

为了更好地对模型求解，将 Logistic 模型转换为线性模型，即对方程

（1）两边求对数，简化后可得：

$$\ln\frac{L-y}{y}=\ln a-bt \tag{4}$$

令 $z=\ln\frac{L-y}{y}$，$w=\ln a$，则上式可以转化成线性模型：

$$z=w-bt \tag{5}$$

由于 L 可由四个实测数据求得，且方程（5）中参数（w，b）的估计值可用最小二乘法带入相关数据拟合求得，则可推导出北京市 KISI 生命周期的成长曲线方程。

2.1.4　北京市 KISI 生命周期演化模型参数估计

首先，选取北京市 1991 年—2017 年的 KISI 增加值为原始数据，如表 2－1 所示。由数据的起始和终止时间，分别取 1991 年、2000 年、2009 年、2017 年四个年份的增加值数据作为测算数据，带入式（3）可求得：

$$L=23770.06$$

进而根据产业增加值 y 和求得的 L 值计算 z 值，然后将 L 值和 z 值带入方程（5），通过最小二乘法求出参数 w 和 b，其估计值分别为 $w=5.118$，$b=0.207$，其中 $R^2=0.999$，表明拟合程度很好。

表 2－1　北京市 1991 年—2017 年的 KISI 增加值

单位：亿元

年份	1991	1992	1993	1994	1995	1996	1997	1998	1999
增加值	173.3	207.6	260.4	323.4	407.3	504.1	629.3	755.4	884.2
年份	2000	2001	2002	2003	2004	2005	2006	2007	2008
增加值	1073.5	1326.7	1608.8	1909.8	2232.5	2712.7	3214.4	4114	4827.6
年份	2009	2010	2011	2012	2013	2014	2015	2016	2017
增加值	5212.7	6037.3	7263.2	8215.7	9896.8	11089.9	12517.4	13802	15308

由 $w=\ln a$，可求得 $a=167.001$，于是北京市 KISI 生命周期曲线方程为：

$$y=\frac{23770.6}{1+167.001e^{-0.207t}}$$

式中，t_0 为初始年份（1991 年），根据式（5）可以得到北京市 KISI 在生命周期演化模型中的关键时间节点：

$t_1=18.4$，即 2009 年；$t_2=24.7$，即 2016 年 ；$t_3=31.1$，即 2022 年。

2.1.5 北京市 KISI 演化阶段的判断

1991 年—2001 年 10 年间，为北京市 KISI 形成初期，年平均增长率为 22.6%，这 10 年的增长主要是由金融业和科教文卫艺体两大类 KISI 贡献的，其中金融业年均增长 21.3%，科教文卫艺体年均递增 20.2%。（见图 2－3、2－4）

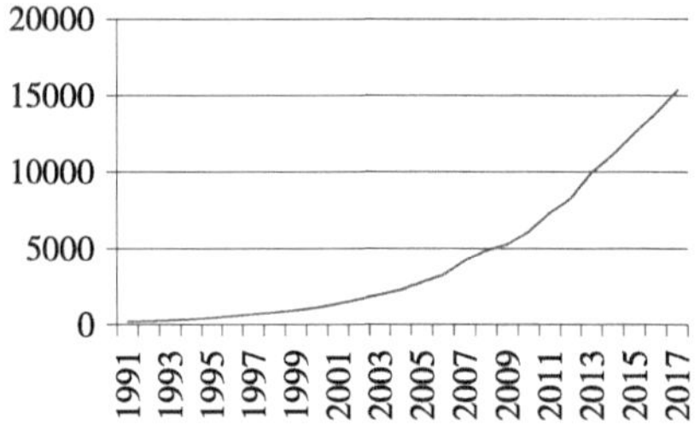

图 2－3 北京市 KISI 增加值的演化

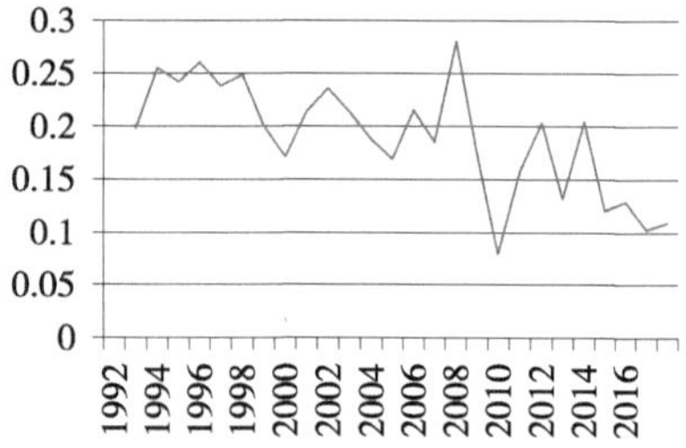

图 2－4 北京市 KISI 增加值年增长率的演化

从 2002 年—2009 年，北京市 KISI 进入了形成后期，此阶段发展速度也非常快。8 年间，北京市 KISI 年平均增长率为 18.8%。其中，新兴的 KISI 如信息传输、计算机服务与软件业年均增长 19.1%，租赁和商务服务业年均增长 24.5%；而金融业和科教文卫艺体两大类发展速度也在加快，分别年均递增 21.0% 和 24.3%。

从 2009 年开始，北京市 KISI 进入了成长期。从 2009 年至 2015 年 7 年间，北京市 KISI 年平均增速为 15.8%。其中，信息传输、计算机服务与软件业年均增长 13.7%，金融业年均增长 14.6%，租赁和商务服务业年均增长 12.9%，科技服务业年均增长 18.2%，医疗卫生业年均增长 17.5%，教育业年均增长 14.7%，文化体育与娱乐业年均增长 11.5%。

从 2016 年开始，北京市 KISI 进入了初步成熟期。2016 年—2017 年 2 年间，北京市 KISI 的平均增速为 10.6%。其中，信息传输、计算机服务与软件业年均增长 15.0%，金融业年均增长 8.9%，租赁和商务服务业年均增长 4.5%，科技服务业年均增长 13.3%，医疗卫生业年均增长 9.7%，教育业年均增长 13.0%，文化体育与娱乐业年均增长 6.4%。

因此，根据“S”型发展轨迹可以判断，目前北京市 KISI 正处于成熟初期。根据模型模拟，北京市 KISI 将在 2022 年进入衰退期。

2.2 产业演化的成长机制分析

产业成长的动力机制主要指驱动产业发展的一切有利因素，是推动产业成长并走向成熟的动力机制。我们将北京市 KISI 成长的内部动力机制归纳为原发动力、集聚经济和创新网络三种机制。产业在原发动力的作用下产生并初步发展，到一定阶段后，在市场力量作用下产业的集聚经济利益会充分显示，这时将吸引更多的企业与相关产业趋向于地理集中，并进一步强化企业的外部经济利益。当产业进入成熟发展阶段时，产业的集聚效应将不断削弱，产业的发展动力会主要则依赖于动态的创新网络来支持。见表 2－1：

表 2－1 产业成长的动力机制

动力机制	原发动力	集聚效应	创新网络
动力因素	生产要素 需求条件 产业政策 机遇	规模报酬递增 交易成本节约 企业协同效应 （设施、技术共享）	知识外溢 互动学习 内部竞争压力

2.2.1 原发动力

原发动力即是指产业成长所必须的最基本的因素。包括生产要素、需求条件、产业政策和机遇。一些学者倾向于将产业发展动力视为市场力量的自发作用结果（马歇尔，韦伯），克鲁格曼认为“偶然事件”可以成为产业发展的初始动力，此后，“增长极”理论进一步探讨了政府干预与政策作用亦可以人为创造产业在特定区域的发生与发展。

北京市所拥有的雄厚知识资源、科学技术资源、资本资源等构成了KISI成长的优质生产要素；北京市与KISI高度相关的房地产业、建筑业、制造业、现代物流业等发展强劲，各类总部聚集于北京，以及以京津为核心的首都经济圈的构建等都形成了对KISI的巨大需求；2007年3月，国务院下发了《关于加快发展服务业的若干意见》，以及2008年1月，北京市委、市政府发布了《关于进一步促进服务业发展的意见》，这些政策会对北京的发展产生深远的影响；2009年，北京市被国务院确立为20个服务业示范城市是北京市加快发展的又一机遇。2019年2月，国务院颁布了《关于全面推进北京市服务业扩大开放综合试点工作方案的批复》，必将进一步推进北京市KISI的快速发展。

根据2002年—2012年的《北京市投入产出表》，我们首先将KISI的各分行业合并为一个KISI行业，然后得到36部门的新投入产出表，据此得到以下与KISI密切相关的行业（见表2－2至2－5）：

综上，KISI与自身关系非常密切。此外与KISI密切相关的行业还有：房地产、交通运输与仓储邮政、批发与零售、造纸印刷及文教用品、通信设备制造等。正是这些行业的发展，为KISI提供了需求拉力和供给推力。

表 2-2　北京市 KISI 投入到其他行业的中间消耗量占该行业所有投入的比例排名前 10 的行业

（对 KISI 需求强烈、重要的行业）

	2002 年投入产出表		2005 年投入产出表		2007 年投入产出表		2010 年投入产出表		2012 年投入产出表	
排名	行业	比例	行业	比例	行业	比例	行业	比例	行业	比例
1	房地产业	0.4219	旅游业	0.4908	批发和零售业	0.2668	批发和零售业	0.3002	公共管理、社会保障和社会组织	0.2536
2	旅游业	0.2514	KISI	0.2291	公共管理和社会组织	0.2035	公共管理和社会组织	0.2698	房地产	0.2103
3	KISI	0.2114	房地产业	0.2210	KISI	0.1871	KISI	0.2133	批发和零售	0.2089
4	交通运输及仓储业	0.1845	通信设备、计算机及其他电子设备制造业	0.1764	房地产业	0.1273	房地产业	0.1978	KISI	0.1860
5	批发和零售贸易业	0.1705	木材加工及家具制造业	0.1744	居民服务和其他服务业	0.1108	燃气生产和供应业	0.1810	石油和天然气开采产品	0.1297
6	木材加工及家具制造业	0.1593	批发和零售贸易业	0.1734	住宿和餐饮业	0.1004	住宿和餐饮业	0.1350	交通运输、仓储和邮政	0.1271
7	通信设备、计算机及其他电子设备制造业	0.1557	其他社会服务业	0.1612	水利、环境和公共设施管理业	0.0918	水利、环境和公共设施管理业	0.1013	住宿和餐饮	0.1068
8	其他制造业	0.1431	建筑业	0.1510	邮政业	0.0837	居民服务和其他服务业	0.0995	水利、环境和公共设施管理	0.0943
9	化学工业	0.1402	仪器仪表及文化办公用机械制造业	0.1432	水的生产和供应业	0.0679	水的生产和供应业	0.0805	金属矿采选产品	0.0903
10	仪器仪表及文化办公用机械制造业	0.1397	交通运输及仓储业	0.1432	食品制造及烟草加工业	0.0615	食品制造及烟草加工业	0.0804	水的生产和供应	0.0870

表 2-3　北京市其他行业投入到 KISI 的量占所有投入到 KISI 的比例排名

（对 KISI 供给重要的行业，KISI 的供应商行业依赖度排名）

	2002 年投入产出表		2005 年投入产出表		2007 年投入产出表		2010 年投入产出表		2012 年投入产出表	
排名	行业	比例	行业	比例	行业	比例	行业	比例	行业	比例
1	KISI	0.2114	KISI	0.2291	KISI	0.1871	KISI	0.2133	KISI	0.1860
2	房地产业	0.0487	电力、热力的生产和供应业	0.0487	通信设备、计算机及其他电子设备制造业	0.0974	通信设备、计算机及其他电子设备制造业	0.0767	通信设备、计算机和其他电子设备	0.0432
3	造纸印刷及文教用品制造业	0.0390	通信设备、计算机及其他电子设备制造业	0.0460	化学工业	0.0493	批发和零售业	0.0654	造纸印刷和文教体育用品	0.0381
4	通信设备、计算机及其他电子设备制造业	0.0311	交通运输及仓储业	0.0429	批发和零售业	0.0307	交通运输及仓储业	0.0535	化学产品	0.0341
5	交通运输及仓储业	0.0276	住宿和餐饮业	0.0350	住宿和餐饮业	0.0267	化学工业	0.0358	交通运输、仓储和邮政	0.0311
6	住宿和餐饮业	0.0267	造纸印刷及文教用品制造业	0.0316	通用、专用设备制造业	0.0253	住宿和餐饮业	0.0254	住宿和餐饮	0.0239
7	电力、热力的生产和供应业	0.0254	建筑业	0.0270	交通运输及仓储业	0.0237	建筑业	0.0221	批发和零售	0.0234
8	化学工业	0.0213	化学工业	0.0256	造纸印刷及文教体育用品制造业	0.0228	电气机械及器材制造业	0.0202	房地产	0.0209
9	仪器仪表及文化办公用机械制造业	0.0109	其他社会服务业	0.0196	房地产业	0.0165	造纸印刷及文教体育用品制造业	0.0181	仪器仪表	0.0199
10	建筑业	0.0100	仪器仪表及文化办公用机械制造业	0.0146	电气机械及器材制造业	0.0159	电力、热力的生产和供应业	0.0160	专用设备	0.0129

表 2－4　北京市 KISI 投入到各行业的量占 KISI 产出的比例排名

（KISI 的客户行业依赖度排名）

	2002 年投入产出表		2005 年投入产出表		2007 年投入产出表		2010 年投入产出表		2012 年投入产出表	
排名	行业	比例	行业	比例	行业	比例	行业	比例	行业	比例
1	KISI	0. 2913	KISI	0. 4230	批发和零售业	0. 2668	KISI	0. 5367	KISI	0. 4926
2	房地产业	0. 0910	通信设备、计算机及其他电子设备制造业	0. 0914	公共管理和社会组织	0. 2035	批发和零售业	0. 1695	批发和零售	0. 1322
3	通信设备、计算机及其他电子设备制造业	0. 0645	建筑业	0. 0877	KISI	0. 1871	公共管理和社会组织	0. 0560	房地产	0. 0706
4	建筑业	0. 0508	批发和零售贸易业	0. 0613	房地产业	0. 1273	房地产业	0. 0541	交通运输、仓储和邮政	0. 0648
5	交通运输及仓储业	0. 0307	房地产业	0. 0452	居民服务和其他服务业	0. 1108	建筑业	0. 0371	公共管理、社会保障和社会组织	0. 0602
6	批发和零售贸易业	0. 0267	交通运输及仓储业	0. 0422	住宿和餐饮业	0. 1004	住宿和餐饮业	0. 0215	建筑	0. 0373
7	化学工业	0. 0262	电力、热力的生产和供应业	0. 0245	水利、环境和公共设施管理业	0. 0918	电力、热力的生产和供应业	0. 0212	电力、热力的生产和供应	0. 0278
8	石油加工、炼焦及核燃料加工业	0. 0131	旅游业	0. 0227	邮政业	0. 0837	交通运输及仓储业	0. 0173	住宿和餐饮	0. 0204
9	食品制造及烟草加工业	0. 0130	化学工业	0. 0220	水的生产和供应业	0. 0679	交通运输设备制造业	0. 0117	交通运输设备	0. 0146
10	通用、专用设备制造业	0. 0111	石油加工、炼焦及核燃料加工业	0. 0217	食品制造及烟草加工业	0. 0615	化学工业	0. 0108	化学产品	0. 0118

表 2－5　北京市各行业投入到 KISI 的量占该行业产出的比例排名

（KISI 的供应商行业对 KISI 的依赖程度排名）

	2002 年投入产出表		2005 年投入产出表		2007 年投入产出表		2010 年投入产出表		2012 年投入产出表	
	行业	比例	行业	比例	行业	比例	行业	比例	行业	比例
1	房地产业	0.6615	住宿和餐饮业	0.6145	邮政业	0.6110	邮政业	0.6297	公共管理、社会保障和社会组织	0.8145
2	住宿和餐饮业	0.6270	造纸印刷及文教用品制造业	0.5849	KISI	0.5786	仪器仪表及文化办公用机械制造业	0.6146	仪器仪表	0.6118
3	建筑业	0.5660	建筑业	0.5786	仪器仪表及文化办公用机械制造业	0.5740	住宿和餐饮业	0.5813	造纸印刷和文教体育用品	0.5851
4	造纸印刷及文教用品制造业	0.5510	房地产业	0.5449	房地产业	0.5634	造纸印刷及文教体育用品制造业	0.5749	住宿和餐饮	0.5393
5	其他社会服务业	0.4071	公共管理和社会组织	0.4702	住宿和餐饮业	0.5607	公共管理和社会组织	0.5655	专用设备	0.5017
6	仪器仪表及文化办公用机械制造业	0.3851	KISI	0.4230	建筑业	0.5399	房地产业	0.5646	KISI	0.4926
7	公共管理和社会组织	0.3754	其他社会服务业	0.3880	造纸印刷及文教体育用品制造业	0.5288	建筑业	0.5497	房地产	0.4662
8	电力、热力的生产和供应业	0.3529	仪器仪表及文化办公用机械制造业	0.3749	公共管理和社会组织	0.5205	KISI	0.5367	居民服务、修理和其他服务	0.4316
9	邮政业	0.3459	电力、热力的生产和供应业	0.3633	通用、专用设备制造业	0.4086	通信设备、计算机及其他电子设备制造业	0.4735	金属制品	0.3192
10	交通运输及仓储业	0.3369	邮政业	0.3389	居民服务和其他服务业	0.3995	通用、专用设备制造业	0.4406	化学产品	0.2922

2.2.2 集聚效应

早期研究中，马歇尔的“外部经济理论”、韦伯的“工业区位理论”分别从不同角度探讨了分工与专业化带来的集聚经济利益。克鲁格曼进一步从规模报酬递增角度解释了集聚经济效益。美国经济学家艾伦·斯科特将交易成本赋予“空间”意义，认为相关的厂商或企业通过空间聚集可以减少交易费用，从而享受“范围经济”利益，这实质上是生产或交易上关联企业之间由于可共享技术、设施与服务而引起的一种协同效应。

但企业的空间集中也会产生“拥挤成本”，对空间集聚产生离心力。当企业在特定空间聚集到一定规模，则造成地价、劳动力成本上升，污染严重，人口拥挤等，集聚的经济利益将被“拥挤成本”削弱，就会导致企业向外迁移（即离心力大于向心力），集聚经济机制亦不复存在。

目前北京市 KISI 的空间布局已经呈现出了一定的聚集效应，如信息传输、计算机服务和软件业聚集于中关村科技园，金融业聚集于西城区的金融街，租赁和商务服务业聚集于 CBD（中央商务区），教育、科研聚集于海淀区，体育产业方面，已形成了六大功能区以及南北有大型体育主题公园、东西有特色体育健身园区的基本格局。

为了推动 KISI 的进一步发展，1999 年起，国务院批复了北京市和科技部提出的将位于海淀区的中关村科技园区扩展为包括海淀园、丰台园、昌平园、电子城科技园、亦庄科技园、德胜园和健翔园在内的一区多园的国家级高新技术产业开发区的请示；对未来 10 年首都金融业的空间布局进行了重新改版规划，将来北京会呈现“一主一副三新四后台”的金融业空间布局，金融产业将呈现“十”字格局纵横发展。其横轴为长安街，复兴门—西单—东二环—CBD 一线；竖轴则是西二环，稻香湖—中关村—金融街—丽泽商务区。2006 年和 2008 年，北京市分两批认定了中关村创意产业先导基地等 21 个文化创意产业聚集区。这些措施的实施将增强产业向心力，会吸引更多企业在特定区域内集中。

我们可以用区位熵来反应北京市 KISI 的集聚效应：

$$LQ_{北京}=\frac{\frac{L_{北京KISI}}{L_{北京}}}{\frac{L_{全国KISI}}{L_{全国}}}$$

$LQ_{北京}$：北京市 KISI 的区位熵

$L_{北京KISI}$：北京市 KISI 增加值（或北京市 KISI 从业人员数）

$L_{北京}$：北京市的 GDP（或北京市总的从业人员数）

$L_{全国KISI}$：全国的 KISI 增加值（或全国的 KISI 从业人员数）

$L_{全国}$：全国的 GDP（或全国的从业人员数）。

由图 2－5、2－6 可见，北京市 KISI 的区位熵都大于 1，表明聚集效应明显。同时还可看出，KISI 的增加值聚集效应不如从业人员表示的聚集效应明显；另外，从 2013 年开始，增加值表示的聚集效应有下降趋势。

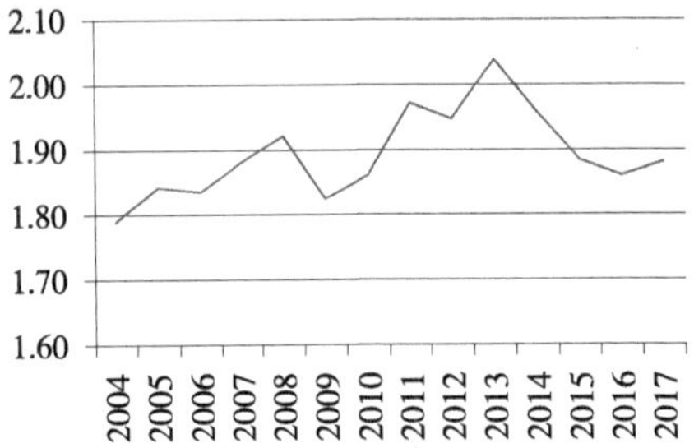

图 2－5　北京市 2004 年—2017 年以 KISI 增加值表示的区位熵

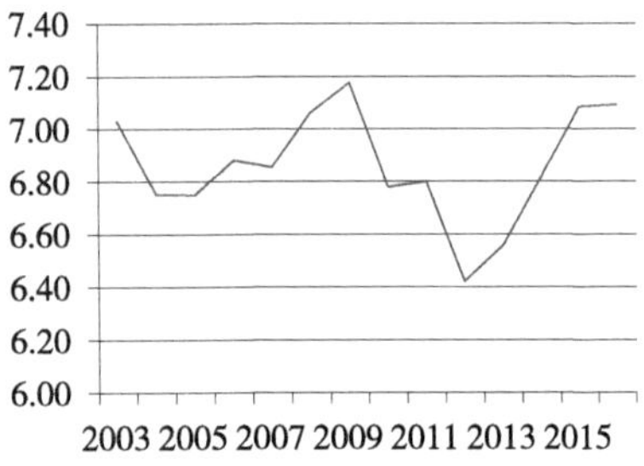

图 2－6　北京市 2004 年—2017 年以从业人员表示的区位熵

2.2.3　创新网络

KISI 的创新以既有知识为基础，创造出新的知识，因此创新也是一个复杂的学习过程。创新网络的根本优势就是集体学习机制——一种互动、开放式的学习过程。在创新网络中，企业不仅能够利用知识外溢效应从同行那里得到个体难以获得的知识，而且可以通过与上下游企业沟通合作，建立互利的思维方式和交易规则，增加彼此的知识和能力。另外，产业内优胜劣汰的生存规则使得企业间的竞争压力为企业提供了充足的创新激励。因此，本文将创新网络的动力因素界定为：知识外溢、互动学习与内部竞争压力。

由于 KISI 的易模仿性、知识产权保护立法不完善，知识外溢经常导致北京市软件业、商务服务业等机会主义的“搭便车”行为，这一方面提高了整个产业的生产效率，另一方面也降低了创新企业的研发积极性。而企业与上下游企业的合作研发和创新既提高了竞争对手的模仿障碍，又扩大了市场范围，提高了效率。如工商银行业首先引进互联网络技术和信息管理系统，开发了网上银行、ATM 自助取款机、牡丹卡等新的服务项目后，企业绩效大大提升。而其它银行很快也推出这些业务，提升了整个产业的效率，这就源于产业内部不进则退的竞争压力。

2.2.4　协同效应

促进北京市 KISI 成长的协同效应体现为两个方面：一是 KISI 与其他部门的协同，我们用 KISI 的感应度系数和影响力系数表示；另一方面表现为 KISI 内部各行业之间的协同，我们用某行业对其他特定行业的影响力系数和感应度系数表示。计算方法如下：

某行业的感应度系数：

$$E_i = \frac{\sum_{j=1}^{n} b_{ij}}{\frac{1}{n}\sum_{i=1}^{n}\sum_{j=1}^{n} b_{ij}} \quad (i,j = 1,2,\cdots\cdots,n)$$

其中，b_{ij}为投入产出表完全消耗矩阵 B 中的元素。

而 $B=(I-A)^{-1}-I$，A 则为投入产出表中的直接消耗矩阵。$\sum_{j=1}^{n} b_{ij}$ 为完

全消耗矩阵的第 i 行之和，反映各部门每增加一个单位最终使用对 i 部门产品的完全需求。

某行业的影响力系数：

$$F_j = \frac{\sum_{i=1}^{n} b_{ij}}{\frac{1}{n}\sum_{i=1}^{n}\sum_{j=1}^{n} b_{ij}} \quad (i,j = 1,2,\cdots\cdots,n)$$

$\sum_{i=1}^{n} b_{ij}$ 为完全消耗矩阵的第 j 列之和，反映 j 部门每增加一个单位最终产品对国民经济各部门产品的完全需求。

某行业对其他特定行业的影响力系数：

$$F_{ij} = \frac{b_{ij}}{\frac{1}{n}\sum_{i=1}^{n}\sum_{j=1}^{n} b_{ij}} \quad (i,j = 1,2,\cdots\cdots,n)$$

某行业对其他特定行业的感应度系数：

$$E_{ij} = \frac{b_{ji}}{\frac{1}{n}\sum_{i=1}^{n}\sum_{j=1}^{n} b_{ij}} \quad (i,j = 1,2,\cdots\cdots,n)$$

经计算，我们得到北京市 2002 年—2012 年 KISI 的感应度系数和影响力系数，以及 KISI 内部各行业间的感应度系数和影响力系数。见表 2-6 至表 2-11。

表 2-6　北京市 KISI 的感应度系数和影响力系数

年份	2002	2005	2007	2010	2012
感应度系数	7.3212	6.9756	3.1063	4.1963	3.2008
影响力系数	0.7482	0.8961	0.8575	0.8187	0.5930

从上表看出，从 2005 年开始，北京市 KISI 的感应度系数和影响力系数有逐渐减小的趋势。一方面说明 KISI 发展经历高速以后，步入平稳发展的成熟期，与其成长阶段相对而言；同时也与北京市疏解非首都功能的产业政策有关。

表 2－7　根据北京市 2002 年投入产出表计算的 KISI 各行业间的感应度系数和影响力系数

	信息传输、计算机服务和软件业	金融业	租赁和商务服务业	研究与试验发展业	综合技术服务业	教育	卫生、社会保障和社会福利业	文化、体育和娱乐业
信息传输、计算机服务和软件业	0.0576	0.0359	0.0524	0.0483	0.0359	0.0304	0.0276	0.1819
金融业	0.0516	0.1379	0.0697	0.0767	0.0414	0.0403	0.0438	0.0426
租赁和商务服务业	0.0533	0.0652	0.0588	0.1142	0.0351	0.0288	0.0515	0.0392
研究与试验发展业	0.0007	0.0001	0.0002	0.0002	0.0003	0.0002	0.0005	0.0003
综合技术服务业	0.0288	0.0050	0.0052	0.0048	0.0478	0.0352	0.0082	0.0106
教育	0.0028	0.0036	0.0020	0.0037	0.0039	0.0064	0.0032	0.0023
卫生、社会保障和社会福利业	0.0016	0.0009	0.0019	0.0011	0.0118	0.0108	0.0079	0.0032
文化、体育和娱乐业	0.0193	0.0207	0.1010	0.0260	0.0201	0.0194	0.0132	0.0298

注：行数据表示影响力系数，列数据表示感应度系数。

表 2－8　根据北京市 2005 年投入产出表计算的 KISI 各行业间的感应度系数和影响力系数

	信息传输、计算机服务和软件业	金融业	租赁和商务服务业	研究与试验发展业	综合技术服务业	教育	卫生、社会保障和社会福利业	文化、体育和娱乐业
信息传输、计算机服务和软件业	0.1059	0.0321	0.1038	0.1424	0.0601	0.0313	0.0459	0.2448
金融业	0.0419	0.0465	0.0687	0.0882	0.0327	0.0199	0.0316	0.0327
租赁和商务服务业	0.0516	0.0269	0.0725	0.1622	0.0329	0.0171	0.0417	0.0371
研究与试验发展业	0.0088	0.0011	0.0034	0.0045	0.0034	0.0018	0.0052	0.0045

续表

	信息传输、计算机服务和软件业	金融业	租赁和商务服务业	研究与试验发展业	综合技术服务业	教育	卫生、社会保障和社会福利业	文化、体育和娱乐业
综合技术服务业	0.0163	0.0020	0.0056	0.0071	0.0233	0.0106	0.0050	0.0079
教育	0.0072	0.0042	0.0068	0.0145	0.0088	0.0084	0.0070	0.0057
卫生、社会保障和社会福利业	0.0005	0.0002	0.0010	0.0008	0.0031	0.0018	0.0021	0.0009
文化、体育和娱乐业	0.0154	0.0073	0.0861	0.0332	0.0136	0.0078	0.0099	0.0176

注：行数据表示影响力系数，列数据表示感应度系数。

表 2－9　根据北京市 2007 年投入产出表计算的 KISI 各行业间的感应度系数和影响力系数

	信息传输、计算机服务和软件业	金融业	租赁和商务服务业	研究与试验发展业	综合技术服务业	教育	卫生、社会保障和社会福利业	文化、体育和娱乐业
信息传输、计算机服务和软件业	0.0554	0.0165	0.0125	0.0171	0.0492	0.0134	0.0116	0.0252
金融业	0.0222	0.0196	0.0673	0.0220	0.0269	0.0146	0.0146	0.0203
租赁和商务服务业	0.0449	0.0503	0.0919	0.0299	0.0385	0.0221	0.0252	0.0461
研究与试验发展业	0.0141	0.0042	0.0060	0.0422	0.0150	0.0195	0.0065	0.0039
综合技术服务业	0.0170	0.0064	0.0173	0.0341	0.0554	0.0115	0.0101	0.0098
教育	0.0027	0.0007	0.0022	0.0029	0.0024	0.0317	0.0019	0.0028
卫生、社会保障和社会福利业	0.0001	0.0001	0.0006	0.0000	0.0001	0.0002	0.0027	0.0001
文化、体育和娱乐业	0.0089	0.0151	0.0532	0.0134	0.0097	0.0104	0.0047	0.0475

注：行数据表示影响力系数，列数据表示感应度系数。

表 2－10　根据北京市 2010 年投入产出表计算的 KISI 各行业间的感应度系数和影响力系数

	信息传输、计算机服务和软件业	金融业	租赁和商务服务业	研究与试验发展业	综合技术服务业	教育	卫生、社会保障和社会福利业	文化、体育和娱乐业
信息传输、计算机服务和软件业	0.0240	0.0107	0.0069	0.0092	0.0246	0.0053	0.0066	0.0116
金融业	0.0222	0.0223	0.0528	0.0241	0.0270	0.0133	0.0190	0.0211
租赁和商务服务业	0.0622	0.0877	0.1228	0.0499	0.0627	0.0316	0.0445	0.0647
研究与试验发展业	0.0106	0.0050	0.0058	0.0325	0.0127	0.0108	0.0061	0.0036
综合技术服务业	0.0233	0.0136	0.0262	0.0462	0.0758	0.0136	0.0174	0.0153
教育	0.0039	0.0019	0.0043	0.0048	0.0043	0.0290	0.0035	0.0045
卫生、社会保障和社会福利业	0.0001	0.0001	0.0005	0.0001	0.0001	0.0001	0.0023	0.0001
文化、体育和娱乐业	0.0059	0.0115	0.0272	0.0082	0.0070	0.0053	0.0041	0.0232

注：行数据表示影响力系数，列数据表示感应度系数。

表 2－11　根据北京市 2012 年投入产出表计算的 KISI 各行业间的感应度系数和影响力系数

	信息传输、软件和信息技术服务	金融	租赁和商务服务	科学研究和技术服务	教育	卫生和社会工作	文化、体育和娱乐
信息传输、软件和信息技术服务	0.0530	0.0228	0.0086	0.0093	0.0066	0.0119	0.0090
金融	0.0218	0.0406	0.0520	0.0479	0.0173	0.0214	0.0329
租赁和商务服务	0.0363	0.0462	0.0461	0.0343	0.0186	0.0262	0.0480
科学研究和技术服务	0.0124	0.0047	0.0068	0.0435	0.0143	0.0101	0.0100
教育	0.0011	0.0029	0.0015	0.0021	0.0263	0.0014	0.0016
卫生和社会工作	0.0001	0.0000	0.0002	0.0001	0.0001	0.0050	0.0002
文化、体育和娱乐	0.0030	0.0062	0.0064	0.0051	0.0090	0.0019	0.0563

注：行数据表示影响力系数，列数据表示感应度系数。

2002年，北京KISI中对其他部门总的影响力系数大小排名依次为：金融业，信息传输、计算机服务与软件业，租赁与商务服务业，文化、体育与娱乐业，综合技术服务业，卫生、社会保障和社会福利业，教育业，研究与试验发展业。

到2012年，KISI中对其他部门总的影响力系数大小排名则依次为：租赁与商务服务业，金融业，信息传输、计算机服务与软件业，科学研究与技术服务业，文化、体育与娱乐业，教育业，卫生、社会保障和社会福利业。

从图上看出，2002年—2012年间，大部分KISI内部行业对其他行业的影响力系数在降低，只有研究与试验发展业、综合技术服务业对其他部门的影响力系数在不断增加。（见图2－7至2－14）

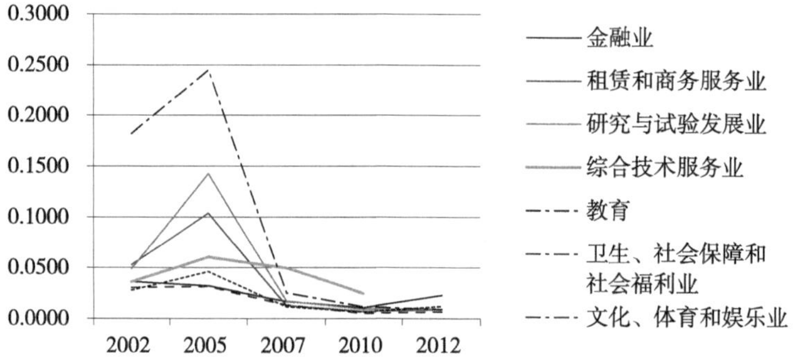

图2－7　北京信息传输、计算机服务和软件业对其他KISI行业的影响力系数演化

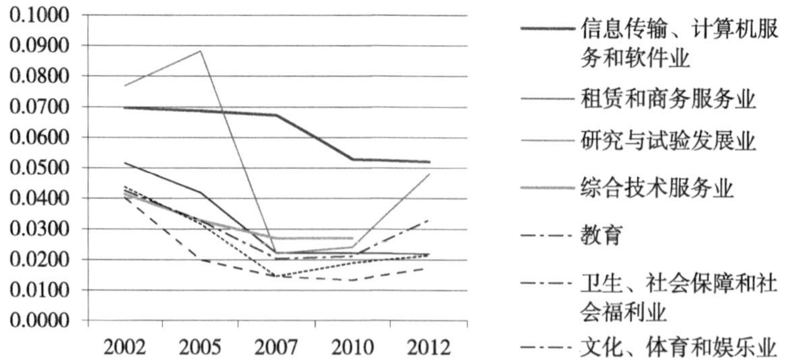

图2－8　北京金融业对其他KISI行业的影响力系数演化

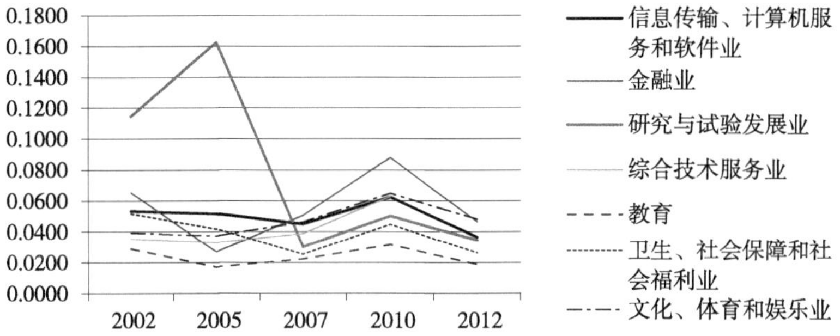

图 2 – 9　北京租赁和商务服务业对其他 KISI 行业的影响力系数演化

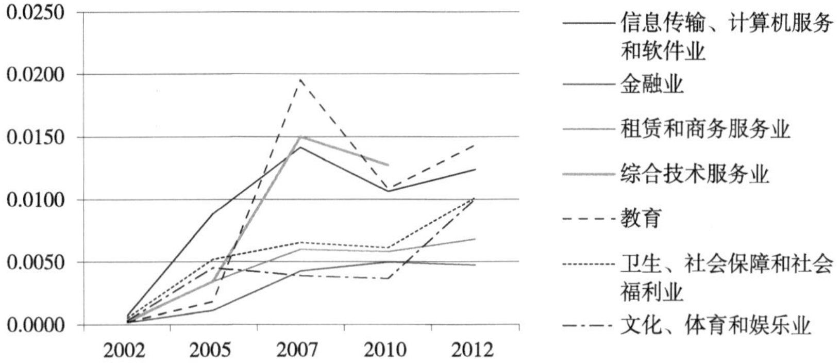

图 2 – 10　北京研究和试验发展业对其他 KISI 行业的影响力系数演化

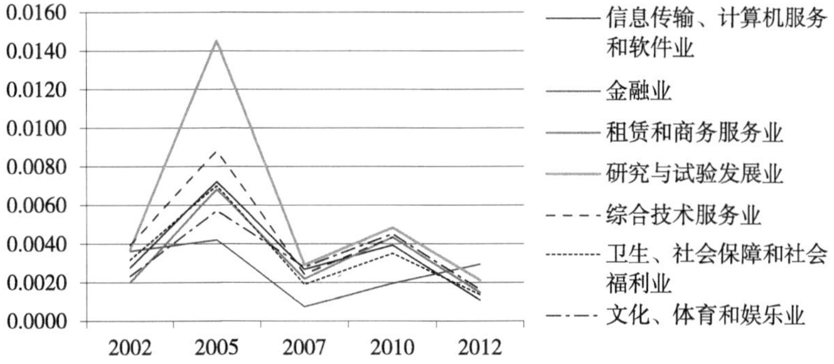

图 2 – 11　北京教育业对其他 KISI 行业的影响力系数演化

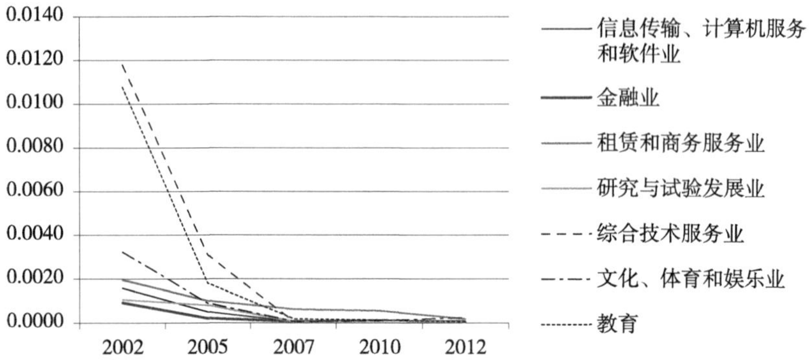

图 2-12　北京卫生、社会保障和社会福利业对其他 KISI 行业的影响力系数演化

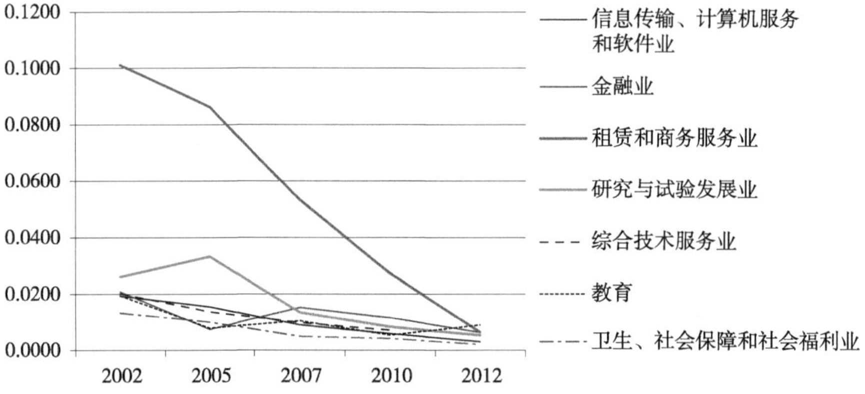

图 2-13　北京文化、体育与娱乐业对其他 KISI 行业的影响力系数演化

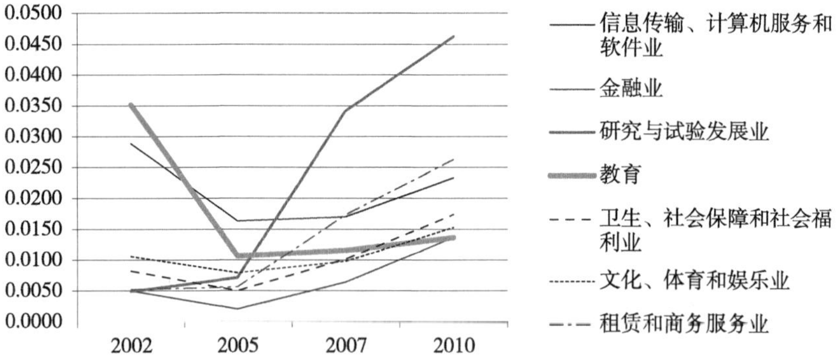

图 2-14　北京综合技术服务业对其他 KISI 行业的影响力系数演化

2.3　产业演化的稳定机制分析

2.3.1　同业竞争与相关产业的作用机制

根据美国管理学家迈克尔·波特教授的钻石理论，国家或区域竞争优势由生产要素、需求条件、相关与支持性产业和企业战略、结构及竞争对手决定。在生产要素和需求条件相同的情况下，具有竞争力的核心企业数量与构成供应链集成系统的上下游企业数量有关。它们构成了互相依赖、互相制约、互相促进的因果关系（见图 2－15）。

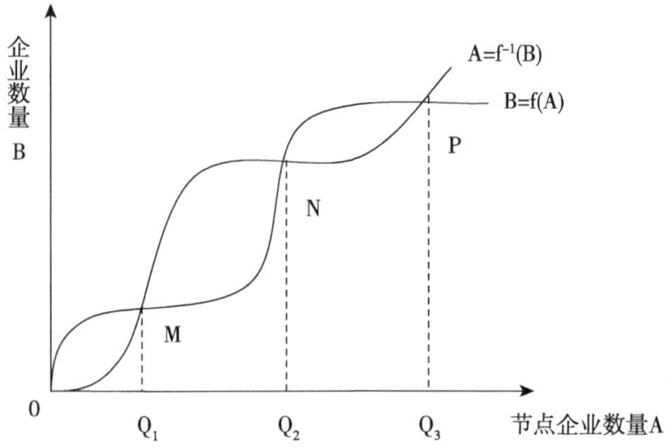

图 2－15　区域企业数量与节点企业数量关系

如果区域处于 M 点以内，企业数量 A 大于它们所需的相应的节点企业数量，这时有的企业就会由于缺乏所需供应商、经销商而使供应链条中断，被迫退出市场，最后由于 A 一直大于 B，企业数量会随着时间推移进一步减少，最终全部退出市场。目前我国西部一些贫困地区面临的就是这种情况。

当区域处于 P 点以外时，节点企业数量会急剧增多，最后形成过度无序竞争，大量节点企业会由于亏损而退出市场，此时，企业会一方面受到同行竞争激烈、节点企业骤然减少的制约，另一方面还会受到当地资源的制约，最后也会逐步减少。一些地区由于过度重复建设，在某些行业“一哄而起，一哄而散”；还有一些经济发达地区由于当地劳动力、原材料、土地等资源价格昂贵，企业会撤出当地，转而在资源充沛的地区投资，都属于这种情况。

只有在MP之间，企业数量才会趋于稳定，在MN段，节点企业数量大于企业所需，即企业在市场上随时可以得到廉价的原材料，销售也能轻易实现，这时会促使企业数量快速增加，到达Q_2，在NP阶段，企业数量又一次大于它们所需的节点企业数量，同样会导致企业数量不断减少，直至达到Q_2。

因此，知识密集型服务企业间的纵向竞争有助于催生节点企业，节点企业数量的增加又会进一步刺激企业数量的增加，形成同业间的激烈竞争，这种竞争提供了企业创新的压力，使知识密集型服务企业之间彼此竞相降低成本、提高产品质量和服务质量、研发新产品和新流程。同时由于人才在区域之间自由流动，促进了信息和技术在区域内企业间的整合，竞争者之间互相激发创新，不断改进自己的缺点，强化了产业创新能力，使产业争优势得以持续。

2.3.2　生产要素与政策条件的作用机制

由于KISI供应网链的集成，使得在一定的地理区域中，企业间形成了同时具有竞争与合作关系的利益集团，它们相互关联，成为彼此的供应商、经销商或客户，与在当地集中的相关机构（如大学、科研院所、产业协会等）共同形成了该地区的产业集群，产业集群的发展离不开环境。当区域环境有助于某些产业发展时，区域变会随产业而兴盛。其发展演化过程如图2－16：

产业中企业数量越多，进入壁垒越高，故企业的新增率与当前行业中

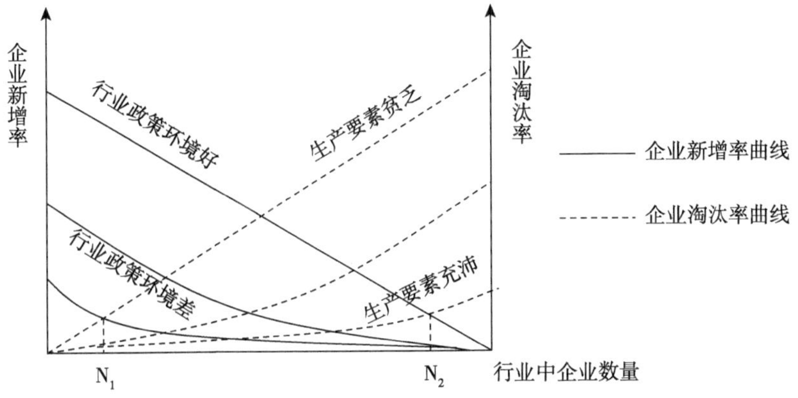

图2-16 知识密集型产业演化过程图

企业数量呈反比关系，其他条件相同时，新增率还与区域政策有关，区域行业政策环境好，则新增率高，反之则低；产业集群中企业数量越多，竞争越激烈，故企业的淘汰率与当前行业中企业数量呈正比关系，当其他条件相同时，淘汰率又与当地的生产要素有关，生产要素充沛，则企业淘汰率低，反之则高。当企业新增率和淘汰率大致相等时，区域内产业中企业数量将会保持不变。因此，在行业政策环境好、生产要素充沛的区域，行业中企业数量多（如N_2），产业集群竞争力强；在行业政策环境差、生产要素贫乏的区域，行业中企业数量少（如N_1），形不成产业竞争力。

作为政府，为当地产业创造良好宽松的成长环境，以不断提升当地创造财富的能力是自己的首要职责，同时还要兼顾当地的社会和生态目标。这样，政府就要考虑建立怎样的激励约束机制，尽量使经济、社会、生态效益好的企业进入当地的产业供应链集成体系。

政府首先制定政策——通过政策、法律法规调节产业在区域内外选择节点企业的成本和利润。如果政府对某个行业的限制越多，即产业供应链集成网络在区域内选择节点企业的成本越高、利润越小，则该行业就不能在该地区得到纵深发展，直至萎缩。如果政府对某个行业越是宽松、优越，则该产业集群在该地区的节点企业数量就会越多，也就是该产业集群供应链集成链条越长，网络越广，深度越深，该产业的凝聚力、竞争力会逐步提升。

因此，区域政府应该通过自身廉政建设、基础设施建设等来降低产业集群的间接成本和隐性成本；通过制定恰当的准入制度、规定先进的产品质量标准、规范生产要素市场、规范媒体广告方式和促销方式来保证产业具有优良的竞争环境。长期而言，区域要想使产业持续既有的竞争优势，就必须能提供改进和创新、寻找更好的竞争方式、持续提升产品和流程的环境，保证产业能够不断向技术密集、资金密集、知识密集的领域升级。

2.3.3 锁定机制

"锁定"本质上是动态演进过程中的一种"路径依赖"现象，产业的生命周期演化过程具有"路径依赖"特点。空间集聚现象一旦生成，由集聚经济与创新网络推动的产业集群演化的"路径依赖"促进产业集群不断成长并走向成熟。而因各种风险因素累积形成的"路径依赖"将诱发产业集群生命周期演化的"锁定效应"，使产业维持在一定的水平。

产业的"锁定效应"主要有：（1）技术性锁定效应。当产业外部的技术经济条件发生变化时，产业内部广泛存在的产业联系与技术关联性，会成为阻碍企业采用新技术的力量，造成企业对过时的生产工艺技术的墨守成规；（2）功能性锁定效应。长期、稳定的企业间网络关系，逐渐在产业内部形成相对封闭、稳固的信息圈，削弱了企业到网络外部获取新信息的动机，降低了产业技术、市场创新的可能性；（3）认知性锁定效应。企业与相关组织在地理上高度集中，频繁互动，并在此基础上形成一种本地经济、技术、生产活动等方面的高度趋同、同质性的群体性思维，导致对事件错误性判断；（4）政治性锁定效应。以支持本地产业发展为目标的政府行为介入，往往形成产业内部的政府与企业之间的"政治行政系统"，左右产业的发展方向，使产业发展可能偏离按市场机制进行自我更新与业务转型的转迹。

2.4　北京市 KISI 演化模型

2.4.1　模型的建立

我们借鉴 Sidney G. Winter，Yuri M. Kaniovski，Giovanni Dosi.（2003）的模型来描述北京市 KISI 的演化过程。本模型描述服务功能基本相同的知识密集型竞争企业的行为。企业的决策涉及到投资、进入、退出等，它们是基于企业对其他竞争对手行为及市场反应的预期。所有的在位企业在每一阶段之初，同时作出决策，然后进行市场竞争。

设 $t+1$ 期产业的生产能力为：

$$Q_{t+1}=\left[1-d+\lambda\ (p_t-m_t)\ +\frac{V_t-E_t}{N_t}\right]Q_t$$

其中，d 为在位企业平均资产折旧率，λ 为在位企业扩大再生产的平均投资率，p_t 为单位服务产品平均价格，它是当前市场上提供的服务数量 Q_t 的函数，即 $p_t=f\ (Q_t)$，m_t 为单位服务产品平均成本，为方便起见，本章假设 $m_t=0$，V_t 为 t 期进入产业的企业数量，E_t 为 t 期退出产业的企业数量，假设进入和退出产业的生产能力都为 t 期产业的平均生产能力$\left(即\frac{Q_t}{N_t}\right)$，$N_t$ 为 t 期产业中企业的数量。

如前一节的分析，企业的进入一般受到产业平均利润、在位企业的数量、产业当前的生产能力以及进入壁垒的影响，因此假设 t 期进入产业的企业数为

$$V_t=a\frac{(p_t-m_t)\ Q_t}{N_t}-bQ_t-dN_t-gB_j$$

a，b，d，$g>0$，B_j 为其他进入壁垒。

同理，企业的退出也受到产业平均利润、在位企业数量、产业当前的生产能力以及退出壁垒的影响，因此，设 t 期退出产业的企业数为

$$E_t = cQ_t - k\frac{(p_t - m_t)\ Q_t}{N_t} + lN_t - hB_t$$

c，k，l，$h>0$，B_t 为其他退出壁垒。

则：$t+1$ 期在位企业的数量为

$$N_{t+1} = N_t + V_t - E_t$$

$t+1$ 期产业的总利润为：$\Pi_{t+1} = p_{t+1}Q_{t+1}$，

$t+1$ 期在位企业的平均规模为：

$$S_{t+1} = \frac{Q_{t+1}}{N_{t+1}}$$

2.4.2 数值模拟

假设 $Q_0 = 1.25$，$N_0 = 1$，$d = 0.3$，$\lambda = 0.2$，$f(x) = 4.1667e^{-0.005x}$，$a = 0.65$，$b = 0.01$，$d = 0.15$，$g = 0.1$，$c = 0.01$，$k = 0.04$，$l = 0.05$，$h = 0.05$，$B_j = 2$，$B_t = 1$，则经过 50 个周期的模拟运算得到以下演化图（见图 2－17 至图 2－22）：

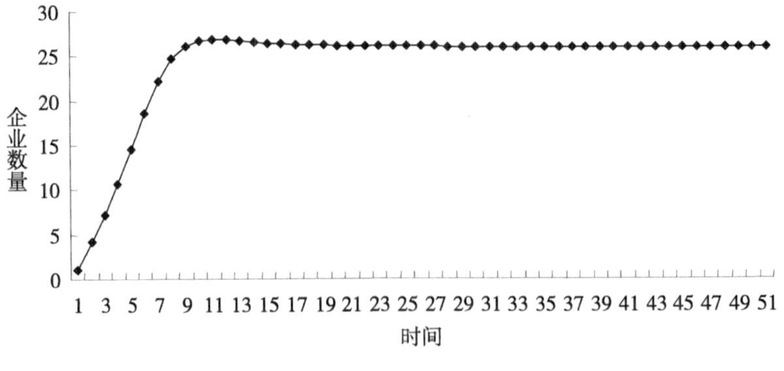

图 2－17　产业内企业数量的演化

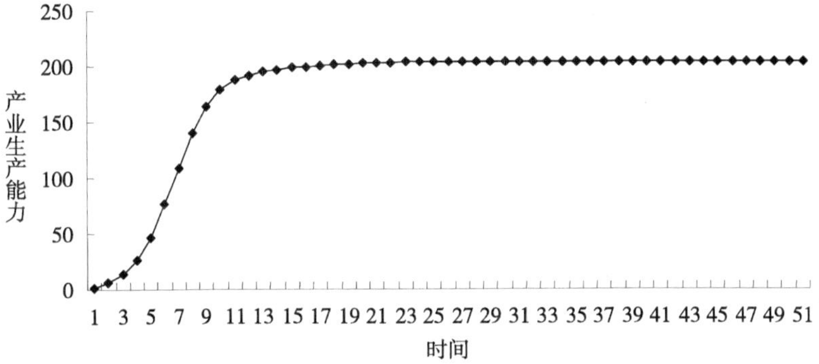

图 2－18　产业生产能力的演变

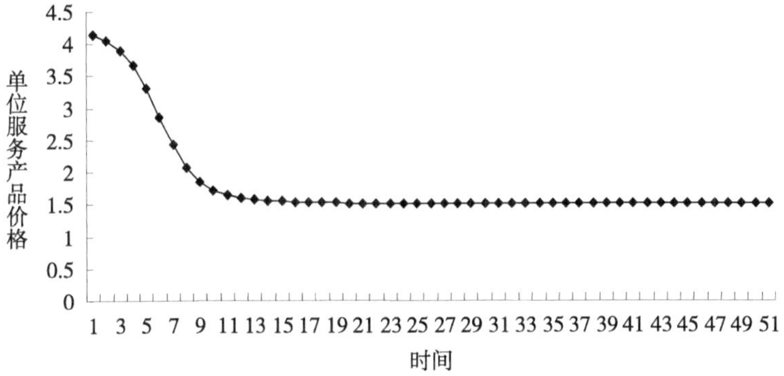

图 2－19　单位服务产品价格的演变

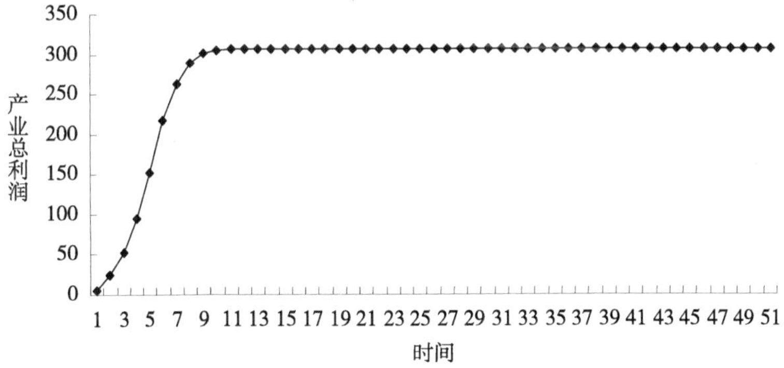

图 2－20　产业总利润的演变

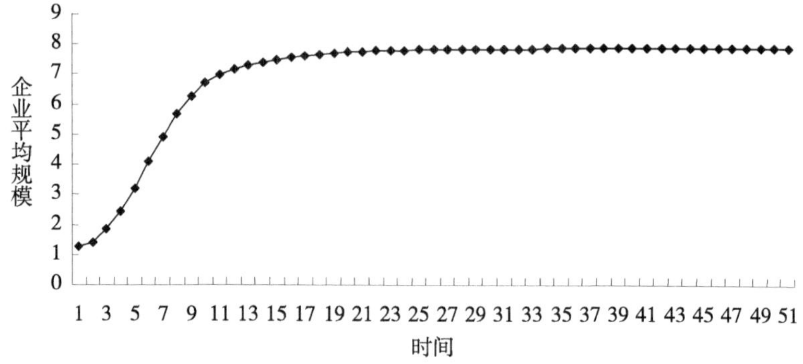

图 2 – 21　产业内企业平均规模的演变

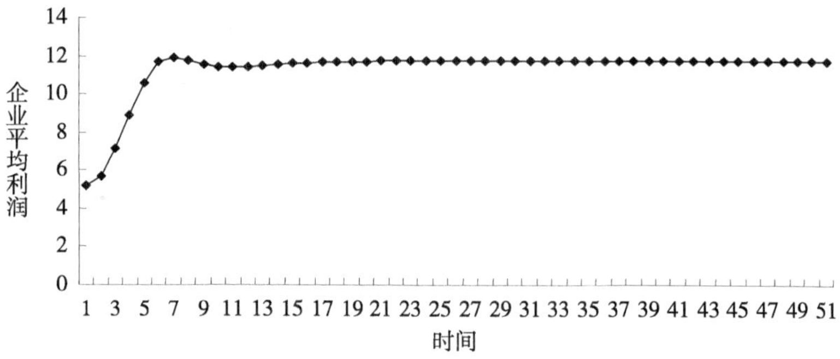

图 2 – 22　产业内企业平均利润的演变

2.4.3　模型的参数灵敏性分析

对模型参数的灵敏性分析时，我们假设其他参数不变。

2.4.3.1　初始状态

其他参数不变的情况下，产业的演化最终结果与初始状态无关，但到达稳定状态的路径不同（见图 2 – 23）。

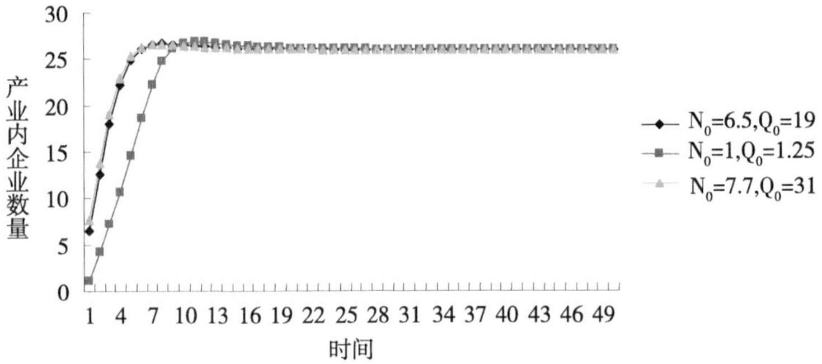

图 2－23　产业演化过程与初始状态的关系

2.4.3.2　进入和退出壁垒的影响

进入壁垒影响稳定状态下的企业数量，进入壁垒越高，稳定状态下企业数量越少。但对产业生产能力、利润等都无影响（见图 2－24）。同理，产业退出壁垒越高，则稳定状态下企业数量越多。

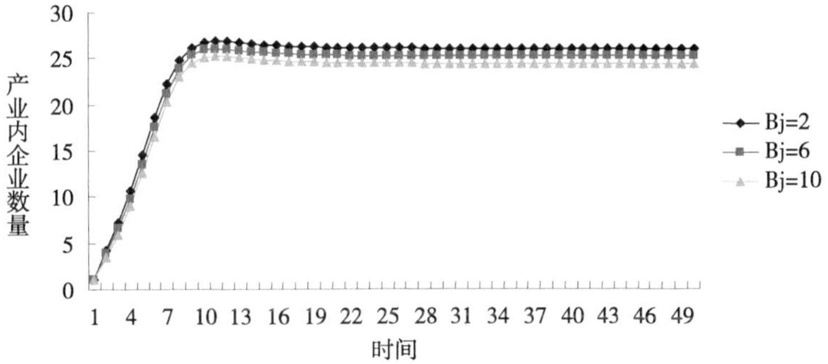

图 2－24　产业演化与进入壁垒的关系

2.4.3.3　折旧率的影响

当折旧率 $d<0.1$ 或 $d>0.8$，系统发散；当 $d=0.1$ 时，系统为振荡系统；当 $0.1<d<0.8$ 时，系统稳定。（见表 2－12、图 2－25）

表 2-12　折旧率与产业中企业数量、生产能力、产业总利润之间的关系

折旧率	企业数量	产业生产能力	产业总利润
<0.1	系统发散		
0.1	14~17 之间来回振荡	352~414 之间振荡	217~251 之间振荡
0.2	21.63	285.42	285
0.3	25.99	204.33	306
0.4	27.87	146.95	293
0.45	28	123.24	277
0.5	27.74	102.2	255
0.6	25.62	65.7	197
0.7	21	34.87	122
0.8	11.3	8.2	33
>0.8	系统发散		

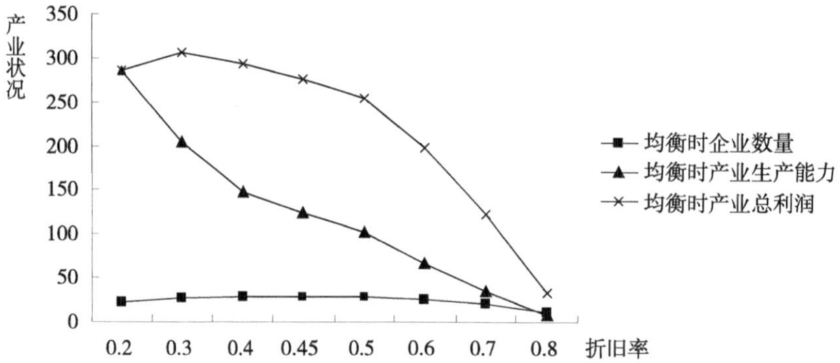

图 2-25　折旧率对产业演化的影响

2.4.3.4　扩大再生产投资率的影响

当投资率 $\lambda>0.8$ 时，系统发散；当投资率介于 0.5-0.8 之间时，系统振荡（见图 2-26）；当投资率小于 0.5 时，系统会达到均衡（见图 2-27）。

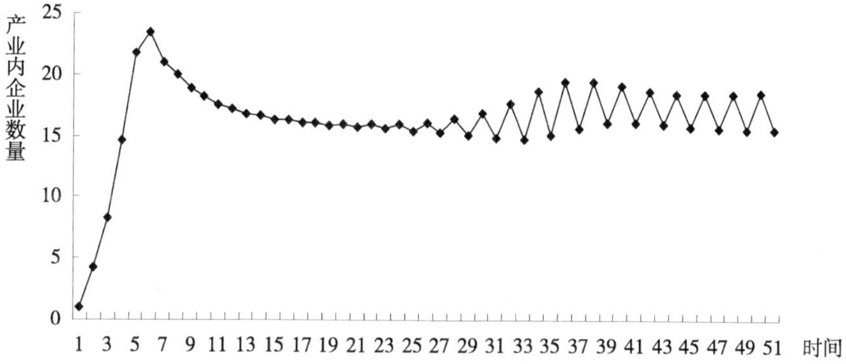

图 2-26　λ=0.5 时企业数量的演化

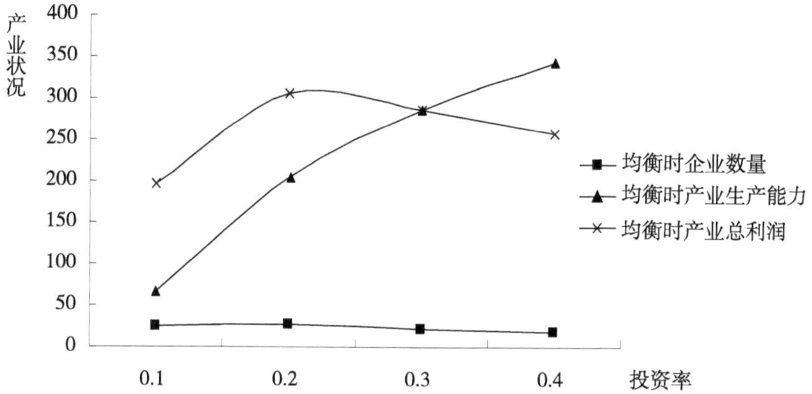

图 2-27　投资率对产业演化的影响

2.4.4　演化模型与北京市 KISI 之间的拟合

由于统计口径的不同，表 2-13 中 2001 年—2004 年为北京市所有企业的数据；2005 年—2007 年为北京市规模以上企业的数据。因此，我们分别采用 2001 年和 2005 年的数据作为初始值进行模拟，得到以下结果（见图 2-28、2-29）：

表 2－13　北京市 KISI 总体情况

年份	企业数量（个）	总资产（亿元）	平均资产（亿元）	平均利润（万元）	总利润（亿元）
2001	9596	3554	0. 3703	95	91
2002	12309	4305	0. 3497	73	91
2003	10639	10316	0. 9696	241	257
2004	4346	—	—	688	319
2005	6468	190963	29. 5	3333	2156
2006	7707	241851	31	2940	2266
2007	8252	305519	37	4118	3398
2008	14600	536005. 8	36. 7	2383. 2	3479. 4
2009	15153	662043. 6	43. 7	6144. 7	9311
2010	15250	737061. 5	48. 3	5390. 6	8220. 6
2011	15757	836413. 3	53. 1	5926. 7	9338. 7
2012	16939	939450. 3	55. 5	7316. 6	12393. 6
2013	14316	772965. 9	54. 0	10372. 2	14848. 8
2014	17629	998504. 1	56. 6	9202. 9	16223. 8
2015	16214	1281326	79. 0	13894. 3	22528. 2
2016	17125	1453458	84. 9	12513. 9	21430. 1
2017	17509	1572880	89. 8	13536. 1	23700. 4

数据来源：《北京市统计年鉴（2002—2008）》

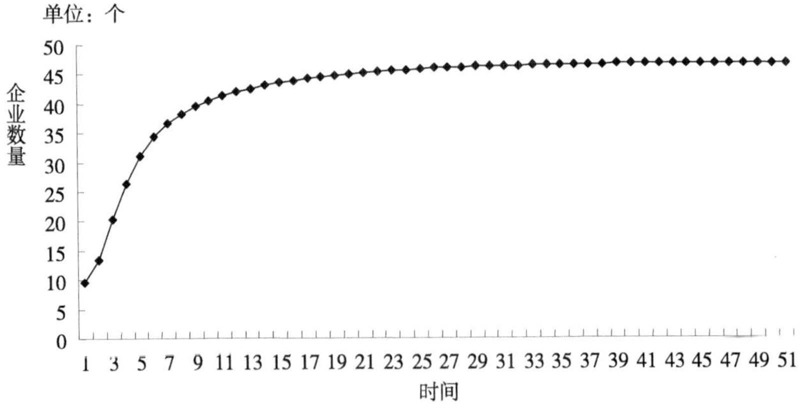

图 2－28　2005 年—2007 年北京规模以上知识密集型服务企业拟合的企业数量演变过程

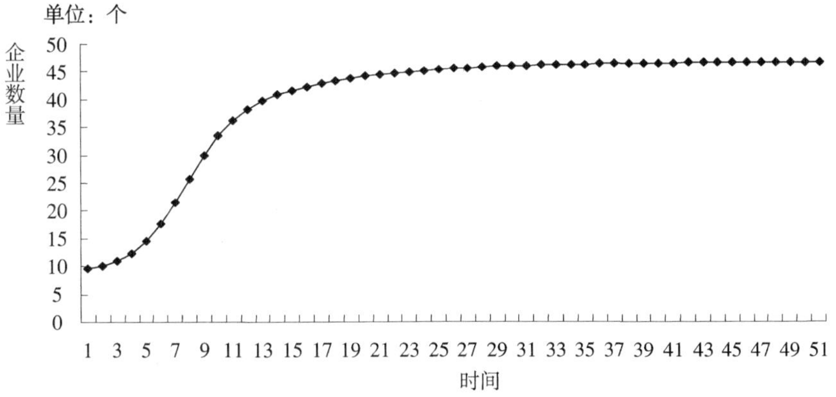

图 2－29　2001 年—2004 年北京市知识密集型服务企业拟合的企业数量演变过程

以上两图均显示出，2006 年为拐点，即从 2006 年开始，北京市 KISI 的企业数量将继续快速增长，但增长率会逐渐减缓。

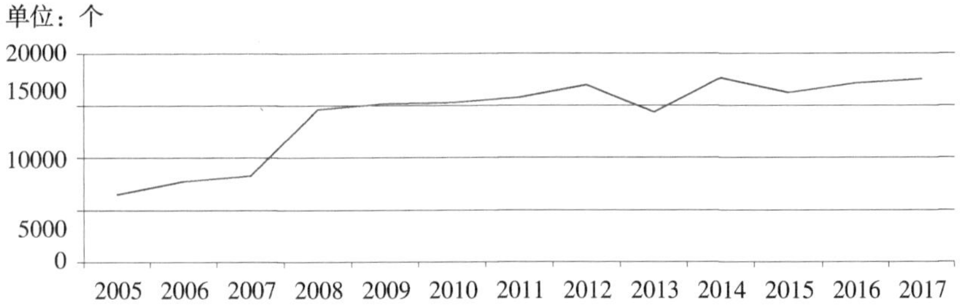

图 2－30　2005 年—2017 年北京市规模以上 KISI 单位数量的演变

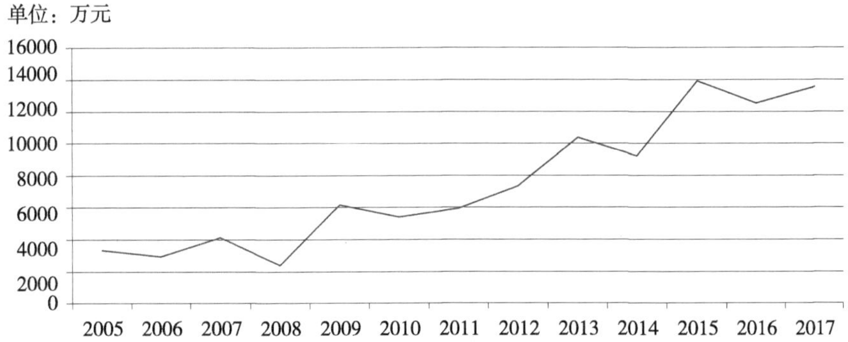

图 2－31　2005 年—2017 年北京市规模以上 KISI 企业平均利润的演变

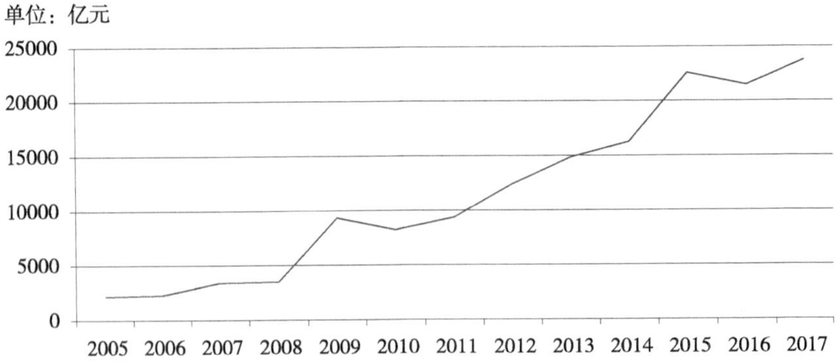

图 2-32　2005 年—2017 年北京市规模以上 KISI 企业利润总额的演变

图 2-30 至图 2-32 为北京市 KISI 规模以上企业的发展情况，从图中看出，图 2-28 和 2-29 与其拟合得较好。

2.5　小结

本章从一般的产业演化规律出发，分析了北京市 KISI 的成长机制、稳定机制，并建立了演化博弈模型对其进行了模拟。认为目前北京市 KISI 处于成长期至成熟期阶段，它的成长机制由原发动力、集聚效应和创新网络构成；稳定机制除了与其本身因素及所处的生产要素、政策要素、相关产业等外部因素共同决定的之外，还与产业的锁定效应有关；通过模拟，发现模型与实际产业的演化拟合很好。

第三章　经济新常态下北京市KISI升级机制研究

首先分析北京市 KISI 升级的内涵，其次探讨北京市 KISI 升级的外部力量，然后研究北京市 KISI 升级的内部力量，最后提出北京市 KISI 升级的路径选择。

3.1 北京市 KISI 升级的内涵

3.1.1 产业升级的内涵

产业升级就是当资本（人力和物力）相对于劳动力和其他的资源禀赋更加充裕时，国家在资本和技术密集型产业中发展比较优势。而有的学者则侧重于从中观或微观层面来进行界定，认为产业升级是一个企业或经济体提升其迈向更具获利能力的资本/技术密集型经济领域的能力的过程；有些学者则认为产业升级就是企业成功地从生产劳动密集型、低价值产品向生产更高价值的资本或技术密集型产品这样一种经济角色转移的过程。可见，无论从什么层面看，其共同之处就是：产业升级是产业由低技术水平、低附加值状态向高技术、高附加值状态演变的过程。

Gereffi（1999）较早认识到产业升级分析的层次问题，他认为产业升级可分为四个层次：一是在产品层次上的升级，即从简单到复杂的同类型产品；二是在经济活动层次上的升级，包括不断提升的设计、生产和营销能力；三是在部门内层次上的升级，如从最终环节的制造到更高价值产品和服务的生产，也包括供应链的前向和后向联系；四是在部门间层次上的升级，即从低价值、劳动密集型产业到资本和技术密集型产业。Humphrey 和 Schmitz（2000）基于企业维度提出了一种以由低级到高级的四层次产业升级分类方法：一是流程升级——企业通过重组生产系统或是引入高新技术将投入转化为产出；二是产品升级——企业根据单位增加值转向更高端生产线；三是功能升级——企业获得价值链上新的、更好的功能，如设计和营销或放弃现有的低附加值功能而集中致力于附加值更高的环节；四是部门间升级，把从某个特定环节中获得的能力应用于新的领域或转向一个新的价值链，也称链升级。这种分类是沿着一个渐进作业组合的发展轨迹进行的，因此，产业升级就直接表现为企业在一个价值链中顺着价值阶梯逐步提升的过程，本章所研究的北京市 KISI 产业升级即是这种类型的。

结合以上学者的研究和北京市的现状，我们认为北京市 KISI 的升级包括两种形式：一是对已有的服务进行升级改造，另一种是培养和创造新兴的服务。

3.1.2　对已有的服务进行升级改造

在经济新常态下，北京市 KISI 的传统服务升级势在必行。北京市 KISI 传统服务需要重点推进服务信息化，大力推进服务品牌化，着力推进服务高端化，选择推进服务智能化，促进传统服务迈向高端与高级。

（1）服务高端化。服务高端化即服务由相对“低端”（低技术水平、低附加值、低智力投入等）向相对“高端”（高技术水平、高附加值、高智力密集等）攀升的过程。传统服务可以通过高端化提升附加值和竞争力，提高效率和效益。北京市应大力发展高端信息技术、现代金融、高端科技研发、现代教育与培训、现代医疗健康、电子商务、高端会展、现代文化娱乐等高端 KISI。

（2）服务信息化。服务信息化是以信息技术改造提升服务产品，构造以信息化带动其他要素流动的产业关联，对资源优化配置、整合，对过程优化重组。我国早已进入信息经济时代，信息技术进步及应用发展催生了数字经济、共享经济、“互联网 +”等新产业、新模式、新业态，促进国内很多地区传统产业涅槃重生、创新发展。信息化是北京市 KISI 创新发展、升级上档的必要条件。北京市应进一步加强信息化基础设施建设，包括推进光纤宽带网络升级、推进新一代无线网络（5G、6G）全覆盖、完善基础数据库、打造云服务基地，在消费服务业与生产服务业推广与完善电子商务模式，推进信息化重点工程建设，如子政务云中心、智慧校园工程、智慧医院工程、智慧交通工程、智慧园区工程等。

（3）服务智能化。智能化本质上是信息、智能密集的资本对脑力劳动的替代。传统服务智能化可以通过物联网技术与服务相结合，形成泛在感知网络技术、虚拟现实技术、人机交互技术、系统集成制造技术等智能服务技术，大幅提高传统服务的生产效率、服务质量和服务安全性，降低服务成本和资源消耗。北京市的服务智能化将在银行、商务服务、科技服务、保险、医疗、教育、文化、艺术等领域大展宏图。

（4）服务品牌化。品牌意味着信誉，是一种能够给拥有者带来溢价的重要无形资产。北京市 KISI 的企业规模普遍较小，需要大力推进精品名牌战略，通过激励、扶持、引导等手段，分类采取保护、提升、创新三种不同策略，打造一系列具有代表性的品牌服务、品牌企业家（优秀企业家）、品牌商标（国家驰名、著名商标）、品牌企业、品牌区域产业（园区）。

3.1.3 培育新兴 KISI

（1）运用新技术。经济“新常态”下，最明显的表现是经济增长从高速变中高速，传统动能逐渐减弱。这就要求各个地方的低端产品和服务要加速退出市场，新兴产业要加快发展。要发展新兴产业，新技术是核心，只有通过新技术应用，才能改变社会的生产方式、管理模式，并产生新业态、新模式和新产业。未来 5 到 10 年，是全球新一轮科技革命和产业变革从蓄势待发到群体迸发的关键时期。信息革命进程持续快速演进，物联网、云计算、大数据、人工智能等技术广泛渗透于经济社会各个领域，信息经济繁荣程度成为国家实力的重要标志。增材制造（3D 打印）、机器人与智能制造、超材料与纳米材料等领域技术不断取得重大突破，推动传统产业体系分化变革，将重塑经济的国际分工格局。基因组学及其关联技术迅猛发展，精准医学、生物合成、工业化育种等新模式加快演进推广，生物新经济有望引领人类生产生活迈入新天地。数字技术与文化创意、设计服务深度融合，数字创意经济作为一种新的发展模式正在兴起。这些领域的技术快速发展、日新月异，同时，也给我们的生产和生活带来了巨大的变革。北京市在充分利用好新技术推动 KISI 发展的同时，还要强化新兴服务业的基础科学研究、组织实施新兴服务业科技专项工程、发展新兴服务业技术联盟、加强高新技术产业化示范推广。

（2）培育新业态。新业态是基于不同产业间的组合、企业内部价值链和外部产业链环节的分化、融合、行业跨界整合以及嫁接信息及互联网技术所形成的新型企业、商业乃至产业的组织形态。信息技术自身的发展与制造业、其他服务业的融合互动，强化了产业链不同环节之间以及不同产业链之间的互动关系，企业之间的关系网络也在互联网技术支持下发生变化，而这种变化同样会催生新业态。除了受到技术变革的推动之外，消费者需求产生的倒逼机制在业态更新中也发挥着重要作用。回溯中国经济的发展，经历了从产品为王到渠道为王再到终端为王的阶段，终端为王的实质，其实是人们的消费习惯开始随着技术的支撑而逐渐升级。目前，制造已经不再成为利润区，渠道的创新以及需求的创造成为了新的经济效益的增长点，更为便利、方便和充满快乐体验的消费方式的需求已经快速替代了获得质量优良的产品的需求。这正是新业态与新兴经济的相互促进的表现。北京市要发展壮大新兴服务业，就必须充分运用信息经济、数字经济、平台经济、共享经济、孵化经济、总部经济等新业态，加快推动发展新兴 KISI。

（3）发展新模式。积极探索新的商业模式、盈利模式、发展模式来发展北京市新兴 KISI。鼓励互联网等企业发展移动电子商务、在线定制、线上线下等创新模式，大力培育“互联网 +”经济，引导业态创新和商业模式创新。推动互联网与服务企业融合创新，鼓励企业发展基于互联网的个性化定制、众包设计、云计算等新型服务模式，推动形成基于消费需求动态感知的研发、服务和产业组织方式。促进制造业服务化转型，引导企业进一步打破“大而全”、“小而全”的格局，分离和外包非核心业务，向价值链高端延伸，促进产业模式从以产品制造为核心向产品、服务和提供整体解决方案并重转变，从提供设备向提供设计、承担项目、实施工程、项目控制、系统维护和管理运营等一体化服务转变，为客户提供总集成总承包服务。

（4）形成新组织。要广泛运用新的产业组织理论和企业组织理论发展北京市的新兴 KISI。通过设立新组织，或者优化组织结构，将每个人放在最合适的岗位上。可根据形势发展的需要，设计一些临时性领导小组、项目小组，形成团队力量；适应移动互联网时代的要求，将原有金字塔式组织中不必要的环节，通过推进组织的网络化、扁平化、柔性化，“瘦身健体”，降低组织成本。

3.2　北京市 KISI 升级的外部力量

3.2.1　外部宏观力量

（1）全球经济逐步复苏，为北京市 KISI 开拓更广阔的发展空间提供了新机遇。

经济新常态下，全球经济逐步复苏，为北京市 KISI 开拓更广阔的发展空间提供了新机遇。国际货币基金组织（IMF）2019 年 1 月 21 日宣布全球经济展望。该机构预计，2019 年全球经济增速将达到 3.5%，2020 年的增速预计为 3.6%；其中，发达经济体的增长率预计 2019 年为 2.0%，2020 年为 1.7%；而新兴市场和发展中经济体 2019 年的总体增长率预计将为 4.5%，2020 年将升至 4.9%；其中 2019 年中国经济增速将达到 6.2%。全球经济复苏有利于北京市 KISI 开拓更广阔的国际市场，增加服务输出；有利于北京市 KISI 吸引外资、先进的服务技术和管理技术，解决企业融资难题和服务技术难题。

（2）新一轮技术革命和产业革命，为北京市 KISI 与新技术的融合发展带来了新机遇。

信息技术、人工智能、大数据等技术的发展为北京市 KISI 提供了融入互联网产业、与国际企业接轨、进入高精尖行业的机遇。第四次工业革命将数字技术、物理技术、生物技术有机融合，触及经济社会的方方面面，将重塑全球生产、消费、运输与交付体系，新产业、新业态、新经济随之应运而生。北京市应积极利用这次机会，大力研究和发展物联网、3D 打印、无人驾驶、人工智能、机器人、大数据、智慧城市、智慧医疗、智慧教育等高精尖服务业，实现产业升级。

（3）一系列国家和北京市战略规划的实施，为北京市 KISI 培育新增长点带来了新机遇。

面对新的历史形势，党中央提出并形成了协调推进全面建成小康社会、全面深化改革、全面依法治国、全面从严治党的战略布局。提出了“一带一路”、京津冀协同发展、中国制造 2025、“互联网 +”行动计划、“大众创业、万众创新”等战略举措。2017 年 9 月 13 日，党中央、国务院批复的《北京城市总体规划（2016 年—2035 年）》中提出，北京的一切工作必须坚持“全国政治中心、文化中心、国际交往中心、科技创新中心”的城市战略定位。这些战略规划的出台，将为北京市信息技术、金融、公共文化服务、文化创意、商务服务、科技创新等 KISI 的发展提供最好的舞台和前景。

（4）人民对美好生活的向往，为北京市 KISI 培育新服务、新业态提供了新机遇。

目前，我国正面临着消费升级的好时期，相比过去吃、穿、住、行、用五大基本需求，人民对学、乐、安、康、美方面的需求与日俱增，这为北京市现代教育、医疗、娱乐、保险、旅游等产业发展带来非常好的机遇。同时，消费结构升级也有利于促进产业的融合发展、促进城乡的统筹发展，有利于提高地方的地区品牌效益。

3.2.2 KISI 升级的行业力量

（1）同行竞争驱动力

北京市 KISI 同行竞争日益激烈，从 2005 年—2017 年，北京市 KISI 规模以上企业数量由 6468 家上升为 17509 家，增长 1.7 倍；总资产由 190963 亿元增加到 1572880 亿元，增长了 7.2 倍；单位企业平均资产由 29.5 亿元增加到 89.8 亿元，增长了 2.0 倍；总利润由 2156 亿元增加到 23700 亿元，增长了 10.0 倍。面对越来越多、越来越强的竞争对手，企业必须不断打造自己的核心竞争力，才能在竞争中发展壮大。

（2）供应商推动力

根据 2002 年、2012 年北京市投入产出表，2002 年，北京市各行业投入到 KISI 的中间消耗量为 761 亿元，投入排名 1 ~ 10 的行业是：KISI，房地产业，造纸印刷及文教用品制造业，通信设备、计算机及其他电子设备制造业，交通运输及仓储业，住宿和餐饮业，电力、热力的生产和供应业，化学工业，仪器仪表及文化办公用机械制造业，建筑业。2012 年，北京市各行业投入到 KISI 的中间消耗量为 8309 亿元，比 2002 年增长了 10 倍，其中，投入排名 1 ~ 10 的行业为：KISI，通信设备、计算机及其他电子设备制造业，造纸印刷及文教用品制造业，化学产品，交通运输及仓储业，住宿和餐饮业，批发和零售业，房地产业，仪器仪表及文化办公用机械制造业，专用设备。由此可见，除 KISI 自身关联性最大外，与 KISI 关联性最大的行业有：房地产、造纸印刷及文教用品制造业，通信设备、计算机及其他电子设备制造业，交通运输及仓储业，住宿和餐饮业，仪器仪表及文化办公用机械制造业这 6 个行业，这些行业近几年取得了快速的发展，它们的增加值从 2004 年的 729 亿元增加到 2017 年的 6161 亿元，增长了 7.5 倍，这些供应商的迅速发展无疑推动了 KISI 的迅速发展。

（3）需求方拉动力

根据 2002 年、2012 年北京市投入产出表，2002 年，北京市 KISI 投入到各行业的中间消耗量为 1852.4 亿元，其中，投入排名占 KISI 产出比例 1～10的行业是：KISI，房地产业，通信设备、计算机及其他电子设备制造业，建筑业，交通运输及仓储业，化学工业，石油加工、炼焦及核燃料加工业，食品制造及烟草加工业，通用、专用设备制造业。2012 年，北京市 KISI 投入到各行业的中间消耗量为 3073.4 亿元，比 2002 年增长了 0.66 倍。其中，投入排名占 KISI 产出比例 1～10 的行业是：KISI，批发和零售，房地产业，交通运输及仓储业，公共管理、社会保障和社会组织，建筑，电力、热力的生产和供应，住宿和餐饮，交通运输设备，化学产品。由此可见，房地产、建筑、交通运输与仓储、化学工业与 KISI 关联性最大，这 4 个行业的增加值从 2004 年的 749.3 亿元增加到了 2017 年的 4449.3 亿元，增长了 4.9 倍，这些客户的迅速发展也拉动了 KISI 的发展。

3.2.3 外部力量与 KISI 升级的实证

本章将运用多元回归模型对北京市 KISI 升级水平与外部环境的关系进行分析。

3.2.3.1 变量的选取与模型设定

（1）被解释变量为北京市 KISI 的产业升级水平。本章借鉴李逢春（2012）、纪玉俊（2015）等对产业升级的测度方法，对 KISI 产业升级指标的构造如下：

$$IND = \sum_{i=1}^{7} \sqrt{L_i} * K_i$$

IND 代表 KISI 的产业升级水平，K_i 为 KISI 内部各行业在地区生产总值中的比重，L_i 为各行业的劳动生产率，用各行业增加值与该行业从业人员数量之比表示。

（2）解释变量为地区人均 GDP（*RJGDP*）、每万人高校在校生人数（*WRGXRS*）、研发经费（*YFJF*）、研发人员折合全时当量（*YFRY*）、技术合同成交额（*JSHTCJE*）、专利申请量（*ZLSQL*）、规模以上 KISI 企业数量（*QYSL*）、规模以上 KISI 企业资产总额（*ZCZE*）。

其中，地区人均 GDP 可代表地区经济发展水平，反应了地区的经济环境，同时也反应了 KISI 的相关行业需求和相关行业供给情况；万人高校在校生人数、研发经费、研发人员、技术合同成交额、专利申请量反应了地区的技术环境；规模以上 KISI 企业数量、规模以上 KISI 企业资产总额反应了行业竞争环境情况。

则北京市 KISI 升级水平与环境的关系计量模型为：

$$IND_t = \alpha_0 + \alpha_1 RJGDP_t + \alpha_2 WRGXRS_t + \alpha_3 YFJF_t + \alpha_4 YFRY_t + \alpha_5 JSHTCJE_t + \alpha_6 ZLSQL_t + \alpha_7 QYSL_t + \alpha_8 ZCZE_t + \varepsilon_t$$

3.2.3.2 数据来源及处理结果

本章数据来源于《北京市统计年鉴（2005—2018）》，见表 3 - 1、3 - 2。处理结果见表 3 - 3。

表 3 -3 北京市 KISI 产业升级的环境作用模型估计结果

系数	α_0	α_1	α_2	α_3	α_4	α_5	α_6	α_7	α_8	R^2	F
估值	-12.51185**	0.0000177	0.0282428**	0.0045111*	-0.0393338	-0.0003524	-0.00000996*	0.0000249	-0.00000057*	0.9972	179.84

根据模型，北京市 KISI 升级水平与北京市人均 GDP、北京市 KISI 规模以上企业数量正相关，不显著；与每万人在校大学生人数、北京市研发经费显著正相关；与北京市研发人员折合全时当量、北京市技术合同成交额不显著负相关；与北京市专利申请量、北京市 KISI 规模以上企业资产总额显著负相关。由此说明，北京市研发人员数量、技术合同成交额、发明专利数量等虽然逐年递增，但仍未成为影响 KISI 产业升级的主要动力。

表 3-1　2005 年—2017 年北京市 KISI 各行业增加值和从业人员数

行业	信息传输、计算机服务与软件业		金融业		租赁与商务服务业		科学研究与技术服务业		教育		卫生与社会保障业		文化、体育与娱乐业	
年份	增加值（亿元）	从业人员（万人）	增加值（亿元）	从业人员（万人）	增加值（亿元）	从业人员（万人）	增加值（亿元）	从业人员（万人）	增加值（亿元）	从业人员（万人）	增加值（亿元）	从业人员（万人）	增加值（亿元）	从业人员（万人）
2005	587	18	840	11	361	42	347	26	289	33	118	15	143	12
2006	696	18	982	11	447	42	439	26	321	33	140	15	170	13
2007	871	27	1303	13	624	47	566	29	365	34	163	16	189	13
2008	999	32	1519	16	765	53	707	34	402	35	188	17	223	13
2009	1067	36	1604	25	810	73	817	44	444	42	213	20	247	13
2010	1214	42	1864	27	953	78	941	46	516	41	255	21	259	16
2011	1493	49	2215	33	1162	59	1136	51	606	43	312	22	295	15
2012	1622	53	2537	38	1341	61	1268	54	682	44	364	23	339	17
2013	1902	58	2943	39	1570	66	1783	60	832	46	417	25	403	17
2014	2136	61	3358	43	1705	71	2022	60	929	46	469	25	451	18
2015	2442	68	3926	47	1771	80	2226	59	1045	47	579	27	471	17
2016	2806	69	4271	51	1838	80	2512	69	1173	49	637	29	528	18
2017	3229	76	4655	41	1936	85	2859	67	1335	46	696	28	565	19

表 3－2　2005 年—2017 年北京市 KISI 的环境情况

年份	人均 GDP（元/人）	每万人高等学校在校生数量（人）	研发经费支出（亿元）	研发人员折合全时当量（万人年）	技术合同成交额（亿元）	专利申请量（件）	KISI 规模以上企业个数	KISI 规模以上企业资产总计（亿元）	北京市 GDP（亿元）
2005	41809	429	316.9	15.2	331.8	18402	6468	190963	7248
2006	47127	462	379.6	17.8	434.4	22572	7707	241851.5	8480
2007	52964	456	433	16.9	679.3	26555	8252	305518.7	10302
2008	61470	453	527.1	20.5	882.6	31680	14600	536005.8	11706
2009	66098	440	620	20	1027.6	43508	15153	662043.6	12724
2010	68406	425	668.6	19.2	1236.2	50236	15250	737061.5	14827
2011	75573	408	821.8	19.4	1579.5	57296	15757	836413.3	16868
2012	83547	406	936.6	21.7	1890.3	77955	16939	939450.3	18575
2013	89778	401	1063.4	23.5	2458.5	92305	14316	772965.9	20553
2014	97178	402	1185	24.2	2851.2	123336	17629	998504.1	22127
2015	102869	404	1268.8	24.5	3136	138111	16214	1281326	23795
2016	109603	405	1384	24.6	3452.6	156312	17125	1453458	25673
2017	118198	405	1484.6	25.3	3940.8	177497	17509	1572880	28005

3.3 KISI 升级的内部力量

产业由生产功能基本相同的企业所组成，企业是产业的基本单位，产业的发展离不开企业的发展，产业的升级归根到底体现为企业的创新发展，而企业的创新是在不断与同行企业及相关的上下游企业之间竞争、合作、学习的过程中获得的。北京市知识密集型服务企业是北京市 KISI 的微观单元，我们试图从服务企业横向（同行企业间）和纵向（供应链企业间）两个方面来剖析北京市 KISI 升级的微观机理。

3.3.1 同行企业间的竞争合作升级机制

3.3.1.1 企业核心竞争力

1990 年，美国密西根大学商学院教授普拉哈拉德（C. K. Pra - halad）和伦敦商学院教授哈默尔（G. Hamel）在《哈佛商业评论》上发表了《企业核心竞争力》一文。他们认为核心竞争力是："企业开发独特产品、发展独特技术和发明独特营销手段的能力；是组织的积累性的学识，特别是关于如何协调不同技能和有机组合多种技术的学识"。他们的概念揭示了核心竞争力的三个主要特征：（1）核心竞争力是组织在发展过程中沉淀下来的知识或能力；（2）核心竞争力是整合多种能力与技术形成的；（3）核心竞争力本质上是一种知识管理能力。它具有价值性、异质性、延展性、资源集中性、动态性、非均衡性等特征。

1995 年，美国学者巴尼提出判断核心竞争力的四个标准：（1）价值性，即可以帮助企业创造价值和降低成本；（2）稀缺性，即特殊的资源和能力只有少数竞争者能够拥有；（3）不可模仿性，即企业的资源和能力不能够被竞争对手复制；（4）不可替代性，即核心能力不能够被竞争对手完全替代。巴尼的核心竞争力判断标准得到了战略管理领域和企业的广泛认同。

此后，人们从资源、能力、技术、组织系统和知识等角度分别探讨了核心竞争力理论。资源说代表彼得·德鲁克（1994，1999）提出：知识已经成为关键的经济资源，而且是“竞争优势的主导性来源，甚至可能是惟一的来源”。德鲁克还将知识论述延伸到企业资源能力的结构与构成，认为知识是企业的一种不可或缺的资源，与企业的其它资源一样具有可配置性、可使用性、可管理性和绩效性等特征。

能力说的代表 Allee（1998）提出了核心知识能力和核心运作能力概念。核心运作能力是使企业能高速度、高效率地生产高质量的产品和服务的过程和功能，属于常规能力；而核心知识能力则属于对特定商务而言是独一无二的专长、知识和技术知识的范畴。

知识观的代表伦纳德·巴顿（1992）明确指出核心竞争力是使企业独具特色并为企业带来竞争优势的知识体系，这种知识体系包括员工技能和知识、物理的技术系统、管理系统、价值观系统。前两者是实体性的知识存在于知识储备库中，后两者是过程性的知识组成管理与控制的知识体系。

国内许多学者根据经济学、企业管理理论与实践发展的逻辑，从战略管理理论、经济学理论、知识经济理论、创新理论发展的角度，对企业核心竞争力的理论起源进行了更为详细而系统的论述，形成了各种有代表性的核心竞争力理论体系和方法。几乎各种理论研究都认为企业核心竞争力都是与知识有关，目前这一理论研究趋势更加明确。综上研究，我们认为企业的核心竞争力是：在长期的发展和竞争过程中所积累和沉淀的、由多种资源和能力整合形成的、难以模仿的、能够带来持续竞争优势的竞争力。

3.3.1.2 基于服务价值链的知识密集型服务企业核心竞争力

哈佛大学教授赫斯克特等（2005）认为服务企业的核心竞争力在于能否为客户提供价值。他们认为利润、增长、顾客忠诚度、顾客满意度、提供给顾客的商品和服务的价值与员工能力、满意度、忠诚度和生产率之间存在着直接而显著的关系。这些关系如图 3－1。

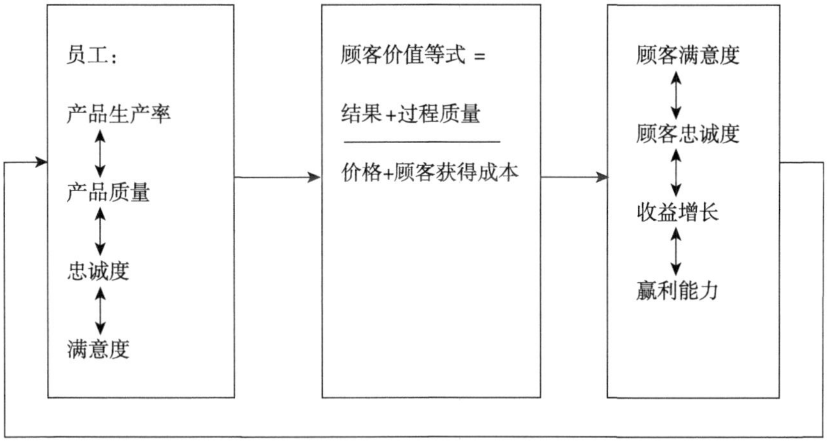

图 3－1　服务利润链的要素

服务利润链的中心是顾客价值等式。这个等式表明为顾客实现的商品和服务的价值等于为顾客创造的结果加上为了实现这些结果而利用的过程的质量，然后再除以服务的价格以及在获得服务的过程中由顾客承担的其他费用。这是“顾客对商品和服务的看法”，因此会对商品和服务的购买与使用产生影响。而且，按照这种方式定义的价值与顾客满意度直接有关。

在决定对顾客的价值、满意度和忠诚度方面，结果是构成顾客价值的最重要因素。顾客要求知识密集型服务企业能可靠、准确地履行所承诺的服务。又由于知识密集型服务是高附加价值的，因此，为顾客兑现所有服务承诺、保证服务一次到位、提供满意或超过预期结果的能力构成了知识密集型服务企业竞争力的首要要素。

由于 KISI 的高互动性，服务过程质量构成了知识密集型服务企业价值的要素之一。在提供服务过程中，服务过程质量的高低反映在能否与顾客深入互动、员工是否心甘情愿地为顾客服务、员工的知识技能是否熟练、对客户的态度是否礼貌等方面。

价格是顾客为获得服务所付出的直接代价，也是服务企业与竞争对手较量的常规武器之一。顾客获得服务的价值高不等于价格低，高价值服务的价格有高有低。顾客的需要是千差万别的，因此对于同一种服务，由于顾客对此需求的时间和地点不同，顾客愿意支付的价格常常会大相径庭。因此，合理的价格决策也是 KISI 获得竞争力手段。

成本是客户为了获取服务所付出的除价格以外的代价，如时间、精力、感情、设备以及在与服务企业合作过程中必须付出的一些费用。如果顾客对知识密集型服务获取更便利、轻松、经济，则我们认为顾客成本低，此时顾客就可能对价格不是很敏感，从而能提高服务的边际收益和利润。

通过安排经营战略的方式，可以对为顾客创造的结果与服务提供者的成本进行权衡。只有按照是否能够为目标顾客创造结果（以及潜在价值）的标准对每一种新产品或者服务思想进行检验，企业才能维持经营核心以及超凡的利润。

对价值（对顾客而言）与成本（对服务提供者而言）进行权衡的结果就是产生了潜在的利润。能够实现多少利润取决于根据顾客对服务价值的评价而为服务确定的价格水平。价格和成本反过来都是服务提供者能够在企业中实现的利润的决定因素。因此，服务提供者在成本给定的情况下，通过设计一种经营战略为顾客创造最好的结果和服务过程质量，就可以在战略服务愿景中获得“优势”。这种优势为服务定价提供了一种“窗口”，这样就可以调整顾客获得服务的成本，本质上通过降低价格或者获得成本把一些潜在利润让给顾客。从而使顾客获得更多的价值，企业的竞争力也同时得以提升。

3.3.1.3 知识密集型服务企业竞争力的来源

（1）企业所拥有的知识资源

知识是知识密集型服务企业竞争力的本质来源。企业竞争力的核心是使企业独具特色并为企业带来竞争优势的知识体系，包括发现市场机会和识别市场机会的知识、开发新产品满足市场需求的研究开发能力、将个人创意整合到新产品中去的能力、将企业生产的知识产品推向市场、传播知识的能力。这些知识和能力的组合就构成了知识密集型服务企业的核心能力。也就是说，知识是企业竞争力的来源，服务企业现有的知识存量决定了企业发现商机和配置资源的能力，企业资源利用的有效程度和企业拥有的知识密切相关。拥有自己核心能力的企业不易被竞争对手模仿，从而形成独特、持久的竞争力。

（2）企业的服务能力

知识密集型服务企业的服务能力是指满足顾客需求、赢得顾客忠诚、为客户创造价值和增加自身利润的能力，是企业在为客户服务过程中配置和优化资源以达到目标的才能和技能，是企业资产、人员、客户与规程的有机结合。这里，规程是指企业为把输入转变为输出所采用的方法和过程，在生产实践中决定着企业的效率。知识密集型服务企业的成功不仅因为其拥有丰富的知识资源，还因为其隐藏在企业知识资源背后的配置、开发、使用和保护知识资源，通过与客户的互动合作，将其转化为满足客户需要的能力，这是产生企业竞争力的深层次因素。知识密集型服务企业的服务能力是组织内部特有的，必须在组织内部发展，服务能力特有的价值之一就在于难以模仿和转让，它与知识相关，看不见、摸不着，却又可以被人感知。它是企业竞争力的深层次原因。

（3）企业的创新能力

知识密集型企业的创新不断地为竞争对手设置“模仿障碍”，使其他企业难以模仿或只能模仿其中一小部分。企业的创新能力和服务能力直接决定了企业的长期绩效，企业的长期绩效影响了对知识资源和技能的再投资，而对企业知识资源和技能的再投资又决定了企业服务能力的范围和大小，企业创新能力的强弱、服务能力的范围和大小又是企业竞争优势的根本所在。因此，以上各要素相互依赖和相互影响，形成了相互促进或制约的链环结构（见图 3－2）。

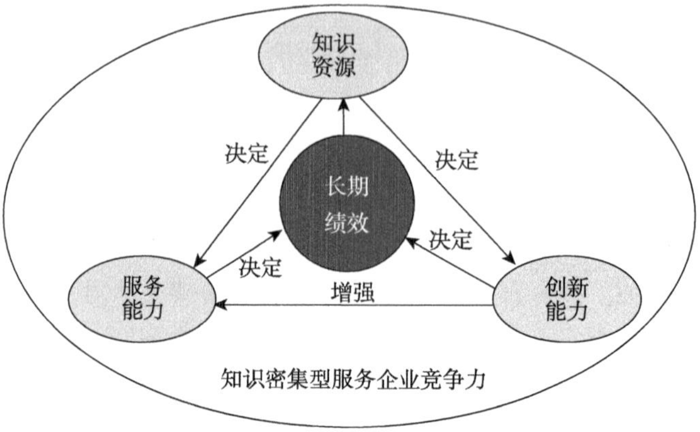

图 3－2 知识密集型服务企业竞争力来源

3.3.1.4 知识密集型服务企业竞争力的保持

（1）使员工忠诚和满意

KISI 的发展主要依赖于其中专业人员的素质和质量，他们是为客户提供服务、与客户密切接触的人。他们的技能、态度对企业的竞争能力起着决定性的作用。要使员工忠诚和满意，首先需要为员工提供不断提高技能的培训。员工培训不但可以提高员工的工作技能，提高顾客满意度和员工对工作的满意度。其次，要建立有助于提高服务价值的职位体系，让优秀员工可以脱颖而出。最后要采取必要的物质和精神的激励措施，激发员工忠于企业的责任心和积极性。

（2）设置模仿障碍

由于知识密集型服务的无形性，顾客对其感知和评价很困难，因此很容易被模仿。模仿障碍首先可以通过培育本企业的独特的品牌来构筑，品牌可以获得有别于其他企业的差别化优势；其次，通过承诺、合约等手段培育与顾客间的良好关系和信任感，使顾客忠诚；最后实施“先下手为强”策略，抢先占领市场会取得一种位置优势，可以为以后的服务节约成本并提高与竞争对手的差别化程度。

（3）成为学习型组织

通过创建一个学习型的知识密集型服务企业，可以持续改进服务传递系统，引进新的服务，提高客户服务价值，在瞬息万变的环境中能迅速、灵活、敏捷地应对客户的需求、市场的变化和竞争的威胁，使得竞争优势得以保持。

3.3.1.5　知识密集型服务企业间的竞争演化模型

（1）模型建立

我们以 Hotelling 模型为基础考虑具有两个服务企业和一组顾客的市场。假设这两个企业提供的服务是有差异的，企业 1 和企业 2 提供的服务结果、过程质量、价格和顾客成本分别是 v_1，q_1，p_1，c_1 和 v_2，q_2，p_2，c_2，假设两家企业的成本为 0（这样的假设并不影响竞争结果），则消费者在购买企业 1 的服务时的支付为（$p_1+c_1-v_1-q_1$），在购买企业 2 的服务时的支付为（$p_2+c_2-v_2-q_2$）；假设需求函数为 D_i（p_1，p_2），（$i=1$，2），整个市场的客户数量（市场容量）为 N，αN 的顾客购买企业 1 的服务，（$1-\alpha$）N 的顾客购买企业 2 的服务，此时，α 满足如下等式：

$$p_1-\alpha(v_1+q_1-c_1)=p_2-(1-\alpha)(v_2+q_2-c_2),$$

这类似于市场是一块蛋糕，企业 1 分到 α，企业 2 分到（$1-\alpha$），处在分界线上的客户认为这两个企业的服务是无差异的。据此，解出两企业的需求方程分别为：

$$D_1(p_1,p_2)=\frac{N(p_1-p_2+v_2+q_2-c_2)}{v_2+q_2-c_2+v_1+q_1-c_1}$$

$$D_2(p_1,p_2)=\frac{N(p_2-p_1+v_1+q_1-c_1)}{v_2+q_2-c_2+v_1+q_1-c_1}$$

两企业的利润函数分别为：

$$\pi_1(p_1,p_2)=p_1D_1(p_1,p_2)=\frac{p_1N(p_1-p_2+v_2+q_2-c_2)}{v_2+q_2-c_2+v_1+q_1-c_1}$$

$$\pi_2(p_1, p_2) = p_2D_2(p_1, p_2) = \frac{p_2N(p_2 - p_1 + v_1 + q_1 - c_1)}{v_2 + q_2 - c_2 + v_1 + q_1 - c_1}$$

π_1 和 π_2 分别对 p_1 和 p_2 的一阶条件为：

$$p_1 = \frac{p_2 - v_2 - q_2 + c_2}{2}$$

$$p_2 = \frac{p_1 - v_1 - q_1 + c_1}{2}$$

联立方程，解之得：

$$p_1^* = \frac{2(c_2 - v_2 - q_2) + (c_1 - v_1 - q_1)}{3}$$

$$p_2^* = \frac{2(c_1 - v_1 - q_1) + (c_2 - v_2 - q_2)}{3}$$

两家企业的利润分别为：

$$\pi_1^* = \frac{[2(v_2 + q_2 - c_2) + (v_1 + q_1 - c_1)]^2N}{9(v_1 + q_1 - c_1 + v_2 + q_2 - c_2)}$$

$$\pi_2^* = \frac{[2(v_1 + q_1 - c_1) + (v_2 + q_2 - c_2)]^2N}{9(v_1 + q_1 - c_1 + v_2 + q_2 - c_2)}$$

企业 1 的市场分额为：

$$\alpha = \frac{1}{3} + \frac{c_2 - v_2 - q_2}{3(c_1 - v_1 - q_1 + c_2 - v_2 - q_2)}$$

企业 2 的市场分额为：

$$1 - \alpha = \frac{1}{3} + \frac{c_1 - v_1 - q_1}{3(c_1 - v_1 - q_1 + c_2 - v_2 - q_2)}$$

（2）模型分析

根据以上模型，我们将分情况进行讨论：

①当 $c_1 - v_1 - q_1 = c_2 - v_2 - q_2$ 时，$p_1 = p_2$，$\pi_1 = \pi_2$，$\alpha_1 = \alpha_2$，两个企业平均瓜分市场，这是一个稳定的系统。

②当 $c_1 - v_1 - q_1 > c_2 - v_2 - q_2$，$c_1 > c_2$，$v_1 + q_1 < v_2 + q_2$时，有 $p_1 < p_2$，$\pi_1 < \pi_2$，$\alpha_1 < \alpha_2$，在这种情况下，企业 1 将会面临顾客抱怨和不满，如果

企业 1 不注意改进自己的服务结果、过程质量和客户的成本问题，它将会很快失去顾客。

③当 $c_1 > c_2$，$v_1 + q_1 > v_2 + q_2$ 时，有 $p_1 < p_2$，$\pi_1 < \pi_2$，$\alpha_1 < \alpha_2$，此时会有两个较稳定的细分市场：

对于 $c_1 - v_1 - q_1 > c_2 - v_2 - q_2$ 的客户，他们非常注重获取服务的便利性，而且比较不在乎服务的结果和过程质量，他们将会是企业 2 的顾客；对于 $c_1 - v_1 - q_1 < c_2 - v_2 - q_2$ 的客户，他们非常注重服务的结果和过程质量，不太注重获取服务的成本，他们将会是企业 1 的忠实顾客。所以，这一系统也是相对稳定的。

④当 $c_1 - v_1 - q_1 < c_2 - v_2 - q_2$，$c_1 > c_2$，$v_1 + q_1 > v_2 + q_2$，有 $p_1 > p_2$，$\pi_1 > \pi_2$，$\alpha_1 > \alpha_2$，此时，两个企业提供的服务优质优价，提供优质服务的企业具有差异化优势，服务结果、过程质量差的企业具有低成本优势。

（3）算例仿真

设 $c_1 = 60$，$v_1 + q_1 = 50$，$N = 10000$，则我们得到表 3－4：

表 3－4　各种情况下两个企业的价格、利润和市场分额

情景	c_2	$v_2 + q_2$	p_1	p_2	π_1	π_2	α_1	α_2
1	40	30	10	10	50000	50000	0.5	0.5
2	55	52	5.33	7.66	21880	45214	0.41	0.59
3	40	35	6.67	8.33	29630	46296	0.44	0.56
4	55	42	12	11	62609	52608	0.52	0.48

（4）动态演化

根据美国《技术协助调查报告》中的统计，我们有如下数据：

①有 96% 的顾客不满不能被企业所觉察；

②每当企业接到 1 位顾客投诉，就意味着已经有 26 位顾客面临着同样的问题；

③每个不满的顾客会把他们的遭遇告诉平均 9～10 个人，其中 13% 的顾客的倾诉对象比 20 位还多；

④当妥善解决了投诉顾客的问题后，他们平均会告诉5个人；

⑤抱怨者比不抱怨者更倾向于与你再次做生意：如果问题处理得好，54%～70%的人会再次光临，如果处理迅速，这个比例会变成95%。

我们假设

$$S_{i(j)} = a - b\ (p_{i(j)} + c_{i(j)} - v_{i(j)} - q_{i(j)})$$

$$\alpha_{i,t+1} = \alpha_{i,t} - c\alpha_{i,t}\ (1 - S_i)\ + d\ (1 - \alpha_{i,t})\ (1 - S_j)$$

其中，S 表示消费者的满意度，设 $a = 1.067$，$b = 0.1166$，$c = d = 9$，经过15个周期的演化，可以得到如下图表（见表3-5、3-6、3-7和图3-3、3-4、3-5）：

表3-5　经过8个周期的演化，第二种情况下两个公司的利润

时间	1	2	3	4	5	6	7	8
公司1	21863	16333	18269	17591	17828	17745	17774	17764
公司2	45238	53197	50411	51386	51045	51164	51123	51137

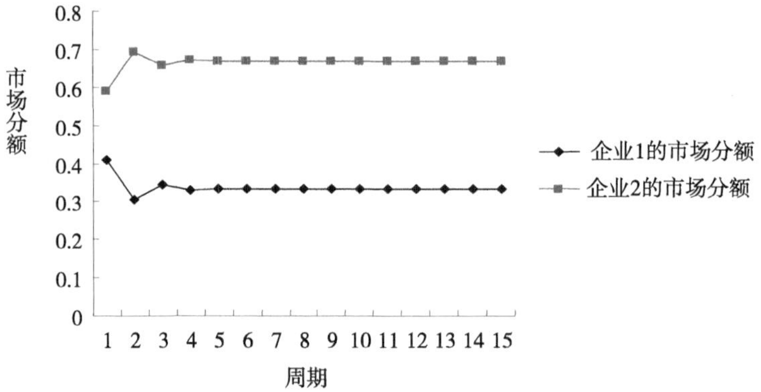

图3-3　第二种情景的演化过程

表3-6　经过8个周期的演化，第三种情况下两个公司的利润

时间	1	2	3	4	5	6	7	8
公司1	29641	25173	28588	25980	27974	26447	27614	26720
公司2	46281	51863	47598	50855	48364	50272	48814	49930

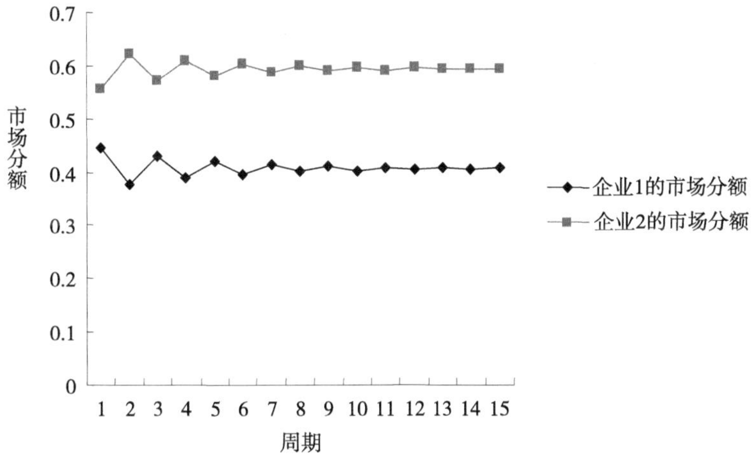

图 3-4　第三种情景的演化过程

从表 3-5、3-6 和图 3-3、3-4 看出，虽然在第二、三种情况下，刚开始两个企业的利润都比第一种情况下的少，但是企业 2 的利润在下一周期将增加到与第一种情况大致相同的水平，并且以后虽然有细微波动，但大致将保持不变。同时，企业 1 的利润将在下一周期降低，以后将一直维持在该水平处。这是比较正常的竞争态势：优秀企业获得更多市场份额和利润，整个市场是个稳定系统。并且第二种情况要比第三种更快地达到平衡状态，即两种服务的差异越大，到达平衡所需的时间越短。

从表 3-7 和图 3-5 可以看出，一开始，两个企业的利润都比第一种情景要高，这表示刚开始时，整个市场提供的服务越糟糕，产业得到的利润越多，这当然是一种不正常的状态。由于客户的强烈不满，经过 7 个周期的演化，两个企业市场占有率的波动日益剧烈，最后两个企业都退出了市场，系统最终崩溃。

表 3-7　七个周期内，第四种情景下两个企业的利润

时间	1	2	3	4	5	6	7
企业 1	62604	65766	58342	75773	34844	130945	-94700
企业 2	52613	49715	56520	40541	78059	-10033	196808

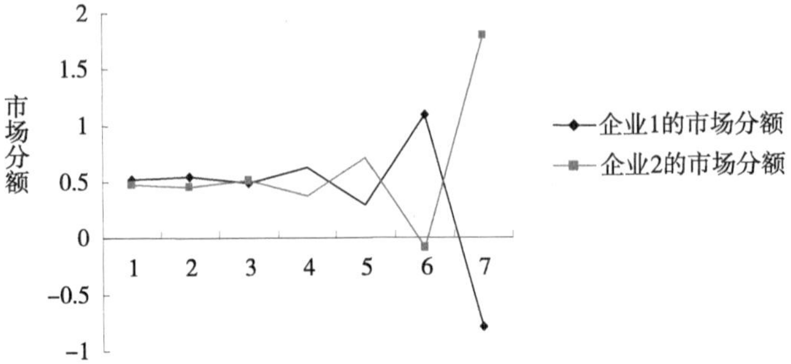

图 3-5　第四种情景的演化过程

（5）更一般情形的模型

考虑具有 n 个服务企业和一组顾客的市场。假设这 n 个企业提供的服务是有差异的，企业 i 提供的服务结果、过程质量、价格和顾客成本分别是 v_i，q_i，p_i，c_i，假设每家企业的成本为 0（这样的假设并不影响竞争结果），则客户在购买企业 i 的服务时的支付为（$p_i+c_i-v_i-q_i$），需求函数为 D_i（p_1，p_2，…，p_n），（$i=1$，2，…，n），整个市场的消费者数量（市场容量）为 N，$\alpha_i N$ 的顾客购买企业 i 的服务，α_i 满足如下等式：

$$p_1-\alpha_1(v_1+q_1-c_1)=p_2-\alpha_2(v_2+q_2-c_2)=\cdots=p_n-\alpha_n(v_n+q_n-c_n),$$

$$\sum_{i=1}^{n}\alpha_i=1, i=1,2,3,\cdots,n$$

同样，市场如同一块蛋糕，企业 i 分到 α_i 的市场份额，处在分界线上的顾客认为这 n 个企业的服务是无差异的。据此，解出企业 i 的需求方程为：

$$D_1(p_1,p_2,\cdots,p_n)=$$

$$\frac{N[1-(\sum_{j=1}^{n}\frac{p_j}{v_j+q_j-c_j}-\frac{p_i}{v_i+q_i-c_i})]+(\sum_{j=1}^{n}\frac{1}{v_j+q_j-c_j}-\frac{1}{v_i+q_i-c_i})p_i}{1+(\sum_{j=1}^{n}\frac{1}{v_j+q_j-c_j}-\frac{1}{v_i+q_i-c_i})(v_i+q_i-c_i)}$$

$$j=1,2,\cdots,n$$

企业 i 的利润函数 π_i 对 p_i 的一阶条件为：

$$1-(\sum_{j=1}^{n}\frac{p_j}{v_j+q_j-c_j}-\frac{p_i}{v_i+q_i-c_i})+$$

$$2\left(\sum_{j=1}^{n}\frac{1}{v_j+q_j-c_j}-\frac{1}{v_i+q_i-c_i}\right)p_i=0$$

$$j=1,\ 2,\ \cdots,\ n$$

解这 n 个等式联立的方程组得：

$$p_i=\left[\frac{2}{v_i+q_i-c_i}-2\sum_{j=1}^{n}\frac{1}{v_j+q_j-c_j}+\left(2\sum_{j=1}^{n}\frac{1}{v_j+q_j-c_j}-\frac{1}{v_i+q_i-c_i}\right)\cdot\left(\sum_{j=1}^{n}\frac{1}{2\left(\sum_{j=1}^{n}(v_j+q_j-c_j)\right)\cdot(v_i+q_i-c_i)-1}\right)-\frac{1}{2\left(\sum_{j=1}^{n}(v_j+q_j-c_j)\right)\cdot(v_i+q_i-c_i)-1}\right]^{-1}$$

$$j=1,\ 2,\ \cdots,\ n$$

企业 i 的利润函数

$$\pi_i=p_iD_i\ (p_1,\ p_2,\ \cdots,\ p_n)$$

企业 i 的市场份额为：

$$\alpha_i=\frac{p_i\left(1-\dfrac{1}{v_j+q_j-c_j}\right)(v_i+q_i-c_i)}{N\,(v_i+q_i-c_i)^2}$$

（6）企业间的横向竞争对产业发展的影响

通过模型模拟可以看出，为了获得更多的市场份额和利润，知识密集型服务企业间的竞争可能对企业行为和产业发展产生以下影响：

一是促使企业改善服务结果和过程质量，降低消费者获取服务的成本。这样对产业发展的影响是正面的，结果是促进产业不断升级，顾客满意度逐渐提高。但对于企业来讲，由于改善服务结果、提高过程质量、降低消费者获取服务的成本都需要研发创新、技术改进、培训员工、增设服务网点等大量投资，企业成本和风险都很高，加之知识和技术的溢出效应使得服务创新易被模仿，导致不投资研发企业的“搭便车”行为，致使研发企业得不到预期的超额利润，研发投资积极性降低。

二是企业降低服务产品价格。“打价格战”是短期内企业竞争最简便易行、效果显著的策略，但是会引发产业的低水平恶性竞争，起初顾客会得到实惠，满意度增加，但由于服务结果不能持续得到改善、服务过程质量不能持续提高、企业利润不断下降，最终会导致产业萎缩衰退。

三是企业间形成合谋。类似“囚徒困境”中的“同时抵赖”，所有企业既不改善服务，也不降低价格，产业有高水平利润，顾客极其不满。在产业管制严格的情况下可以维持，然而一旦管制放松，允许外资或民营企业进入，在位企业将不堪一击。

KISI 的演进是以上几种策略共同应用所产生的综合效果，总观北京市 KISI 近年来的发展趋势，主体上是积极、快速、不断改善的，但也确实存在企业研发不积极、低水平竞争等妨碍产业发展的企业策略行为。

3.3.2　供应链上企业间的竞争合作升级机制

在经济新常态环境下，企业一方面通过与同行竞争实现升级，另一方面，与上下游企业形成的紧密供需关系也会使得企业不断研发创新，最终实现升级。

3.3.2.1　知识密集型服务企业供应链上的纵向竞合方式

（1）通过合作研发实现服务创新

合作研发是指企业间或企业、研究机构、高等院校之间的联合创新行为。创新包括新的构思形成、新产品产生直至成功商业化的全过程，它始于研究开发而终于市场实现。合作研发传统上主要是指产学研的合作，但由于制造业创新的网络化，越来越多的知识密集型服务企业参与到制造企业的创新过程中，制造企业与 KISI 的合作也成为一个研究的热点，因此纵向链条中的核心企业既可以是知识密集型服务企业，也可以是高新技术制造企业。

罗炜和唐元虎（2001）总结了合作研发产生的主要原因有两点。一是企业可以降低成本，精简组织结构，提高对外界环境变化的灵活性。如果企业自己研发，则由于研发机构的内部化，不可避免地导致管理链拉长和管理机构的膨胀，进而使组织成本上升。企业通过外部市场交易的方式来获得所需要的特定的技术和知识密集型服务，可以使企业投入的专用性资产减少。二是由于溢出效应导致的企业对研发投资的弱化。特别是在知识产权保护力度不够的制度环境下，研发溢出的社会回报率远远高于私人回报率，技术的开发相对于知识的传播显得过于昂贵。因此，在市场竞争对企业产生研发投入的激励作用的同时，寻租现象也同时阻碍着单个企业对研发的投入，使企业没有足够的激励进行充分的研发投资。因此，越来越多的企业开始进行合作研发，而 KISI 以其高知识密集型、高技术度和高互动性的特点成为了企业合作研发的一个重要合作者。

熊彼特认为企业创新的五种情况是：引进一种新产品；采用一种新的生产方式；开辟一处新市场；获得一项新的供给来源；实现一种新的企业组织形式。在知识密集型服务供应链上，知识密集型服务企业的研发过程具有网络化特征，即研发过程中知识密集型服务企业不仅在内部能更好地实现各功能的平行作业和一体化，而且能广泛地同外部技术提供商、服务提供商以及客户等多个创新参与者进行协作。他们不仅利用本企业的研发能力与优势，而且通过建立广泛的战略伙伴关系，利用外部资源，凭借他们的研发能力，更加灵活地进行持续不断的创新。核心企业与供应商合作，可以获得新的技术设施、新的服务流程、开发新的服务；与客户合作，通过营销方式的创新，开发一处新市场，或实现新的企业组织形式。如在以银行为核心企业的服务供应链中，银行与互联网络、软件供应商合作，可以改进自己的服务流程，提供更多的网上服务；与专业广告公司、互联网络合作，可以实现新的营销方式，开辟新的市场。

具体来讲，知识密集型服务企业与上下游企业之间的合作研发过程可分为如下三个阶段：

①概念阶段

概念阶段主要围绕构筑服务创新的概念框架展开，主要完成服务创意产生、概念初步开发、概念检验、需求分析等工作。知识密集型服务企业服务创意产生通常有两种方式：一种需求拉动，即为了解决某特定客户的问题而产生的创新，这种方式的创意产生经常从招投标、客户的抱怨等开始；另一种是供给推动，即由于新的技术、新的理念、新的企业战略等推动下完成的新服务开发。这两类创新虽然构思起点不同，但其创新过程的环节却是相似的。服务创意会很多，但并非每个创意都具有现实可行性，这就要求对许多创意进行优选。新服务创意经筛选后需要发展成产品概念，即用有意义的消费者术语表达的精心阐述的产品构思。产品概念产生后要进一步检验其是否可行，由于服务产品概念开发和概念检验两个过程往往与需求分析密不可分，因此，这两个过程在有的项目中常常以需求分析的形式出现。

②发展阶段

发展阶段主要完成分析论证、运作设计和人员培训等工作，这一阶段对新服务的最终成型和传递至关重要。在新服务概念得到认可后，就进入商业分析阶段，对产品概念进行分析论证，在得到充分论证后，新服务开始由概念框架向具体设计和运作阶段转变。具体来说，该阶段是新服务全面的开发和设计阶段，需要将所有的利益相关者包括进来，包括顾客、前台员工和各职能部门（营销部门、技术部门、人力资源部门等），并将新服务概念进一步细化，并确定实施步骤，因此必须协调好参与新服务开发各方面人员的关系，使其通力协作，保证整个过程正常运转。服务本身生产和消费的不可分离性决定了顾客对服务的感知质量更多地来源于服务传递过程，而培训则是影响服务传递的又一重要因素，通过培训，员工和客户更加熟悉新服务产品的性能和经营细节，为服务创新能够更顺利交付和传递给客户作了充足的准备，使整个发展阶段更加完备。

③引入阶段

引入阶段主要进行服务评估、交付客户和跟踪改进等工作，是完成服务传递的阶段，也是服务创新的价值最终实现的阶段。在服务评估阶段，通过与用户沟通对服务方案进行检验，通过检验后交付客户，并对客户进行跟踪，根据客户需求对服务进行改进。引入阶段是服务创新区别于技术创新的重要特征之一，它的交付往往不能通过一次简单的销售完成，而需要经过繁多的步骤（如软件服务的引入），需要经过试运行、实施、调试、跟踪等一系列阶段才能最终完成。

经过产品创新，核心企业可以为客户提供所需的更多更好的服务；经过流程创新，核心企业可以降低运营成本，提高运营效率，最终提高自身竞争力。

（2）通过与下游客户合作实现市场深度扩张

在知识密集型服务供应链上，如果核心企业与下游客户形成战略联盟，则会出现双赢局面。对知识密集型服务的营销，为了提高利润链的价值，除使用传统的以产品、价格、促销以及分销（渠道）等 4P 为中心的活动以外，还应该形成以顾客保留（retention）、相关销售（related sale）以及顾客推荐（referral）等 3R 为核心的营销战略。

①顾客保留

顾客保留就是在最初的产品或者服务出售之后，继续与顾客保持积极的关系，从中获得源源不断的收益流。这股收益流会越来越大，因为不需要花费大量的资源对现有顾客开展“建立联系”的营销活动，给现有顾客提供服务比给新顾客提供服务更容易。

与制造业的市场份额与盈利能力的关系（根据 1972 年 PIMS 的研究结论，他们认为在大型制造企业中市场份额与盈利能力具有重要而且直接的关系）不同，赖克赫尔德和萨塞在一组服务组织中检验市场份额与盈利能力之间的关系时，他们并没有发现这两者之间有任何关系。在寻找盈利能力其他决定因素的过程中，他们发现在服务行业中，那些具有较高水平顾客满意度的服务企业不但享有较高的盈利能力，而且从长期来看忠诚的顾客更有利可图。因此，在知识密集型服务供应链上，如果核心企业与广告商、下游客户形成合作联盟，不但可提高顾客的满意度，而且提高他们的忠诚度，增加他们重复购买服务的频率，则整个链条上的利润就会增加。如民生银行和光大银行，与大型商场合作，利用信用卡用户的短信平台，通过短信广告既推销了商场产品，又提高了信用卡用户的使用率，同时也增加了电信部门的短信业务。另外，如果发现信用卡用户在流失，则会通过短信提醒用户重新使用。据美国信用卡发行商 MBNA 的统计，在流失的客户中会有 1/3 在接到提醒电话后重新使用该公司的信用卡。其次，对转回的客户，银行还会对他们实行一定的奖励措施，激发他们对银行的忠诚。另外通过与消费者的互动，银行还会获得顾客转到竞争对手中的原因，从而采取改善自己服务或相应的竞争策略，保持顾客的消费。

②新产品与新服务的相关销售

向老顾客出售新产品与新服务比向新顾客出售成本要低很多。因为向熟悉的顾客销售产品及服务不需要太多的营销推广活动、不需要进行新的资信调查并且可以节省大量的时间。因此，即使向老客户推销的新产品或服务价格稍低一些，向他们销售产品或服务所获得的边际收益也会更高。令人欣慰的是，老主顾往往在购买新产品或服务时还对价格不太敏感。通过与营销渠道商的合作，知识密集型服务企业可以通过互联网络（电子邮件）、短信、电话等多种渠道向消费者提供新产品与新服务的相关信息，在向顾客提供优质的服务的同时，提高了供应链条上的整体利润。

③顾客推荐

许多顾客在消费服务产品前，为了减少风险或得到优质的满意服务，首先想到的是向朋友、同事、亲属等征求建议。据美国消费者事务局（U. S. Office of Consumer Affairs）的一项调查，对服务满意的顾客可能会告诉周围的 5 个人（不管他们是不是潜在的客户），而不满意的顾客可能会告诉 11 个人他们的遭遇。虽然这些数据因为服务的不同而有所出入，但是它的确表明了顾客满意与否对市场扩散的影响。而企业为了留住顾客并提高他们的满意度而付出的努力对利润产生的最大影响就是这些满意的顾客向潜在顾客所进行的积极的推荐。

随着社会、经济、技术的发展，企业从 3R 中创造的利润水平会越来越高。在一些知识密集型企业如信用卡服务或者人寿保险服务中，短期内企业与顾客建立关系不会为企业创造利润。如在人寿保险行业中，公司把整个合同的销售佣金在第 1 年就支付给销售代表——这样就对销售代表产生不当的激励，变相鼓励他们使保单持有人在几年之后转向其他保险商。知识密集型服务企业应该从长计议，通过与营销渠道商合作，除了从广度扩大市场占有率外，还应不断挖掘顾客的深度潜力，提升自己的竞争力。

（3）通过互动过程实现知识转移和增加

①知识密集型服务企业的纵向竞合实质上是知识转移

合作研发、合作营销的过程不仅是一个制度创新的过程，更重要的是一个知识转移的过程，解决知识的有效传递是知识密集型服务供应链上各节点企业合作的根本目的。KISI 为客户提供各种服务，隐藏在各种服务功能背后的实质是知识的生产与扩散，KISI 传播、整合隐性知识的过程就是新服务创造的过程。

由于知识的黏滞性，知识能否在组织间成功转移直接影响到合作研发和合作营销的绩效。合作研发和合作营销要求企业间能够进行有效的知识交流和知识共享，合作企业以彼此能力和知识作为杠杆来增强合作的生命力和竞争力。知识在组织间的转移，信息和知识能否通畅、迅速地在各个合作成员之间流动是合作研发和合作营销创新成败的关键。

在合作过程中，很多知识创造过程来源于组织外部，必须有效识别知识，加以引进，并与现有知识、生产过程和规程相融合。KISI 为客户提供服务的过程是一个充满交互作用的过程，在此过程中，客户获得了相应的服务，增长了知识；KISI 自身也增长了知识，熟练了新知识的使用，提高了本身的创新能力。KISI 与用户的互动越紧密、越持久，就越有可能将组织和技术的技巧结合到用户的创新战略之中，对用户绩效的影响就越大。(见图 3 – 6)

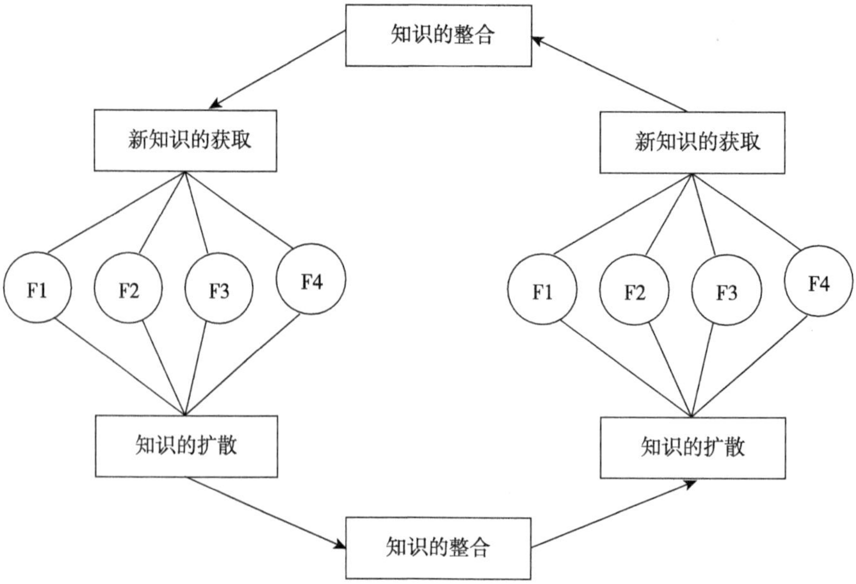

图 3－6　KIBS 与客户间的知识创新过程

资料来源：魏江，胡胜蓉．知识密集型服务业创新范式．北京：科学出版社，2007．12：214

②通过互动实现知识转移的过程

KISI 与客户间的交互作用是知识转移的基础，交互作用是一个双向的过程。Lundvall（1988）提出了“相互作用学习”和“用户－生产者关联”的概念，KISI 的知识转移就是通过与用户高度互动和双向学习来实现的。通过 KISI 与其用户的交互过程，扩展了 KISI 和客户的基础知识，提高了 KISI 和客户的创新能力。知识基础扩展和创新能力提高过程如图 3－7。实线圆代表 KISI 和用户原有知识技术和创新能力，虚线圆表示经过交互作用后 KISI 和用户的创新能力。通过 KISI 和用户不断交互的正反馈过程，两者的知识基础和创新能力不断提高，这充分体现了 KISI 的知识创新轨迹。

在知识密集型服务供应链系统中的知识转移过程中，“知识的获取”主要源自知识密集型服务企业代表客户利益解决特定问题时所做的学习活

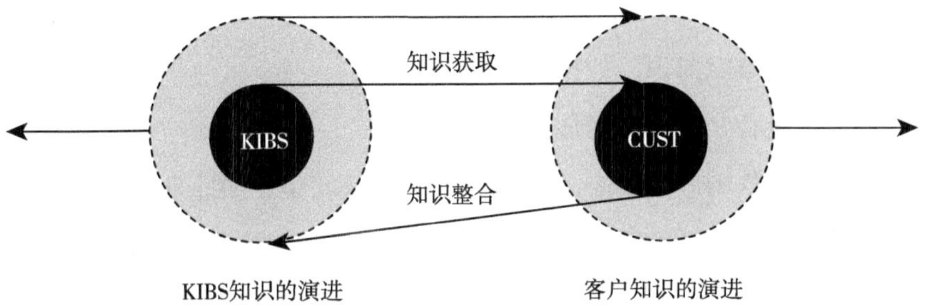

图 3－7 KIBS 与客户间互动的效力环

资料来源：魏江，胡胜蓉. 知识密集型服务业创新范式. 北京：科学出版社，2007. 12：215，作者加以改编。

动。此时，他们从客户那里获取关于该问题的明晰或缄默知识，作为其服务创新产品的知识基础。“知识的整合”是知识密集型服务企业以解决客户问题为任务导向，对知识进行再加工的阶段。这一阶段的加工对象既包括来自客户的知识，也包括客户以外的其他外部环境以及知识密集型服务企业本身的知识积累，主要手段是对已获取的知识进行重新编码，不断充实创新项目团队的知识库，开辟服务新领域，为新的交互作用提供知识上的保障。“知识的扩散”是知识密集型服务企业与其客户企业的一种交互作用过程。在这一阶段，由知识密集型服务企业整合而成的知识密集型服务产品转移至客户，完成了知识的扩散。值得注意的是，上述三个阶段仅构成 KISI 体系中知识过程的半个流程，因为知识的扩散使得进一步的交互影响与新知识的创造成为可能，这将启动新一轮的获取、整合和扩散，从而形成了闭环的知识创新过程。

在“KISI－客户”交互界面中，存在四种知识转化过程。首先，KISI 与客户企业间通过交互作用而分享彼此的经验，产生了大量缄默知识；其次，通过客户企业内部专业人员与 KISI 间进一步的交互作用，将缄默知识转化为对企业而言新的明晰知识；再次，不同类型的缄默知识和明晰知识在 KISI 与客户间的交互作用中被不断地混合、重新定义、连接、交换、重新结构化并因此得到丰富；最后，产生于交互作用中的明晰知识又被转化为企业特有的缄默知识，如技术诀窍等。

③通过竞合实现知识增加的结果

在知识密集型服务供应链条上，下游企业就是上游企业的客户，上游企业就是下游企业的供应商。节点企业通过合作研发、合作营销实现知识转移和知识增加后，对供应链产生的结果有：

第一，提高整个知识密集型服务供应链上的生产率。从投入要素的角度看，服务生产有两种投入，即服务提供者和顾客；从投入要素对服务生产贡献的角度看，则有三种贡献，即服务提供者引致贡献、顾客引致贡献和互动引致贡献。通过与供应商的合作研发，核心企业采用新的服务流程、提供新的服务产品，降低了提供服务的成本，提高了核心企业即服务提供者的能力，即提高了服务提供者引致贡献。顾客引致贡献包括顾客在服务生产过程中投入的信息、自助服务活动、要求、抱怨和情感等；互动引致贡献是指服务提供者与顾客的互动行为对服务生产的效率所产生的影响，它是要素投入的双方共同交互作用的结果。通过与营销商的合作，提高了顾客的忠诚度，也就是顾客引致贡献和互动引致贡献。

第二，降低整个链条上的服务生产成本和消费成本。通过核心企业与供应商和经销商的研发合作和营销合作，能在很大程度上降低整个供应链的服务成本和生产成本，主要体现在以下三个方面：一是货币成本的降低。如工商银行全国联网、引入 ATM 自动机以及开办网上银行以来，每笔业务的平均成本大大降低。二是非货币成本的降低。非货币成本包括顾客的时间、精力和心理等方面的付出。例如，顾客在使用 ATM 和网上银行后，不仅更简便、迅速，减少了顾客的时间成本，而且还可以降低顾客由于排队等候以及与收银员接触所引发的焦虑，减少了心理成本。三是提高生产能力的利用率。供求矛盾尖锐是多数服务业面临的共同问题。高峰期顾客盈门，应接不暇；低谷期大量生产能力闲置，造成资源浪费，鼓励顾客参与则可以起到一定程度的调节作用，使得服务供应更具有柔性，缓解供求矛盾。

第三，提升服务质量，驱动顾客满意。核心企业在与供应商、经销商的合作研发与合作营销中，可以帮助企业更好地理解客户的个性化需求，从而提供更能够满足他们需求的服务。在营销过程中，通过 4P 及 3R 管理，促进了顾客与企业的互动，强化了他们对服务质量的感知，减小了顾客对服务认知的偏差，从而提高了顾客的满意度，进而提高了他们的忠诚度。

第四，实现产业升级。在知识密集型服务企业供应链上，由于核心企业与上下游企业之间形成了紧密的战略联盟，这种稳固的合作伙伴关系使得链条上每个节点企业具有了研发创新的积极性，使得核心企业能够不断开发出比竞争对手更能满足顾客需求的更加优越的服务产品；当供应链条整合为一体时，核心企业也就建立起了独特的、对手难以模仿的优势。这样随着服务产品不断更新换代，服务流程效率不断提高，服务市场不断深化扩张，使得企业抵抗环境变化和与对手竞争的实力不断增强。由于每个节点企业都是多个供应链条上的一个单元，因此，由多条供应链相互交错就构成了一张巨大的知识密集型服务产业网络，随着服务供应链的不断升级，整个 KISI 也会实现升级。

3.3.2.2　知识密集型服务企业供应链上的纵向竞合模型

本模型主要关注由供应商、服务企业和营销渠道商组成的三级服务供应链系统，以供应链利润最大化为目标，假设服务供应链利润的优化来源于市场需求的增加和服务成本的降低。为了增加营业额，营销渠道商一般会为广告等促销手段作出投资；为了降低生产成本，供应商一般会作出研发投资。我们的模型旨在研究核心企业（服务企业）能否通过适当的政策、价格、补贴率等激励措施来诱导供应商、营销渠道商分别作出系统最优的研发投资和促销投资来最大化整个供应链系统的利润，同时优化各个节点企业的利润。

（1）供应链上集中决策（企业间完全合作）模型

在完全合作条件下，整个供应链可以看作一个系统，系统的目的是整体利润最大化。由于系统的利润最终来源于客户，所以为了吸引客户，扩大利润，渠道营销商总是不断地进行促销投资。假设消费者总需求函数为：

$$D(I_r)=D_0+a_1I_r^{b_1}$$

其中：

$D(I_r)$——市场总需求；

I_r——渠道营销商的促销投资，$I_r>0$；

D_0——当渠道营销商不进行促销投资时的市场规模，$D_0>0$；

a_1——投资敏感系数，$a_1>0$；

b_1——增量需求投资弹性，一般地，需求随着促销投资的增加而增加，但投资的边际需求递减，即假设 $0<b_1<1$。

同时，为了实现利润最大化，完全合作时，供应商为了降低成本进行研发投资，且不考虑研发投资风险。本例中假设 1 单位服务产品需 1 单位原材料（或半成品、零部件、人力成本），且单位服务产品成本函数为：

$$c(I_s)=c_0-a_2\left[\frac{I_s}{D(I_r)}\right]^{b_2}$$

其中：

$c(I_s)$——供应商的单位产品成本；

I_s——供应商的研发总投资，$I_s>0$；

c_0——当供应商不进行研发投资时的单位产品成本，$c_0>0$；

a_2——单位产品成本研发投资敏感系数，$a_2>0$；

b_2——单位产品增量成本研发投资弹性，一般地，成本随着研发投资的增加而降低，但投资的边际成本递减，即假设 $0<b_2<1$。

此外，假设：

w——单位服务产品最终价格；

w_{se}——服务企业的单位产品生产成本（不包含原材料的采购成本）。

则该供应链系统的总利润 π（I_r，I_s）为：

$$\pi(I_r, I_s) = D(I_r)[w - c_{se} - c(I_s)] - (I_r + I_s)$$

则通过求解供应链系统总利润分别对研发投资和促销投资一阶条件联立的方程可得：

在三级 KISI 供应链系统中，渠道经销商最优的促销投资是：

$$I_r^* = (a_1 b_1)^{\frac{1}{1-b_1}} \cdot [w - c_{se} - c_0 + (1 - b_2)(a_2)^{\frac{1}{1-b_2}}(b_2)^{\frac{b_2}{1-b_2}}]^{\frac{1}{1-b_1}}$$

供应商最优的研发投资是：

$$I_s^* = (a_2 b_2)^{\frac{1}{1-b_2}} \cdot [D_0 + a_1 (I_r^*)^{b_1}]$$

整个供应链系统得到的最大利润是：

$$\pi^*(I_r^*, I_s^*) = D(I_r^*)[w - c_{se} - c(I_s^*)] - (I_r^* + I_s^*)$$

（2）供应链上企业间不完全合作模型

①完全不合作模型

供应链上供应商、服务企业、渠道营销商各自独立经营，未建立任何联盟时，供应链上的研发投资和促销投资均为 0，即：

$$I_r^* = 0, \quad I_s^* = 0$$

则供应链上各节点企业的收益为：

供应商利润：$\pi_s = D_0(w_1 - c_0)$

服务企业利润：$\pi_{se} = D_0(w_2 - w_1 - c_{se})$

渠道营销商利润：$\pi_d = D_0(w - w_2)$

供应链的整体利润为：

$$\pi(I_r, I_s) = D_0(w - c_0 - c_{se})$$

其中，c_0 为供应商单位产品成本，w 为服务产品的市场价格，w_1 为服务企业支付给供应商的单位产品价格，w_2 为服务企业对渠道营销商的单位服务价格。

②服务企业仅与上游供应商合作模型

服务企业与上游供应商建立合作联盟，这种情况下服务企业会对上游供应商进行研发补贴，诱导上游供应商进行最优的研发投资，但下游企业的促销投资仍为0，即：

$$I_r^* = 0, \ I_s^* = D_0 \cdot (a_2 b_2)^{\frac{1}{1-b_2}}$$

此时供应链的利润为：

$$\pi^* (0, I_s^*) = D_0 \cdot [w - c_{se} - c(I_s^*)] - I_s^*$$

渠道营销商的利润为：

$$\pi_d = D_0 (w - w_2)$$

供应商与服务企业利润为：

$$\pi_{s,se} = \pi^* (I_r^*, 0) - \pi_d$$

③服务企业仅与下游企业合作模型

服务企业仅与下游企业合作，下游企业会受到服务企业的促销激励，进行最优的促销投资，而上游企业的研发投资为0，即：

$$I_r^* = (a_1 b_1)^{\frac{1}{1-b_1}} \cdot [w - c_{se} - c_0 + (1 - b_2)(a_2)^{\frac{1}{1-b_2}} (b_2)^{\frac{b_2}{1-b_2}}]^{\frac{1}{1-b_1}}, \ I_s^* = 0$$

此时供应链的整体利润为：

$$\pi^* (I_r^*, 0) = D(I_r^*) \cdot [w - c_{se} - c_0] - I_r^*$$

上游供应商的利润为：

$$\pi_s = D(I_r^*)(w_1 - c_0)$$

服务企业和下游企业的利润为：

$$\pi_{se,d} = \pi^* (I_r^*, 0) - \pi_s$$

（3）供应链的利益分配

KISI 供应链在核心企业的协调下，各企业作出供应链利润最大化的决策后，只有合理分配供应链利润，才能保持供应链的持久性。供应链上联盟成员的利益分配方法有多种，我们分别介绍 Shapley 值法、MCRS 方法、和修正 Shapley 值法。

①Shapley 值法

根据 Shapley 值法，联盟中有 n 个成员，第 i 个成员的收益为：

$$\varphi_i(v) = \sum w(|s|)[v(s) - v(s/i)]$$

其中，s 为成员间不同合作方式的集合；$|s|$为子集 s 中元素的个数；$v(s)$ 为子集 s 的收益，$v(s/i)$ 为没有成员 i 时子集 s 的收益；$w(|s|)$ 为权重，其计算方法为：

$$w(|s|)=\frac{(n-|s|)!(|s|-1)!}{n!}$$

②MCRS 方法

MCRS 方法（Minimum Costs - Remaining Savings，最大最小成本法）最初是用来求解合作对策模型的中成本分摊问题。本章引入 MCRS 法对供应链联盟利益进行分配求解。

$$Z_k^*=Z_{k\min}+\frac{(Z_{k\max}-Z_{k\min})}{\sum(Z_{k\max}-Z_{k\min})}[C(S\cup SE\cup D)-\sum Z_{k\min}]$$

在简化的 MRCS 模型中，

$$Z_{k\max}=C(N)-C(N-\{k\})$$

$$Z_{k\min}=C(k)$$

$C(S\cup SE\cup D)$ 为联盟的总收益，$C(k)$ 为元素 k 的收益，$C(N-\{k\})$ 为不包含元素 k 时该子集的收益。

③修正的 Shapley 值法

我们用考虑投资因素的修正 Shapley 值法。用 C_i（$i=1, 2, \cdots, n$）表示服务供应链节点企业在合作中的投资大小，则企业 i 实际承担的投资因子为 $\alpha_i=\frac{C_i}{\sum_{i=1}^{n}C_i}$，与平均投资因子之间的差值为 $\triangle\alpha_i=\alpha_i-\frac{1}{n}$。当 $\triangle\alpha_i\geqslant 0$ 时，表示节点企业 i 在合作中的投资水平比平均投资水平高，则应对企业 i 获得的利益 $\varphi_i(v)$ 进行补偿，补偿大小为$\triangle\varphi_i(v)=\varphi_i(v)\times|\triangle\alpha_i|$，因此，供应链节点企业 i 分得的实际利益为 $\varphi_i'(v)=\varphi_i(v)+\triangle\varphi_i(v)$。当$\triangle\alpha_i\leqslant 0$ 时，表示节点企业 i 在合作中的投资水平比平均投资水平低，则应对企业 i 获得的利益 $\varphi_i(v)$ 进行扣除，扣除大小为$\triangle\varphi_i(v)=\varphi_i(v)\times|\triangle\alpha_i|$，因此，供应链节点企业 i 分得的实际利益为 $\varphi_i'(v)=$

$\varphi_i(v) - \triangle\varphi_i(v)$。

（4）算例

假设由 1 个供应商、1 个服务企业、1 个渠道营销商组成的三级服务供应链，其参数为：

$c_0=240$ 元，$c_{se}=400$ 元，$D_0=10000$，$a_1=3$，$b_1=0.5$，$a_2=20$，$b_2=0.2$，$w=1000$ 元，$w_1=350$ 元，$w_2=950$ 元，

则经过计算，得：

$$I_r^*=326572,\ I_s^*=66295$$

由此得到表 3-8：

表 3-8　供应链联盟不同情况下的收益

单位：万元

	供应商利润	服务企业利润	渠道经销商利润	供应链总利润
供应链企业间完全不合作	110	200	50	360
供应链企业间完全合作	—	—	—	415.2
仅供应商与服务企业合作	332.3		50	382.3
仅服务企业与渠道经销商合作	128.8	260.2		389.0

如果供应链企业完全合作，则分别运用 Shapley 值法、MCRS 方法和修正 Shapley 值法计算出供应链上节点企业的利益分配情况如表 3-9：

表 3-9　供应链上节点企业的利益分配

单位：万元

计算方法	Shapley 值法	MCRS 法	修正 Shapley 值法
(π_s,π_{se},π_d)	(128.7, 223.8, 62.6)	(126.6, 226.5, 62.1)	(126.7, 219.6, 68.9)

对比表 3-8 和表 3-9 可以看出，当供应链联盟实现时，通过合理的利益分配，可以使供应链整体利益改善的同时使所有成员利益得到改善，这样才能实现真正的战略联盟，达到共赢的局面。由于整个供应链系统中各节点企业间既竞争又合作的联盟的形成，使得整个供应链的凝聚力不断增强，竞争力不断提升，而由多个供应链网络形成的产业也最终能实现升级。

3.4 北京市知识密集型服务产业升级的路径选择

3.4.1 产业升级路径选择的相关研究

目前，有关产业升级路径选择的研究多数集中在制造业的产业升级方面。Kaplinsky 和 Readman（2002）提出了发展中国家的产业嵌入全球经济的两种途径：低端道路和高端道路。所谓低端道路，其实是一条基于低端市场竞争的“贫困化增长”道路，这种竞争往往是“向下竞争”而非“追赶竞争”。当产品出口价格下降的速度超过出口量增长的速度的时候，就会出现“贫困化陷阱”，发展中国家在进入全球市场初期往往选择这条道路。所谓高端道路，是指随着发展中国家经济融入全球经济程度的加深和出口数量的增长，通过持续不断的创新和产业升级来获得全球化背景下的竞争优势。从低端道路跨越到高端道路，从全球价值链上的低附加值环节转向高附加值环节，这是地方产业升级的特有内涵。

国内有代表性的学者如王缉慈等认为，从深层次来看，我国现阶段大多数地方产业集群的发展处于一种低层次的“小企业群生型”模式阶段（王缉慈，2004；陈佳贵等，2005）。从专业化分工来看，以横向分工（同质产品 + 专业市场）与简单生产链纵向分工（传统劳动密集型产业）为主要形式，呈现产业结构同质化、企业规模偏小化，分工协作人格化特征。由于地理区位聚集所带来的创新、市场、人才以及更重要的“隐性知识”的高流动性，使得带来集群竞争优势的高创新外溢效应和低模仿壁垒，极有可能在一定发展阶段诱发产业过度进入与过度竞争，由此造成单个企业规模太小，无法积累足够“熊彼特式”垄断利润进行产品设计、技术更新和品牌建设，最终形成企业创新动力的“集体行动逻辑”陷阱。但是，在一些已形成“主企业领导型”产业集群中，却出现了不同结果。浙江嵊州的领带产业集群从设计、原料、生产、包装、销售环节形成了一个具有

300多纵向生产分工工序，核心企业和多层外包体系紧密合作的生产体系。“近年来，在设计、原料、生产、品牌环节出现了一批具有核心创新研发能力的规模企业，推动了创新在整个集群内的扩散，带动了整个产业链的价值链提升和产业的持续发展”。因此他们认为，我国制造业的产业升级应走“主企业领导型”路径。

3.4.2 北京市KISI产业升级的路径选择

在以上学者的研究基础之上，结合北京市KISI自身特点，我们提出以下产业升级路径：

（1）对于信息传输、计算机服务及软件业，应该选择“高端”道路与“主企业领导型”道路。虽然选择“高端”道路会有成本高、代价大、难度大等问题，但是要想实施创新战略，提升北京市KISI的整体竞争力，这是该行业的必然选择。首先，信息传输产业是整个经济社会的“神经系统”，选择“高端”升级道路，就像人有了高度发达的大脑，使得经济体能对外界反应灵敏、行动敏捷，便于抓住稍纵即逝的市场机遇，从容应对变幻莫测的市场环境；其次，信息产业是21世纪的新兴产业，我国与发达国家的差距不像制造业那样大，基本处于同一起跑线，选择“高端”道路有助于我国抢占全球市场的制高点，相对来讲代价要小些；第三，信息技术具有渗透性、带动性、倍增性、网络性和系统性等特点，与其他产业关系都很密切，选择“高端”道路有利于带动其他产业的升级；第四，我国现阶段对信息传输产业规制比较严格，而这个产业本身的特征决定了自然垄断可能会有更好的产业绩效，目前在我国属于寡头垄断竞争产业，本身在位企业规模比较大，选择“主企业领导型”道路符合实际情况。

具体实施措施：

一是促进信息传输内部产业的融合。产业技术扩散和产业融合是产业升级的关键所在。信息传输技术创新在电信、广播电视和计算机服务等业务之间的扩散和吸收导致了技术融合，使核心企业和其它相关企业形成共同的技术基础。在信息化进程中，随着信息技术发展，这三大产业不仅迅速更新提升，而且配套整合，不断趋于融合。数字技术和网络技术的发展，又为电信、广播电视和计算业务的融合创造了条件。技术融合发生后，电信、广播电视和计算机服务业务纷纷在原有传统业务的基础上开发新业务，扩展和延伸产业链。电信业扩展了其传统的低速数据和语音传输的优势，逐渐向视频通信等宽带业务发展。广播电视部门在扩大有线电视业务的同时也开始把数字电视、高清晰度电视、数据传输、点播电视以及电话业务作为他们扩展的领域。另外，利用互联网传送音频信号可以大规模降低用户的费用。通过产业融合，提高了产业关联性和产业竞争力，促进信息传输产业的进一步发展。随着产业内技术的生态化发展和产业关联度的提高，产业内具有上下游关系的核心企业与其它企业能够依据自然生态的有机循环原理建立发展模式，按照物质循环、生物和产业共生原理对区内产业进行优化组合，进一步降低生产成本，提高产业竞争力，实现产业活动与生态系统的良性循环和可持续发展。

二是加快信息传输、计算机服务与软件业向传统产业的渗透。信息传输、计算机服务与软件业的不断创新、扩散、发展与融合，带动了一系列关联产业的产生与变化。它们渗透到传统产业之后，传统产业纷纷出现分化、解体和重组，不断催生新兴产业，如光学电子产业、汽车电子产业等，创造了大量产值与需求。信息传输、软件业与其他高技术产业如生物、航空、海洋等产业的融合，产生了新兴的边缘产业如生物信息产业、航空电子信息产业、海洋信息产业等，创造出了新的产业门类。通过产业间的功能互补和延伸，赋予了原有产业新的附加功能和更强的竞争力。互联网的发展使个人之间、个人与组织之间以及组织与组织之间的双向结合，能迅速地提供多种信息服务。互联网兼有信息技术的渗透性、带动性和网络性的特点，通过网络互动的过程特别是电子商务形式的出现，给传统产业带来了大量的商机。在将传统产业改造、升级为现代高新技术产业的同时，信息传输、计算机服务与软件业自身也实现了升级换代。

三是推动信息传输、计算机服务与软件业在其他服务业中的普及。将信息传输、计算机服务与软件业运用于其他服务业，如零售业、现代仓储物流业、旅游业、教育、医疗卫生、政府服务等，可以打破服务业受时间和空间的限制，大大提高这些产业的服务效率和生产率水平。随着信息技术的发展和互联网的普及，信息内容对载体的依赖大大减少，电子书籍、数字电影、网上音乐、图片和声音等数字化信息的出现，不但改变了人们对信息资源的认识，而且还改变了一些产品的经营模式，如 CD 等，过去是通过在市场上购买，而现在却在下载的过程中变成服务。这样，原先纵向一体化的市场结构发生了革命性的变化，形成了以内容、包装、传输、处理与终端为内容的横向“水平”的新型市场结构。由此可见，将信息传输、计算机服务与软件业运用于其他服务业，将会对这些产业产生革命性的根本变革，而自己将也会受益匪浅。

（2）对于金融业，应该选择以“主企业领导型”为主的道路。金融业是整个经济社会的“血液循环系统”，经济体有了高度发达的金融业，就像精力充沛的人一样，活力四射。目前在我国金融业规制比较严格，属于寡头垄断竞争产业，本身在位企业规模比较大，因此选择“主企业领导型”道路比较合适。

具体实施措施：

一是加强自身创新。主要有：围绕银行业务创新，以负债业务创新为基础，推动资产业务和中间业务发展，推动商业银行改进经营理念；围绕金融市场创新，促进金融期货市场、金融期权市场和互换交易市场的发展，重点是适应分散风险的需要，研究开发和借鉴利用各类金融衍生工具；促进支付和清算系统改良，适应计算机技术和电子自动转账清算系统的发展，推进支付结算方式和手段的改进，通过有目标的金融创新活动，提升金融生态环境的层次。

二是加强信息技术在金融中的推广和普及。当前，通讯技术的发展对金融交易成本的降低具有关键意义。如果实行网上交易，机构投资者买卖双方绕过证券商，利用计算机网络直接进行大宗交易，这样就可以绕开交易所等第三者的介入，大大降低交易成本。同时，发达的清算系统是现代金融业所必须的，交易和清算通过现代化通讯网络与电子计算机进行，货币结算会非常方便。在一些标准化产品市场，如外汇交易和金融电子服务，用于支付清算的基础设施，后台处理和主叫中心等尤为如此。信息技术的发展还促进了金融产品的交易场所、范围与手段以及获取所需要的信息等交易条件的根本性改变，推进金融产品的标准化，提高了资产之间的替换速度和资产的流动性、深度、灵活性和交易效率，这使得大型金融企业获得规模经济优势的同时，也使得小型金融企业可以通过外包的方式享受到技术进步带来的好处。最终促进了整个行业的竞争能力。

三是加强同行联盟。金融产品的复合性特征决定了不同的金融企业需要把各自的核心能力要素连接起来，通过紧密合作获取网络优势，并且借助于企业价值网络，金融企业可以快速进行自身资源的整合和跨企业的资源整合，实现能力要素的强强联合，共同提供市场需要的金融产品。

3.5　小结

本章首先分析北京市 KISI 升级的内涵；其次探讨北京市 KISI 升级的外部力量；然后研究北京市 KISI 升级的内部力量，对北京市知识密集型服务企业之间的横向竞争合作以及供应链上的纵向竞争合作了分析，认为知识密集型服务企业的核心竞争力来源于企业所拥有的知识资源、企业的服务能力和创新能力；要使企业竞争力得以保持，就要让员工忠诚和满意、能够成功地设置竞争对手的模仿障碍以及成为学习型组织；在供应链上，节点企业的竞合过程为：通过与供应商合作研发实现产品创新，通过与营销商合作实现市场深度扩张，通过互动过程实现知识转移和增加，最终实现服务供应链竞争力的提升；而由多条服务供应链相互交错形成的产业网络也会在此过程中实现升级。最后对北京市 KISI 产业升级的具体路径进行了探讨。

第四章　经济新常态下北京市 KIBS 升级案例研究

4.1 电信业的升级案例

4.1.1 1994年—2008年：双寡头竞争阶段（移动和联通之间的竞争）

4.1.1.1 背景

1994年7月19日，中国联通公司成立，有16家股东，注册资本为10亿元人民币。从此，中国公用电信业由邮电部独家垄断变成邮电部和联通公司双寡头垄断。联通公司成立后，从移动电话的GSM和无限寻呼业务起步，又在天津、重庆等地进入市话网，经营长话和市话业务，并在中国环西太平洋海岸建设大容量、无中继的海底光缆通信系统。

1994年3月，国务院要求进一步改革邮电管理体制，将邮政总局、电信总局分别改为单独核算的企业局。由此，电信总局从邮电部机关中分离出来成为企业，改名为中国电信。1999年2月，信息产业部决定对中国电信拆分重组。于是，中国电信的寻呼、卫星和移动业务剥离出去，原中国电信拆分成新中国电信、中国移动和中国卫星通信等3个公司，寻呼业务并入联通，从此，移动通讯市场形成了中国移动和中国联通双寡头垄断竞争的局面。

4.1.1.2 竞争过程

（1）技术竞争

中国联通显然不愿意保持在中国移动通信市场上“重在参与”的身份，而是企图与中国移动平起平坐。但依靠原来的GSM130网络显然是没有希望的，所以中国联通才走出具有里程碑意义的一步棋——引入 CDMA 技术，成为全球不多的同时经营两张网的电信运营商。CDMA 技术全称为码分多址技术，在技术上具有语音清晰、保密性强、辐射低、绿色环保等特点，并可以从目前第二代的 CDMA 平滑过渡到 3G 时代的 CDMA2000。中国联通非常重视 CDMA 的建设，投入 240 亿元，只用了不到两年的时间就在全国 330 个城市完成网络的铺设，并在 2002 年 4 月正式开通运营。联通 CDMA 网络的建成标志着联通已经有了两种网络通信技术，并同时运营。

联通推出 CDMA 技术对中国移动是一个不小的挑战，因为 CDMA 代表着更先进的技术，从 CDMA 可以比较容易过渡到 2. 5 代技术的 CD MA1X 和 3 代的 CDMA2000。为了不让中国联通在技术上抢先占据第 2. 5 代的优势和先机，中国移动也在 2002 年 5 月 17 日——世界电信日这一天率先推出具有第 2. 5 代技术的 GPRS。GPRS 是在第 2 代 GSM 通信技术的基础上发展出来的新一代网络通信技术，具有平滑过渡的优势，也就是说手机用户不需要更换手机号码就可以直接从原来的 GSM 平滑过渡到 GPRS，从而可以更从容地享受更加丰富多彩的数据业务。GPRS 技术具有时时在线、传输数率高、语音数据自由切换、按照流量计费等优点，在理论上是一种更加先进的网络通信技术。

（2）产品竞争

2001 年以来，以短信为代表的数据业务突飞猛进，仅仅 2001 年全年的短信发送量就达到了 159 亿条，而到了 2002 年上半年就更达到了 283 亿条，到 2008 年中国短信市场达到 70 亿美元的规模。短信的高速发展使中国移动看到了数据业务的希望，于是开始酝酿更加具有市场潜力的 MMS 业务。MMS 短信就是多媒体短信，是一种具有声音和图像的短信，通过 MMS 手机发送这种具有多媒体信息的短信，对方就可以收到这种形式的短信。从 2002 年 8 月开始，中国移动就开始筹备 MMS 业务的市场推广工作，首先他们在全国范围发起为 MMS 起名的活动，最终获得了 70 万个有效的征集稿件，并从中选出了“彩信”的名字，从此，MMS 多媒体短信就更名为彩信。

GPRS 的推出为移动的用户搭建了一条快速传输数据业务的通道，但没有在这条通路上传输的内容，GPRS 就很难发展起来，也很难吸引更多的用户从 GSM 过渡到 GPRS。因此，彩信的推出对 GPRS 是一个重要的推动，使移动的用户通过 GPRS 技术可以享受到更多的数据业务。同时，彩信业务的推出也带动了整个通信产业链的升级，为手机制造商、通信设备制造商、内容提供商带来新的利润源泉，因此，会有更多的力量共同推动彩信业务的商业化。而联通也在不遗余力地通过上市融资等形势加快 CDMA1X 的建设，力求缩短与中国移动在第 2.5 代技术上的差距，2002 年底就率先在广东省开通试运行，而且也推出了类似于中国移动彩信业务，取名为彩 e。

（3）广告竞争

为了能够成功地推动 CDMA 的商业运营，中国联通前期做了很多市场工作，它们聘请国际著名战略咨询公司麦肯锡做战略规划，将 CDMA 的市场定位为中高端用户，与自己的 GSM130 网形成错位经营，并给 CDMA 起了一个全新的名称——联通新时空。为了迅速提升联通新时空的品牌知名度和市场销售，联通在前期推出了一系列的电视广告和市场活动，不仅做形象广告，还大做产品广告，至于在全国各大媒体上的新闻公关就更是无处不在，铺天盖地。2002 年的四五月间中国的媒体上最大的新闻热点就是联通 CDMA 和新品牌——联通新时空了。中国联通还在世界杯足球赛期间参加了中央电视台的招标活动，利用世界杯足球赛期间电视火爆的收视大大提升了受众对 CDMA 技术的认知；此外，联通还针对原电信长城的 CDMA 老用户出台了转网补偿方案，在短短一个月内，将 40 万 CDMA 老用户收编进联通新时空。

从 2002 年 8 月下旬到 10 月中旬，北京联通的大版面报纸广告开始全面的出现在北京地区的各大报纸媒体上，几乎每天都可以在《北京青年报》、《北京日报》、《北京晚报》、《京华时报》、《北京娱乐信报》、《精品购物指南》上看到北京联通整版的报纸广告。据不完全统计，北京联通在这些媒体上的投放超过1000万元，可以说是不计成本，铺天盖地。报纸广告的内容几乎没有太大的变化，核心内容就是介绍CDMA的几大优势，如何转网，如何有优惠政策。整个广告做的根本就没有什么创意，通篇的文字，完全没有了前一段时间精彩的创意和高质量的画面。

为了推动GPRS技术的商业化运营，中国移动发动全国各地的分公司在全国主要平面媒体上也掀起GPRS的广告宣传攻势，并与数据业务品牌——移动梦网捆绑起来推广，打出“带你进入飞一般的移动梦网”的口号。在北京联通的广告攻势发动后，北京移动通信也很快应战，同样是选择这些报纸媒体，同样是一掷千金的整版广告，同样是接连不断，惟一不同的是北京移动没有推出相应的政策，而是一如既往地宣传自己的网络多么成熟、覆盖多么全面，最多的人使用移动的网络，用这些事实告诉消费者不要轻易转网，要比较清楚，考虑清楚。联通和移动的整版广告大战的火药味几乎浓烈到在同一个媒体上对着干的地步，前面是北京联通的转网诉求，后面一个版面就是北京移动暗示不要转网的措辞。

（4）价格竞争

以往联通的竞争武器就是价格的相对优势，由于联通有国家政策的倾斜，价格可以比移动低10%－15%，联通用户在通话资费方面要比中国移动的手机用户相对便宜一些，这也是联通主要吸引了中低端用户的主要原因。与中国移动相比，联通的网络覆盖、通话质量和服务都不占优势，只能靠价格作为竞争手段。

然而，直到2006年5月，在争议声中“坚挺”了近10年的北京地区手机资费标准，终于开始面临“破冰”。信产部经与国家发改委协商，批复同意了中国移动通信集团公司对北京地区手机资费整体水平下调，新的资费方案包括4档全球通话费套餐以及针对全球通和神州行的接听套餐，新资费方案将北京之前资费标准出现大幅下降。一向以“高端”形象示人的北京移动全球通品牌，其本地通话最低降至0.15元/分钟，这是北京地区全球通首次出现大幅全面降价。同时，新资费还包括10元和20元的被叫套餐，套餐将使接听资费降至0.02元/分钟，这也是北京地区首次出现接听“包月”。相比此前全球通0.40元/分钟、神州行0.60元/分钟的标准资费，神州行和全球通接听的降幅则分别达到95%和96.6%。

随后，2007年3月，北京联通推出“漫游费、国内长途费、本地通话费三费合一”商旅卡，最低仅收0.25元/分钟，比标准资费低80%，而且不收月租费。该产品适用于北京联通CDMA网络和GSM网络两网的后付费用户，他们只需承诺消费相应数额的月话费，即可享受外地通话无漫游的资费标准。此一举措事实上取消了高额的手机漫游、长途费。此外，北京联通还为使用外地商旅卡用户提供了“畅听王”；即本地免费接听1000分钟每月仅16元和本地免费接听500分钟每月仅8元两档。

4.1.1.3 竞争结果

1999年，联通公司单从移动市场的容量或用户占有率来看，只有市场的5%，而中国移动占有95%。但自从有了竞争，双方都在加强对新技术的开发、增加新业务、改善原有的服务、努力降低成本、提高劳动生产率并增加投资，到2001年的6月20日，中国联通移动电话用户总数突破3000万，达到3030万户，市场占有率达到24%；中国移动则保持了中国移动通信市场80%以上的份额，规模至少是联通的三倍以上，其全球通品牌更是囊括了中国手机用户中95%的高端用户，手机号段占据从139到135有5个段位；而中国联通则只有一个130，而且用户还主要集中在中低端。到2003年底，中国移动占有2/3的份额，联通则占有1/3。

4.1.2 2009至今：三寡头竞争阶段（移动、联通、电信之间的竞争）

4.1.2.1 技术竞争

自从2008年中国电信进入移动市场以来，它的速度增长最快，与它对移动通信网络的重视分不开。在 3G 时代，中国电信从中国联通手里购买了 CDMA 业务之后，仅用 18 个月就建成了覆盖全国的 3G 网络，从而在网络质量上形成了可与中国移动相媲美的口碑，相比之下中国联通直到 2013 年都未建成覆盖全国的 2G/3G 网络，信号差的口碑一直伴随着中国联通。

2014 年国家发放 TD - LTE 牌照后，中国电信和中国联通都在等待 LTE - FDD，只有中国移动迅速建设覆盖全国的 TD - LTE 网络。2015 年中国电信和中国联通获得 LTE - FDD 牌照，中国联通试图依靠 HSAP + 网络对抗中国移动的 TD - LTE 网络，在建设 3G、4G 网络间犹豫不定，直到 2015 年王晓初担任联通董事长后才决定全力开建 4G 网络。而中国电信一如 3G 那样迅速开建 LTE - FDD 网络。显然联通已经赶不上移动和电信的步伐了。截止 2018 年，移动、电信、联通的 4G 基站数量分别为 241 万、138 万、99 万，中国联通在 4G 网络覆盖在三大运营商中垫底。

另外，为了获得政企市场，三大运营商竞争也非常激烈，中国移动和中国电信都已建立了新一代精品政企专网。其中中国移动的政企专网是 SOTN，SOTN 技术是从传统单一管理向基于编排、控制、转发的三层架构转型的关键使能技术，同时是专线网络实现开通自动化、运维智能化、交付高效化的重要保障技术，对中国移动传输网络的技术演进、专线服务的品质提升具有重要意义。目前中国移动的 SOTN 精品政企专网已在全国范围展开。

中国电信则发布了新一代 OTN 精品光网，这个 OTN 精品政企光网的主要特点是：具备超快开通、带宽随选、超低时延、超大速率、超高可靠、超广覆盖、业务可视、云网一体八大特点，通过物理隔离的传输网络，提供端到端主备多重保护，网络可靠性超过 99.99%，多电路组合可以实现 99.9999% 超高可用。另外在个别政企用户关注的时延方面，中国电信的新一代 OTN 精品网络能将骨干段时延降低 10 ~ 15%，城域网内时延降低 50% 以上，城市之间骨干单向时延将低于 5.5ms/1000Km。这些优势非常明显。而联通还没有相关消息，恐怕在这一次争夺中，联通又要落后了。

4.1.2.2 价格竞争

电信业价格竞争大致有四种：直接降低资费标准，实行网内优惠，租用/赠送通信终端，资费套餐。将不同的电信业务实行不同的捆绑以满足不同用户的实际需要，同时降低了各项业务的资费标准。

总的来说，联通和电信的价格比较有优势，联通的阿里小宝卡套餐，基本只交月租就可以了，但由于联通信号不太稳定，因此选择联通的还是少部分。移动的套餐资费虽然高于联通，但由于用户多，还有网内优惠，所以用户也比较满意。总体来说电信还是最优竞争力的，价格便宜，信号好，所以用户增长迅速。

4.1.2.3 服务竞争

移动由于信号覆盖范围最广，因此信号质量最好。同时，三大品牌虽然都有自己的服务热线掌上营业厅及客服专线，但移动的掌上营业厅业务非常齐全，各个终端都可以自由办理查询业务，给顾客提供了很多方便。移动因为网络制式的原因，所以比联通和电信上网速度比较慢一些。

联通 4G 网速是最快的，电信次之。联通 4G 和电信 4G 虽然都使用国际通用的比较成熟的网络制式，但是电信 4G 网络建设了大量的 b5 频段基站来增强信号覆盖，所以这部分基站的网速就非常慢了，也就是现在使用的 3G 网速。联通掌上营业厅偏少，业务也不太全。电信的主导还是在宽带，掌上营业厅不很方便，办理业务必修去实体营业厅。

4.1.2.4 竞争结果

根据相关市场数据调查显示，到 2019 年 3 月，移动有 9 亿用户，联通 3 亿用户，电信 2.8 亿用户。然而宽带用户，移动有 1.3 亿宽带用户，联通有 7900 万宽带用户，电信有 1.4 亿宽带用户（见图 4－1）。从市值上看，2019 年 3 月 4 日，移动市值 1.7 万亿港币，联通 3000 亿港币，电信

2500 亿港币，联通市值最低。

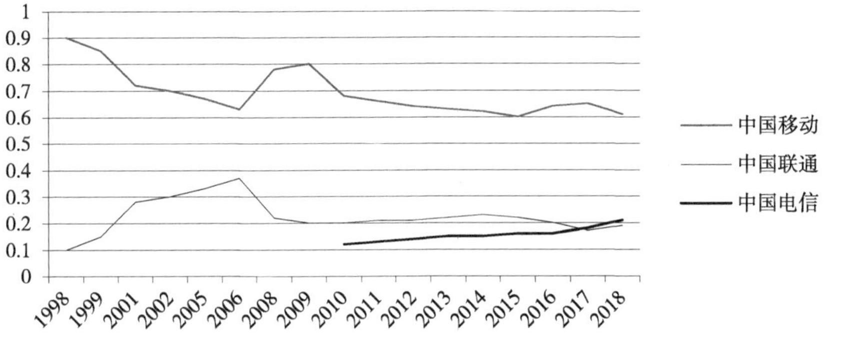

图 4 – 1　中国移动、中国联通和中国电信用户市场占有率的演变

总之，经过多年的竞争，移动、联通和电信都在加强对新技术的开发、增加新业务、改善原有的服务、努力降低成本、提高劳动生产率并增加投资；消费者也得到了数量、品种更多、质量更好、水平更高、更便捷和价格更合理的服务。正是由于企业之间的激烈竞争，使得电信行业不断升级。

4.2　银行业的升级案例：工商银行与供应商、客户合作实现服务创新

中国工商银行成立于 1984 年，自成立之日起，就全面承担起原由中国人民银行办理的工商信贷和储蓄业务。2005 年，中国工商银行完成了股份制改造，正式更名为“中国工商银行股份有限公司”（以下简称“工商银行”）；2006 年，工商银行成功在上海、香港两地同步发行上市。工商银行在中国拥有领先的市场地位、优质的客户基础、多元的业务结构、强劲的创新能力、市场竞争力和盈利能力。2007 年工商银行实现税后利润 819. 90 亿元，较上年增长 65. 9%；自 2003 年引入国际审计以来，税后利润年复合增长率超过 38%。每股收益 0. 24 元，增长 41. 2%。截至 2007 年末，总

市值升至3，389.34亿美元，增长35%，成为全球市值最大的上市银行。工商银行取得的这些成绩，与其不断地与供应商、客户真诚合作，实现服务创新，最终获得共赢的经营理念分不开的。

4.2.1 组织创新

4.2.1.1 网上银行

从2000年开始，中国工商银行与北京易诚世纪科技有限公司合作开发的网上银行系统e－Bank，是当前国内最具影响力与代表性的新一代网上银行系统。工商银行总行首先对网上银行系统提出了明确的定位：要求业务最全、利用率最高、占比最大、重点优质客户重点发展。以此作为指导思想，针对银行电子化建设的不断推进，北京易诚在整体框架设计上考虑了系统的可扩充性和对各种过渡状态的适应能力，因此，在系统设计上，侧重研发系统的统一交易通道机制、个性化服务机制、通信服务机制及分行特色服务支撑机制。

通过双方不断交互、磨合、探讨，经过五个阶段的研发、测试、改善，基于Liana交易平台的建设很好的实现了版本间的衔接与延续，保证了业务开发的速度与质量，进而推动了业务的快速成长。从各项业务数据指标来看，2000年工商银行全年电子银行业务交易金额达到1.93万亿元，占全行结算业务量的3%。2004年，交易额为34万亿元，平均每日达到931.5亿元。2005年头两个月，网上银行交易额超过6.1万亿元，比2004年同期增长了22.8%。

4.2.1.2 电话银行

电话银行是指使用计算机电话集成技术，利用电话自助语音和人工服务方式为客户提供账户信息查询、转账汇款、缴费支付、投资理财、业务咨询等金融服务的电子银行业务。工行的95588电话银行IVR语音板卡项目是2005年起与太平洋商业网络有限公司（Nasdaq：PACT）的子公司北京林克海德一起开发的，经过产品安装、调试以及产品与 IVR 软件平台、PBX 交换机等电话银行系统其他组成部分的联调后，经过全面的测试检查，设备运行良好。该项目能为个人和企业提供提供账户信息查询、转账汇款、投资理财、缴费支付、外汇交易、异地漫游、信用卡服务、人工服务等一揽子金融业务。使用户不必去银行，无论何时何地，只要通过拨通电话银行的电话号码，就能够得到电话银行提供的其它服务（往来交易查询、申请技术、利率查询等），工商银行安装这种系统以后，使银行提高了服务质量，增加了客户，为银行带来了更好的经济效益。目前，全国各地工行的电话银行都在使用 NMS 语音板卡，客户在接受工商银行服务的同时也在享受林克海德提供的服务，通过两个企业的合作研发，双方实现了共赢。

4.2.1.3　手机银行

工商银行的手机银行分为两种，分别为利用 WAP（Wireless Application Protocol，无线应用协议）和利用短信服务。

手机银行（WAP）是通过 HTTP 方式承载的一种通讯协议。工行依托移动通信运营商（移动和联通）的网络，基于 WAP 技术，为手机客户提供的账户查询、转账、缴费付款、消费支付等金融服务的电子银行业务。工行手机银行（WAP）业务具有随身便捷、申请简便、功能丰富、安全可靠等特点，为客户提供账户管理、转账汇款、缴费、股市、基金、国债、外汇、黄金、银期转账、信用卡、客户服务等项目的业务。手机银行（短信）是客户通过编辑发送特定格式短信到银行的特服号码，银行按照客户指令为客户办理相关业务，并将交易结果以短信方式通知客户的新型金融服务方式。可为客户提供查询、转账、汇款、捐款、消费、缴费、定制/取消余额变动提醒通知等功能。通过与移动公司与联通公司的合作，手机银行的开通既方便了客户，又使银行、移动和联通共同受益。

4.2.2 产品创新

2009年，中国工商银行电子银行服务与供应商合作再次成功升级，新增加了个人网银生日汇款优惠、企业网银多账户汇总查询等多项服务，并对网上保险、网上基金、手机银行（WAP）等功能进行了优化，使工商银行电子银行的功能更加强大，服务更具人性化。

4.2.2.1 网上银行方面

工商银行推出了个人网银生日汇款优惠，客户在生日当天通过个人网银办理汇款业务时，手续费可享受额外的9折优惠；新增了基金漫游和基金转指定功能，在网上保险交易中新增了险种转换、追加、部分赎回等功能，并对活期存折进行了功能扩充，实现了活期存折网上买卖基金、国债、黄金、外汇、理财产品及第三方存管、缴费等功能；同时还新增加了牡丹卡自助还款的部分还款功能，即在客户转出账户资金不足的情况下，能够进行部分还款；此外，对企业客户，推出了多账户汇总查询功能，客户点击一次“查询”按钮，即可查询到所有下属分支机构账户的余额和明细，大大提高了企业查询账户信息的效率。

4.2.2.2 手机银行（WAP）方面

工商银行在手机银行方面新增加了三项服务。一是客户可以使用手机银行查询历史明细；二是新推出了预约缴费功能，客户在非工作时间内可提交缴费的预约指令，系统会在下一个工作时间内自动为客户办理业务；三是增加了手机兼容性的检测功能，帮助客户测试手机是否支持该行手机银行（WAP）。

4.2.2.3 多媒体自动终端方面

工商银行还在网点的多媒体自助终端增加了基金买卖功能，客户可以使用该行各网点的多媒体自助终端办理基金买卖、查询等业务，为客户在网点买卖基金提供了一种新的选择，极大地方便了客户，为客户提供更优质的产品、更丰富的优惠、更贴心的服务，向全方位满足客户多样化的金融需求又迈进了一步。

4.2.3 流程创新

4.2.3.1 后督业务流程优化

银行会计事后监督业务是银行对公业务流程中的一个重要环节。其过程通常包括数据录入、核印和保存管理这几个步骤。原来，除数据录入采用计算机实现外，验印与凭证保存仍手工进行。北京融海恒信咨询有限公司与工商银行北京分行合作，完成了工商银行北京分行的会计后督系统改造的应用开发和系统实施工作。

在对后督业务流程和客户需求进行了认真分析后，融海咨询的工程师将北京工行后督系统划分为以下四个子系统：后督记帐子系统、电脑验印子系统、票据光盘存储与检索子系统和印签管理子系统。后督记帐子系统主要完成通常的后督业务。如各种凭证录入，如现金借，现金贷，转帐借，转帐贷，特殊业务的处理，表外业务，数据查询和系统管理等功能。电脑验印子系统主要完成电脑验印，能够提供自动核印与手工核印两种功能。验印速度快、操作简便，大大减轻了操作员的劳动强度，提高了工作效率。票据光盘存储对所有需要保存原始凭证的业务，系统在完成正常业务处理后自动采集原始凭证图象，保存到计算机中。检索子系统支持基于光盘塔的查询和直接基于光盘的检索，在检索方式上，系统支持本地检索和基于 Internet 的远程检索。印鉴管理子系统提供用户建立、查询、修改印鉴等功能。为保证系统的性能，在体系结构上，北京工行后督系统采用了客户服务器结构，数据库服务器采用了高性能的 INFORMIX 动态服务器，开发工具则应用了完全 32 位的 VisualC + +5.0 和 Informix Esql/cforwindows95 进行编程。

北京工行后督系统的成功开发和如期上线为北京市工商银行不但节省了大量成本，而且由于在记帐、验印、存储与检索和印签管理等业务环节实现了电子化处理，大大方便了用户，更大幅度提高了银行的工作效率并为无差错办公提供了更可靠的保障。在工商银行业务量迅速增加的今天，北京工行后督系统的适时应用确立了工商银行在与其它银行竞争中的优势，为它下一阶段拓展新业务打下了坚实的基础。

4.2.3.2 设备监控流程优化

工商银行北京分行与移动公司合作，通过设备监控信息传递系统的运用，银行内部信息科技部、运营维护部、安全保卫部可以随时得到运营设备实时故障、异常交易行为、协调测试工作、离行设备运行状态提醒。如ATM 机设备发生故障，其内置通信模块自动触发报警短信到分行内短信平台。短信平台自动将该短信转发给负责设备维护团队成员的手机上。工程师收到手机短信后，立刻赶到现场排除设备故障。实现了及时对 ATM 机、自助设备监控、银行运钞车监控进行调度，节省了相关管理成本，提高了顾客的满意度。

4.2.3.3 客户刷卡消费流程优化

工商银行北京分行于 2005 年 8 月将北京移动无线 POS 业务应用在遍布北京市各个营业网点的无线 POS 机上。当顾客去商场、餐厅购物、吃饭，采用刷卡消费时，服务人员拿着一台无线的 POS 机，来到顾客身边，让顾客刷卡，顾客不用亲自到收银台去刷卡，为顾客提供了方便，使服务更加人性化。

4.2.3.4 ATM 机通信网络优化

ATM 机（自动取/存款机）是银行使用量很大的自助式终端，以前每台 ATM 机均通过 DDN 的方式与总部联网。从使用情况看，存在线路到位周期长 、机动性差、很难移动布置、通信线路的成本高等问题。工商银行北京分行与北京移动公司合作，利用移动网络覆盖面广的特点，通过无线网络的方式将各个 ATM 机采取一些专业的安全机制通过移动网络接入银行业务系统。采用 GPRS 网络为这些 ATM 机提供数据通信服务。另外，在 GPRS 网络覆盖范围内 ATM 机等设备架设不受地点限制，扩展方便、安全可靠，并且 GPRS 网络按数据流量计费，使通信成本大大降低，而且数据无须经过人工传递，降低了发生抄写误差的可能性。

4.2.3.5 无线办公与移动办公的实现

2007 年 4 月，工商银行北京分行人力资源部应用北京移动企信通商务短信平台，针对工行北京分行相关员工进行工作通知、业务调查与信息通告、提醒。实现了会议通知、工资/报销通知、绩效考核通知、OA 代办提醒通知、邮件提醒通知、行内新闻通知等的无线办公，显著提升了员工的办公效率，节省了内部沟通管理成本。工商银行的中高层领导由于工作需要经常出差、出国，需要随时随地的收发邮件和传送会议文件。工商银行就与中国移动合作，在全国部分省市实施移动办公，手机邮箱业务等，为领导提供及时便利的移动信息化服务，保证了管理层随时掌握公司最新的决策及动态。

4.2.4 与客户合作创新

4.2.4.1 网银通

网银通是北京网通公司与工行北京分行合作的系统设计开发项目，该系统实现了银行电话卡业务。用户可以通过电话银行（95588）和银行柜台申请网通 17931 IP 电话业务，并通过网通的 www. cncip. com 在网上追加主叫电话号码及进行费用查询。该系统投入运行后，改变了以往用户必须到银行或营业厅才可完成业务申请的局面，大大节省了用户的时间，同时提高了银行和电信业务部门的工作效率，降低了相关电信业务的经营风险。

4.2.4.2 牡丹网通信用卡

2008 年，中国网通与中国工商银行合作推出了“牡丹网通信用卡”，这标志着双方跨领域合作进入崭新阶段。中国网通与中国工商银行利用各自资源优势，联合推出联名卡产品并开展网通营业厅 POS 收单业务，向中国网通用户提供更便捷的缴费渠道，并以联名卡为载体提供各项增值、优惠服务。推出的主要业务有合作发行牡丹网通信用卡、中国工商银行在中国网通各营业厅安装 POS、提供银行卡收单服务等，这将方便中国网通客户在营业网点刷卡缴纳各项通信费用。双方还将推出信用卡分期付款业务、中国网通公务用卡服务、固网支付等业务，使业务合作不断深入开展。

中国工商银行是国内最具影响力的银行之一，中国网通、中国移动、中国联通等是我国大型国有电信企业，已成为推动国民经济发展和社会信息化的主力军。工商银行与这些企业强强联手合作，开创了金融企业和电信企业、计算机服务企业在服务创新方面的先河，将为客户提供更多高品质、多元化的金融和通信服务，有利于双方进一步提高客户服务水平，有利于带动整个金融产业、电信产业的优化升级，是金融业和电信业合作的典范。

4.3 商务服务业的升级案例：德勤和普华永道

德勤和普华永道都是有名的“四大”会计师事务所之一（另外两家是毕马威（KPMG）和安永（EY）），总部都在伦敦。分别于 1983 年和 1993

年进入北京。两家公司的主要服务项目有会计和审计、税务咨询和税务规划、管理咨询等。

4.3.1　德勤的创新升级

4.3.1.1　德勤的人才战略

（1）实施工作调动计划，培养全球人才

德勤全球现有 182，000 人，德勤计划在三到四年内将员工数量增长至 250，000 人。面对全球大的经济形势不景气状况，很多企业在减裁人员的时候，德勤却在扩招人员。对于德勤未来关键的增长定位于亚洲的中国和印度。未来德勤在中国招募的新员工人数大概会是每年 5，500 人左右。德勤将侧重在培养未来新的领导人，使他们具有全球视野和全球多元化经营技能。在德勤内部有一个工作调动计划，这些项目都是为那些年轻的、有才华的、将来可能会成为合伙人的员工所设置的。它的主要形式是将年轻的、有领导能力的员工派往不同的国家去工作。这样做的目的就是让这些具有领导才能的优秀员工能够充分地暴露在不同的文化和不同的工作环境中。员工可以在网站上根据自己的意愿去选择他们想要去的国家，公司希望这些具有领导力的优秀员工能够在德勤全球的网络中，确保优秀人才不会流失。

（2）适应新一代员工需求，施行弹性工作时间

德勤希望以后聘用的员工是两种：一种是海归，曾经受过国外的高等教育；一种是自身比较有潜力的优秀员工。德勤会将他们派往其本国以外的其他国家，希望他们能够获得在国外工作的经验。另外，在德勤的组织内部，年轻的员工数量越来越多了，他们对工作的期望值是非常高的，德勤努力做到使工作职位设置得更加适应这些年轻人的期望，比如，德勤会根据“新一代”的需求设计一份工作。一般年轻人希望工作时间比较灵活一些，德勤就设计一个弹性工作时间的职位来满足他们的期望。

4.3.1.2 德勤的创新文化

（1）下放权力，让员工养成创新的习惯

德勤公司内部是非常鼓励员工有自己的创新思维和创新举措。德勤把创新看成是需要通过独立思考才能培养起来的一个习惯。为了培养员工的创新习惯，德勤授权给员工，让员工有权力去实施他们的创新。只要能够改善日常的工作、提高日常工作的效率，这在德勤看来都是创新。所以，德勤鼓励员工跳出思维的惯性去思考，允许年轻的员工犯错误。不管创新效果好不好，德勤都会给他们实现创新的机会，让他们在错误中积累经验。

（2）社交媒体已成为创新的一部分

社交媒体现在对于企业的创新已经越来越重要了，它已经成为创新的一部分。有人可能会通过发微博、微信抛出一个问题，社区里短时间内就会涌现出众多的答案。大家在这个微博的平台上会去分享一些最佳措施，一些新的想法，德勤把这看成获得创新的非常有效的办法。公司鼓励员工应用社交媒体抛出问题、获取多个方案，把这个平台作为激发创新的一种非常有效工具。

4.3.1.3 提高客户价值

（1）保证高质量服务

德勤75%以上的业务都来自于老客户。德勤在服务客户的时候，首要目标就是确保给客户提供的服务是高质量的。在德勤内部，有专门的行业构架，对于不同行业的客户，德勤让最具有洞察力和独特见解的行业专家为他们提供服务。比如，对于银行客户，德勤就会请金融行业内银行方面的专业人士为客户提供专门服务。德勤虽然叫会计师事务所，但目前咨询业务已经是最大的业务部分。德勤年报显示，2017财年，全球的审计业务收入仅同比增长1%，咨询收入同比增长10.2%。德勤经常通过服务热线给客户提供咨询，比如说企业风险管理资讯、企业财务咨询等。德勤有着行业类别非常清晰的网状管理结构，这足以保证在给各行各业的客户提供服务的时候都能够很好地满足他们的需求。

（2）持续给客户带来新的附加值

德勤持续地为客户提供有增加值的服务。比如客户需要出审计报告或风险管理的报告，德勤把这看成是客户的最低要求，德勤会尽可能地为客户能够提供更多的管理咨询文件。其次，德勤对客户的任何需求都要做出及时的回应，如客户的邮件、电话，德勤都是以最快的速度恢复。再次，德勤要赢得比较高的客户满意度，让客户觉得公司很在意他们。德勤的客户和市场部每年都要做客户对公司评价的调查，内容有对公司服务满意度怎么样、对公司的服务还有没有更高的期望等，调查统计后，针对客户特别是战略型客户作出进一步的服务改进。

4.3.1.4　德勤的创新中心

2017 年 3 月，德勤在上海成立了创新中心。中文名为“勤创”的绿色体验式空间，在全球范围内被德勤称为 Greenhouse，位于上海五角场创智天地的一座办公楼内，主体由遍布绿色植物的演讲区和三大讨论室组成。

“实验室”是在讨论室中进行最频繁的活动，也是勤创空间最重要的内容，包括创新实验室、数字化转型实验室、首席高管实验室等 10 个分类，目的是为了给客户提供“不一样”的咨询模式。传统的咨询模式是按甲方的需求，乙方提供方案，而新模式是通过勤创空间，结合公司内部或合作方，比如初创公司或技术公司，共同产生一个有利于发展的方案。实验室的运作方式经常运用“头脑风暴法”，以数字化实验室为例，曾有客户公司在原有领域遇到增长瓶颈，希望在新的应用场景上寻求突破。德勤召集了 40 位参与者进行讨论，包含客户内部团队、所设定场景的相关人员、消费者及行业生态圈关系人。“实验室”的执行方式分为三个步骤，首先，在项目开始前一个月，分析客户现阶段和未来的消费群体，对其进行画像，再通过数据分析和讨论，得出可能的需求偏好。第二步，在“实验室”开启后，40 位参与者将分为 3 个小组，分别扮演不同消费群体及上下游合作伙伴，并将场景分为 6 个关键区域，以及消费者可能发生互动的 39 个关键时刻，逐一发掘对应的关键需求及背后的心理原因，设计方案雏形。下一步，“实验室”将真正的目标消费者引入，对方案进行讨论，形成可执行的最终方案。2017 年，这样“实验室”式的咨询先后进行了 40 余次，除了酒店业，还涉及到新零售、智能支付、医药和汽车等领域。这个模式除了突破德勤的边界，在勤创空间的运营中，这也是发掘前沿趋势的好方式。

从客户的咨询需求出发，在最初的设计中，勤创空间仅有“实验室”一个内容，为了更贴合中国市场的需求，公司还加入了加速创新营、行业创新活动、资本联动等内容，为德勤提供了更多与技术公司和新创公司接触的机会。

4. 3. 2　普华永道的创新升级

4. 3. 2. 1　普华永道的员工价值观

普华永道的员工价值观是分享、和谐、体谅、增值。

分享合作是他们的语言。普华永道认为只有通过同事及客户之间的密切协作，才能最大程度的确保工作的成功，创造价值。员工在分享合作的过程中得到共同奋斗的满足感。他们的团队精神在各项工作中闪耀光芒。在普华永道，大家促进和谐。

人们满怀热情的努力拉近彼此间的距离，同时努力发展长期的关系。他们努力了解客户所需，定期收集客户反馈，希望跟客户也建立融洽的关系。

大家彼此互相体谅。普华永道强调彼此站在对方的立场去思考问题，应当互相体谅，也就是将心比心地去考虑他人的想法、感受和视角。他们将心比心地替客户和广大员工着想，共同努力营造一个“职业指导”的文化，将每个人的价值最大程度地发掘出来，一同实现团队目标，为客户提供优异的服务。

大家努力创造价值。在过去的一年，普华永道在员工培训工作上投人了总计超过百万个小时的时间。除了各种培训和课程，经理和同事们每天的指导和帮助都是宝贵的学习机会。他们通过职业指导计划来建立培训和发展他人潜能的文化。为了促进每个人的职业发展和个人提高，每个员工都会有一个职业指导员负责提供有效的指导和及时地反馈。普华永道认为人才是公司事业的核心。他们为人才提供充分的学习锻炼机会、帮助他们成为未来的领袖，当员工成长为能够为客户提供出色服务的专业人士时，也提升了他们的自身价值。

4.3.2.2　普华永道的本土化策略

（1）员工本土化

员工本土化是普华永道最重要的一个本土化策略。普华永道在中国，包括香港地区，大约有 14，000 名员工，其中 90 % 都是本地员工。从 2005 年起，普华永道每年在中国招聘 500 名新员工。在业务起步阶段，派国外员工来工作，是非常需要且必要的，因为本地缺少具备经验和专业知识的人才。但要在一个国家和地区长期发展的话，一定要培养当地的人才来进行管理，因为他们熟悉当地的文化，熟悉当地特殊的商业环境、社会环境、人际关系。所以普华永道重要的本土化策略就是培养大批的本地人才。

（2）成为最佳雇主

当员工发展到一定阶段，普华永道会送他们去海外工作。当员工做到经理级别的时候，公司会筛选一批 Key Personnel（关键员工、骨干员工）名单，即那些具有潜质的、具有领导能力的员工，送他们去普华永道海外分支，其中包括在美国华盛顿的培训中心，进行领导能力、团队建设等方面的培训，还会安排他们与一些大公司的领导层见面，培养与跨国公司高层打交道的经验。普华永道持续15年成功入选美国财富杂志“最佳雇主100强”，2019年名列第44名。世界著名品牌评估机构Brand Finance连续评选为2019年全球500个最有价值品牌榜单第61位。

4.3.2.3 普华永道的创新

（1）知识管理创新

普华永道在知识创新方面进行了许多有益的尝试。为实施有效的知识管理，普华永道在全球设有知识管理办公室，由知识总监（CKO）负责全球的知识管理，包括知识管理的软硬件设计、发展策略研究、企业文化的创建，同时，努力推动各知识团体的互动与创新。在重视内部员工专业知识积累、共享与交流的同时，普华永道还注重新知识的传播与汲取，实现知识资源与客户的分享，走与客户共同发展的道路。为了争夺客户和市场，普华永道已把鼓励客户创新作为发展方向，从主要依靠内部机制推动创新，向与客户共同创新和共同发展的方向迈进。在知识资源共享方面，他们一方面把自创知识通过有效途经传递给客户，另一方面充分挖掘客户的有效资源，开发客户的信息与知识，变客户为合作伙伴，谋取与客户的共同发展。

（2）建立“加速营”创新中心

普华永道的“加速营”创新中心的风格是科技感十足的深色调、机器人和区块链红酒。搭建新平台、接触新科技是设立创新中心的重要目的，其次是“服务大客户、增强与大客户之间的黏性”和“在创新企业中发展潜在客户”。

与一般孵化器不同，为初创企业提供办公空间和财务投资，并非普华永道的主要方向，而是围绕公司优势，加速营的核心活动主要是辅导培训和资源对接。以与微软合作的金融科技加速营为例，微软负责技术指导，普华永道则负责培训财务、税务的部分，以及与此相关的人力资源和组织变革内容，除了集体培训，对于创新团队的核心管理者，普华永道也提供一对一的专项辅导。由于新创公司的创始人大都技术出身，税务筹划、股东股权激励设置、以及融资中的问题，他们很陌生，这些都是普华永道会辅导的内容。

普华永道拥有的大客户资源和 PE（私募股权投资，Private Equity）、VC（风险投资，Venture Capital）资源，同样在加速营中起到重要作用。创新中心会定期举办路演，促进各方业务或投资上的对接。以金融科技加速营举例，在信用卡申请的安全防范上，银行有针对性的防范系统，但某初创团队拥有更高效的技术，两边的需求即可对接。对于新公司来讲，没有门路去对接大银行，普华永道能为他们提供这个机会。

2017 年，创新中心先后举办了 3 场加速营，涉及数字医疗、金融科技和新零售三个领域。除了辅导和培训，普华永道也会与初创高科技企业进行合作，如人工智能、大数据、云计算、区块链领域。普华永道可以一起给客户打造一个产品或者方案，也会投资一些初创企业，参与到他们的运营中去。对于创新中心来说，更重要的任务是打造一个“创新生态圈”，将初创企业、大公司、投资公司以及政府和学术机构，全部纳入进来，形成可联动的合作关系。

（3）布局区块链创新

普华永道在探索区块链方面是最积极主动的一员。2017 年，普华永道宣布部分服务可以接受用户使用比特币（BTC）支付。2018 年 3 月，普华永道与资产管理公司 Northern Trust 合作，通过区块链实现实时股权审计。2018 年 5 月，普华永道投资了从事网络服务、供应链管理和反假冒的区块链创业公司 VeChain。2018 年 7 月，普华永道受邀审计区块链底层公链项目 Tezos；2019 年 3 月 29 日，Tezos 基金会发布公告称，普华永道的审计工作已经圆满完成。2019 年 6 月 11 日，Tezos 基金会对外披露，普华永道区块链专家 Roman Schnider 加盟 Tezos 基金会，出任基金会的 CFO 和首席运营官（Head Of Operations）。

经过多年创新耕耘，普华永道在中国注册会计师协会的百家会计师事务所综合评价活动中连续年名列榜首。普华永道被全国工商联并购公会评为年度最佳并购财务顾问奖，在全球税务观察、调研中被评为中国大陆和香港大幅领先同业的最具声望税务咨询公司。

4.4 文体娱乐业的升级案例：北京故宫的文化创意

北京故宫博物院拥有深厚的历史底蕴，蕴含着中华这几千年的文化精华，承载着紫金城几百年来历史的积淀。在2007 年，故宫博物馆对文创产品开发仍处于起步阶段。其产值也只在 2500 万人民币。但截至 2017 年，故宫博物院文创部的文创收入全年总收入达 15 亿元，文创产品由最初的 148 种产品飙升至近万种。故宫博物院在文创产业方面取得了喜人的成绩，离不开其“十年磨一剑”的文化创意转型升级战略。

4.4.1 产品开发

4.4.1.1 产品开发定位

故宫是中国传统文化的宝库，其中明、清两朝六百多年的宫殿建筑和所藏一百八十多万件珍贵历史文物，其蕴藏的深厚文化积淀是开拓故宫文化创意产品的源泉，也为故宫文化创意产品的发展带来无限的创造空间。在故宫文化创意产品开发的定位上故宫不是一般意义上的国家综合博物馆。它首先是一个皇家院落，是一个以皇家院落为主体而形成的博物馆，这个博物馆在时间与内容上都具有特定的含义。这些宫殿建筑群就是文物，是中国建筑文化传承的体现，通过她可以直视中国传统建筑技术和艺术的积淀，更能通过在宫中所藏的文物来窥视久远的历史。因此，故宫庞大的建筑群和丰富的藏品，就是对故宫文化创意产品进行开发的定位。因此，故宫文化创意产品就定位于：以明清历史为根基；以故宫皇城发展为主干；以宫廷不同时期皇室生活为分枝；以皇家收藏历代遗留的文物为叶子；以当代人们的审美需求为雨露。以此，滋养出具有传统皇家特色而又散发着现代气息的花朵——所开发的故宫文创产品。

4.4.1.2　产品特色

追求特色，是一种产品区别于同类或相似产品，避免雷同的风格形式表达。在具体的设计中，故宫文化创意产品具有以下特色：

（1）针对性。不同产品针对应不同的消费群体，定位准确；

（2）独创性。所产出的文化创意产品都体现故宫宫廷文化的外延；

（3）现代性。实现传统文化与现代生活的融合，迎合现代人的心理需求；

（4）趣味性。有情趣、有故事，对老少、男女、贫富等各类消费者都会产生作用；

（5）系列性。注重求全的心理，重视其具有强烈视觉冲击力的展示效果。

（6）故宫元素。将故宫所有的文物，包括宫廷建筑、园林植物、室内外陈设品、家具、皇帝生活学习用品、后宫生活用品、宫廷大婚用品、宫藏历史文物、宫廷宗教用品等元素体现在文化创意产品中。

4.4.1.3　开发模式

北京故宫文创产品的开发模式主要有两种：一是与工艺品企业、设计公司、各大院校进行合作开发，采取“专供”形式；二是自主开发“故宫”“紫禁城”品牌的系列衍生产品。除专业设计外，为了从民间吸收灵感，北京故宫文创产品开发的主持者们在新产品设计前，都会通过网上调查消费取向，并举办了“紫禁城杯”故宫文化产品创意设计大赛。针对不同阶层消费群体所，北京故宫推出了售价分别为 5000 ~ 50 万元、500 ~ 5000 元、500 元以下的故宫国礼、故宫文化生活品和故宫旅游纪念品。

4.4.1.4 产品形式

北京故宫文创产品形式分为实物产品、新媒体产品以及游览辅助产品等三类。

（1）实物产品

实物产品主要指具有系列化或实用性的文化用品和日常用品。产品针对不同使用群体、不同年节时令、不同展览进行调整更新，与大众生活联系紧密。例如以编钟为原型设计的调味罐，春节期间的红包、福筒等应景用品。康熙皇帝的朱批奏折里，批示“知道了”，变成了趣味纸胶带，上头印着“朕知道了”；唐人宫乐图中，宫女的“坠马髻”现代已转化为创意颈枕；北宋莲花温碗冰裂纹启发了“冰山一角”的典雅裤袜；大家耳熟能详的翠玉白菜，被设计为“翠玉白菜伞”；矿泉水瓶上，用具有故宫文化特色的漫画形象进行包装：穿着龙袍的龙和一袭华衣的凤，分别命名为“北北”“京京”；另外有《千里江山》套装（长巾、邮票、镇纸、便签本）、建筑套装纸胶带、朝珠形耳机、五色墨系列鼠标、“紫禁红窗”拼插笔筒、“锦衣卫”行李牌、“御膳房”冰箱贴、“凤穿牡丹”丝巾等等数不胜数。

（2）在新媒体产品

在互联网的快速发展下，数字典藏资源是扩大受众传播的新途径。北京故宫专门成立了新媒体团队，致力于不同终端（平板电脑、手机）的游戏、应用软件的设计和网站、影视作品、动漫作品的运营。故宫博物院自数字化 20 年以来已开发了 10 种 APP。例如作为 2013 年故宫首次出品的 APP《胤禛美人图》，APP 不仅只对藏品图做简单的介绍，同时也联系家居、陶瓷、宫廷生活、书画等各方面的研究成果，对绘画本身的构图、技法也进行了分析。还有相关表情包，以及与腾讯合作推出《天天爱消除》故宫主题版，手游《奇迹暖暖》推出“清朝皇后冬朝服”和“十二美人图”传统服饰等产品，深受年轻人的喜爱。另外集解密、收集等流行元素为一体的 APP《皇帝的一天》继 iPad 版之后将推出手机版，为青少年量身打造的网站及人物、建筑、布景等均将取材于北京故宫的“清宫动漫剧”也将陆续推出。这些数字化产品注重于受众的互动性，关注年轻人的兴趣点，并能够结合当代、当年、当时的特色和热点，设计出辨识度高、趣味性强、互动性好的创新性产品，激发了参观者对于故宫博物院的喜爱以及对文创产品的消费刺激。

（3）数字导览小程序

故宫与腾讯地图合作开发一款“玩转故宫”的数字导览小程序，利用精确定位、手绘地图以及 POI 地理围栏等领先技术为参观者带来不同的参观体验。此款小程序在参观导览时误差能少于 3 至 5 米，能提供不同的浏览路线，在推荐路线中，参观者能够清晰的看到目前身在何处，浏览路线大致有几个景点，给予参观者提供多元化、多方面的服务，同时也有特定的活动，例如“故宫祥瑞”活动，参观者需要达到相应位置打卡获得相应祥瑞图片，无疑增加了参观者游赏的娱乐性和趣味性。

4.4.2 品牌营销

4.4.2.1 品牌塑造

故宫博物院主要以故宫文化为载体，先后出品故宫系列纪录片，如《敦煌》《丝绸之路》《中国茶文化》为故宫文化造势，2016 年发行的《我在故宫修文物》纪录片，该片把视角对准故宫里最为神秘的“文物医生”，将严肃的工匠精神与人文情怀糅合在一起。此片涉足了电视、网络、电影三大媒介，使故宫一度成为热度话题，在社会公众的心理上重新建立了一个品牌认知，故宫博物院一改之前的高冷姿态，将宫墙内神秘的文物与人物打入公众的视野。2018 年，故宫更是联合北京电视台共同出品《上新了·故宫》，创意性的邀请明星和嘉宾作为文化创意新品开发员，结合高校设计专业学生以及知名设计师联手研发结合节目主题的文化创意衍生品，节目打通了受众与故宫文化双向互动的新连结，扩大了文创产品的目标消费群体，让故宫文化被更多年轻人“带回家”，形成了一定的品牌知名度和美誉度。

4.4.2.2 品牌推广

故宫博物院与各地区积极建立联系，如与黄山市建立故宫文化创意馆徽派传统工艺馆，与晋中市建立故宫文创研发交流中心。此外，故宫博物院注重完善相关网站，建立相关的微博、微信公众号，加强与用户之间的互动。2014 年，故宫淘宝微信公众号发布的《雍正—感觉自己萌萌哒》一文一炮而红，从此走上网红之路。故宫网站访问高达8.91 亿，并同时建立英文版故宫网站，便于世界各地的人们了解访问。同时面对青少年群体，则将网站风格做的更加活泼，以达到吸引众人的目的。自2010 年创建微博以来，故宫博物院粉丝数已达到619 万，每日阅读数多达百万。在国际推广方面，故宫博物院主要侧重于授权展的参与，侧重于品牌授权的了解与学习。2015 年，故宫博物院开始两届连续参与“香港国际授权展”，获取更多舆论资源与经营为进入国际平台打下基础。利用这个平台，故宫博物院参与了各种国际性展会，逐步积累参展经验，获得众人认可。2017 年，故宫博物院与皇家加勒比国际游轮合作建立了首个海上故宫文创馆。2018 年，在新加坡成功举办“故宫文化创意产品国际综合展”，故宫博物院在一次次实践中不断更新文创产品的种类，提高产品的创意性、实用性，并开始着重产品系列性，使故宫文化不断走出紫禁城，走向世界。

4.4.3 合作电商

2015 年至 2017 年，故宫博物院相继将建立“故宫文化创意体验馆”与“文化服务区”，主要展示和销售其研发的一系列文创产品。同时故宫博物院与积极与电商合作，开启多模式线上线下双销售的渠道。故宫博物院采取自营、合作经营、品牌授权等方式进行销售。

4.4.3.1　合作经营

利用电商平台，大力发展文化创意。随着互联网和网购的发展，电子商务已经成为当下的最明显的潮流。故宫文化中心也认识到了这一点，并开展了一系列与电商平台的合作。2015 年，故宫文化创意服务中心与阿里巴巴旗下的聚划算达成合作，故宫文化产品在聚划算上短时间内被抢购成空，远超过同类型文创产品的业绩。

4.4.3.2　自营网店

此后，故宫博物馆又陆续在天猫和阿里巴巴创建官方旗舰店，打开了故宫日常购销窗口，通过对文物产品进行创新，形成创意产业，使得故宫文创产品的销量和影响力再创新高。例如故宫淘宝是北京尚潮创意纪念品开发公司为经营主体，故宫文创官方旗舰店的则是北京故宫文化传播有限公司。在文创产品的研发和营销的角度上，两者的侧重点也有所不同。故宫淘宝主要面对基本受众，故宫的资料信息部将专家的研究和网络流行元素相结合，进行口语化、形象化加工，使产品更加时尚和被年轻人所接受，价格更为亲民，其产品类型五花八门，更为生活化。而故宫文创定位更高一些，主要是文房雅玩、家居陈设，其价格也较为高昂，在服务内容上涉及面也略多于故宫淘宝，不仅有文创产品，也有出版、票务等服务。这样多模式的经营策略和开发方式实际上形成了一种良性的内部竞争机制，不仅能够促进文创产品的多样性开发，给予受众更多的选择，同时也避免在巨大的 IP 效应加持下，产生“自满”倾向。

4.4.4　南北合作

早在 2009 年，北京故宫和中国台北故宫两院院长首次会晤，在达成的“八项共识”里就有“文化创意产品交流机制”一项，此次聚首拉开了两岸博物馆文物产品开发合作的序幕。两岸近年开始进行较为密集的文物交流，如元代著名画家黄公望完成于1350年的《富春山居图》终于在2011年，将收藏在浙江省博物馆的《剩山图》与现藏于台北故宫博物院的《无用师卷》，两段画作在台北故宫合璧展出。相同地，两岸的文创发展与合作，不只可透过“文博会”的大型展出与交流，也能落实到设计人才的研习、两岸文物的认识，让华人的文化创意登上世界舞台。2015年是北京故宫博物院建院开放90周年，南北故宫开展了多种方式的联合庆祝。在这样一个历史交汇点，古老的故宫正实现着逆生长。不可否认的是，文创产品在发展上还存在一些诸如体制局限、人才缺乏、观念陈旧、知识产权维护等制约因素。相信随着文创产品发展的日渐成熟，这些局限将会被逐一破解，而南北故宫在相互借鉴、交流的基础上定能为现有的文创产品发展、文化产业繁荣增力助跑。

4.4.5　发展环境

任何创造活动都在一定的环境和机制中进行，只有良好的环节才能使得市场行为得以顺利运作。故宫文创产品的开发得益于良好的法律环境，技术环境和市场环境。

4.4.5.1　法律环境

法律是一切经济和社会活动进行的前提。北京故宫现已颁布了《故宫博物院商品准入办法》《故宫博物院文化产品专造、监制管理办法》。中国台北故宫在产品的收费、授权等方面出台了《珍贵动产衍生（文化创意）产品管理及收费规定》《注册商标授权厂商商品化使用》《授权合作开发出版品须知》《藏品图像数据收费标准表》等。这些法规条文在强制性之外亦为文创产品的市场执行提供了保障。然而漏网之鱼常有之，北京故宫的“故宫日历”2015年印发量为28.5万册，市场销售量却高达100万册，也就是说70% 是盗版。这一惊人的数字让人意识到文创产品知识产权和著作权保护的重要性。因此，应当制定包括申报、监督以及产权等在内的制度，完善法律体系，杜绝盗版。

4.4.5.2　技术环境

文创产品从简单到复杂的过渡，其背后离不开技术的支撑。北京故宫吉祥物—3D 版“壮壮”和“美美”的诞生，有着 200 多个交互点耗时两年的 APP《韩熙载夜宴图》以及中国台北故宫在数码技术支撑下的高仿真品的输出等均有效佐证了技术的强大。数字化技术、移动互联网技术、数码扫描技术等的进步都将为文创产品锦上添花。

4.4.5.3　市场环境

文创产品归根到底要被人所购买和使用，因而，市场的消费能力直接影响着文创产品生产的种类、规模和数量。作为全世界人流量最大的博物馆，北京故宫每天游客平均量达四万多，多则达到十几万，消费潜力巨大。而从我国整个艺术衍生品市场来看，生活水平、文化消费与休闲消费意识的提高也将为整个文创产品市场带来新的爆发点。

4.5　小结

本章以移动、联通和电信之间的竞争为例，说明北京市知识密集型服务企业同行之间竞争是产业升级内部动力之一；以工商银行与上下游企业之间的合作案例，说明 KISI 供应链上企业之间的合作竞争也是产业升级的内部动力；以德勤和永华普道为例，说明企业竞争力的获取，除了传统的 4P 策略外，3R 策略日益成为提升客户附加价值的核心竞争力；以故宫文创产品的成功案例说明了创新是产业升级的最终动力。

第五章　经济新常态下北京市 KISI 发展预测研究

为了使北京市 KISI 得到更快更合理的发展，对北京市 KISI 发展未来的趋势进行定量分析研究是非常必要的；对 KISI 而言，人才是企业最大的财富，“得人者得天下，失人者失天下”，人才已经成为关系企业生死存亡的大事；而北京市 KISI 的发展目前处于快速成长阶段，在这个阶段需要大量的资金投入，因此，根据历史数据及其变化情况，采用合适的数学方法，建立北京市 KISI 增加值、人才需求、资金需求的预测模型，一方面可以为北京市政府决策提供参考依据，另一方面也可对北京市 KISI 发展提供预测的理论依据。

5.1 北京市 KISI 增加值的预测

5.1.1 预测方法选择

传统的预测方法主要有回归预测分析方法和时间序列分析方法，回归预测法也叫解释性预测方法。该方法认为输入变量的变化将引起系统输出变量的变化，即系统的输入与输出之间存在某种因果关系。在输入量中，一般需要考虑固定资产投资、人力资本等影响因素。

时间序列分析方法认为时间序列中的每一个资料都反映了当时众多影响因素综合作用的结果，整个时间序列则反映了外部影响因素综合作用下预测对象的变化过程，假设预测对象的变化仅与时间有关，预测过程只依赖于历史观测资料及其资料模式，从而使预测研究更为直接和简捷

近年来，随着遗传算法和神经网络的发展，其被广泛应用于模式分类、特征抽取等方面。反馈式网络用于优化计算和联想记忆，人工神经网络预测方法在多样本、历史数据较多的情况下可达到较高精度的预测。

北京市 KISI 记录时间较短、历史数据较少，对于这一类序列，本章将采用时间序列预测与灰色系统预测方法相结合对其进行预测。与回归预测、神经网络等方法相比，它具有计算量小，在小样本情况下也可达到较高精度的优点。

5.1.2　对北京市 KISI 增加值的预测

对于北京市 KISI 增加值的预测，我们将采用 Markov 生命周期演化模型。

5.1.2.1　北京市 KISI 的 Logistic 生命周期演化模型预测

根据第二章的北京市 KISI 的 Logistic 生命周期演化模型：

$$y=\frac{23770.06}{1+167.001e^{-0.207t}}$$

可得模型的相对误差绝对值平均为 2.84%（见表 5 - 1），精度很高，但是 2017 年的误差为 -4.4%，且近 3 年的误差进一步扩大，并且都为负值。为进一步提高拟合精度，我们采用 Markov 随机过程方法对模型误差进行处理。

表 5 - 1　北京市 KISI 增加值模型模拟与实际的对比

单位：亿元

年份	1991	1992	1993	1994	1995	1996	1997	1998	1999
北京市 KISI 增加值	173.3	207.6	260.4	323.4	407.3	504.1	629.3	755.4	884.2
模拟值	173.8	213.4	261.9	321.4	394.0	482.8	591.1	722.9	883.0
相对误差	0.003	0.028	0.006	-0.006	-0.033	-0.042	-0.061	-0.043	-0.001
状态	III	III	III	II	I	I	I	I	II
年份	2000	2001	2002	2003	2004	2005	2006	2007	2008
北京市 KISI 增加值	1073.5	1326.7	1608.8	1909.8	2232.5	2712.7	3214.4	4114	4827.6
模拟值	1076.9	1310.9	1592.2	1928.6	2328.7	2801.2	3354.5	3996.3	4732.4
相对误差	0.003	-0.012	-0.010	0.010	0.043	0.033	0.044	-0.029	-0.020

续表

年份	2009	2010	2011	2012	2013	2014	2015	2016	2017
状态	III	II	II	III	IV	IV	IV	II	II
北京市 KISI 增加值	5212.7	6037.3	7263.2	8215.7	9896.8	11089.9	12517.4	13802	15308
模拟值	5565.9	6496.1	7517.6	8619.6	9785.8	10995.3	12223.7	13444.8	14633.3
相对误差	0.068	0.076	0.035	0.049	-0.011	-0.009	-0.023	-0.026	-0.044
状态	V	V	IV	IV	II	II	II	II	I

数据来源：《北京市统计年鉴（1992—2018）》

5.1.2.2 预测结果的 Markov 精细化

（1）状态的划分

将相对误差 $\varepsilon(k)$ 划分为 m 个状态，如果

$$\varepsilon(k) \in [a_{1i},\ a_{2i}],\ i=1,\ 2,\ \cdots\cdots,\ m$$

则表明第 k 年的相对误差处于第 i 种状态，a_{1i} 和 a_{2i} 分别表示第 i 种状态的下界和上界。

（2）状态转移概率矩阵的构造

令 w 步转移概率为 $p_{ij}^{(w)}$，记：

$$p_{ij}^{(w)} = \frac{m_{ij}^{(w)}}{M_i}$$

其中：$m_{ij}^{(w)}$ 为状态 E_i 经过 w 步转移达到状态 E_j 的次数；M_i 为 E_i 出现的次数。

由 w 步转移概率元素 $p_{ij}^{(w)}$ 构成的矩阵称为 w 步转移概率矩阵，记为：

$$R^{(w)} = \begin{bmatrix} p_{11}^{(w)} & p_{12}^{(w)} & \cdots & p_{1j}^{(w)} \\ p_{21}^{(w)} & p_{22}^{(w)} & \cdots & p_{2j}^{(w)} \\ \vdots & \vdots & \vdots & \vdots \\ p_{j1}^{(w)} & p_{j2}^{(w)} & \cdots & p_{jj}^{(w)} \end{bmatrix}$$

已知转移矩阵 $R^{(w)}$ 和初始状态 E_i，则马尔柯夫链可以确定。

（3）预测值的计算

选取离预测年最近的 j 个年份，以这几年的相对误差所对应的状态为初始状态 E_i，按离预测年由近到远，转移步数分别为 1，2，…，j，在转移步数对应的转移矩阵 $R^{(w)}$ 中，取起始状态所对应的行向量

$$p_i^{(w)} = (p_{i1}^{(w)}, p_{i2}^{(w)}, \cdots, p_{ij}^{(w)}), \ i \in E$$

从而组成新的概率矩阵

$$R^{(w)} = \begin{bmatrix} p_{11}^{(1)} & p_{12}^{(1)} & \cdots & p_{1j}^{(1)} \\ p_{21}^{(2)} & p_{22}^{(2)} & \cdots & p_{2j}^{(2)} \\ \vdots & \vdots & \vdots & \vdots \\ p_{j1}^{(j)} & p_{j2}^{(j)} & \cdots & p_{jj}^{(j)} \end{bmatrix}$$

取

$$\max\left\{p_i = \sum_{w=1}^{j} p_{\cdot i}^{w}, i \in E\right\}$$

所对应的状态为预测年份的状态，则该年度的预测值为：

$$\hat{Y}(k) = \hat{X}_{(k)}^{(0)} \cdot \left[1 - \frac{1}{2}(a_{1i} + a_{2i})\right]$$

对于后续年份预测，将前一年预测的状态计入数据序列重新构置马尔柯夫链，重复运用此方法进行逐年预测，直到预测年为止。

5.1.2.3 马尔柯夫链模型的拟合精度预测

（1）状态划分

由表 5－1 可以看出，1991 年—2017 年 27 年间的相对误差分散在 －6.1%～7.6% 之间，根据各个状态的年份数量要大致均衡、区间要大致匀称的原则，相对误差分散的地方状态区间应划分得大一些，相对误差集中的地方状态区间应划分得小一些的原则，我们将北京市 KISI 的生命周期模型拟合值情况划分为 5 种状态，其状态划分标准见表 5－2。

表 5－2　北京市 KISI 生命周期模型拟合精度指标状态划分表

状态编号	E_{I}	E_{II}	E_{III}	E_{IV}	E_{V}
状态区间	(－6%，－3%)	(－3%，0%]	(0%，3%]	[3%，6%]	[6%，9%)

（2）构造转移概率矩阵

根据状态划分表确定出 1991 年—2017 年各年的状态（见表 5－1），同时可得 4 步内的转移概率矩阵为：

$$R^{(1)}=\begin{bmatrix} \frac{3}{4} & \frac{3}{4} & 0 & 0 & 0 \\ \frac{2}{10} & \frac{5}{10} & \frac{2}{10} & 0 & \frac{1}{10} \\ 0 & \frac{2}{5} & \frac{2}{5} & \frac{1}{5} & 0 \\ 0 & \frac{2}{5} & 0 & \frac{3}{5} & 0 \\ 0 & 0 & 0 & \frac{1}{2} & \frac{1}{2} \end{bmatrix} \quad R^{(2)}=\begin{bmatrix} \frac{2}{4} & \frac{1}{4} & \frac{1}{4} & 0 & 0 \\ \frac{2}{9} & \frac{3}{9} & \frac{1}{9} & \frac{1}{9} & \frac{1}{9} \\ \frac{1}{5} & \frac{2}{5} & \frac{1}{5} & \frac{1}{5} & 0 \\ 0 & \frac{3}{4} & 0 & \frac{1}{4} & 0 \\ 0 & 0 & 0 & 1 & 0 \end{bmatrix}$$

$$R^{(3)}=\begin{bmatrix} \frac{1}{4} & \frac{2}{4} & \frac{1}{4} & 0 & 0 \\ \frac{2}{8} & \frac{2}{8} & 0 & \frac{3}{8} & \frac{1}{8} \\ \frac{2}{5} & \frac{1}{5} & \frac{1}{5} & \frac{1}{5} & 0 \\ 0 & \frac{4}{5} & 0 & 0 & \frac{1}{5} \\ 0 & 0 & 0 & \frac{1}{2} & \frac{1}{2} \end{bmatrix} \quad R^{(4)}=\begin{bmatrix} 0 & \frac{3}{4} & \frac{1}{4} & 0 & 0 \\ \frac{2}{7} & 0 & \frac{1}{7} & \frac{4}{7} & 0 \\ \frac{3}{5} & \frac{1}{5} & 0 & \frac{1}{5} & 0 \\ 0 & \frac{3}{5} & 0 & 0 & \frac{2}{5} \\ 0 & 1 & 0 & 0 & 0 \end{bmatrix}$$

（3）利用转移概率矩阵，组成要预测年份的新转移概率矩阵

选择离预测年最近的 4 个年份，转移步数分别定为 1，2，3，4。如预测 2018 年的概率矩阵为：

$$R_{(2018)}=\begin{bmatrix}\frac{3}{4} & \frac{1}{4} & 0 & 0 & 0\\ \frac{2}{9} & \frac{3}{9} & \frac{1}{9} & \frac{1}{9} & \frac{2}{9}\\ \frac{2}{8} & \frac{2}{8} & 0 & \frac{3}{8} & \frac{1}{8}\\ \frac{2}{7} & 0 & \frac{1}{7} & \frac{4}{7} & 0\end{bmatrix}$$

则 2018 年的 KISI 将处于第 I 种状态；将上年的预测状态计入数据序列重新构置马尔柯夫链，分别得到 2019 年—2030 的概率矩阵，通过计算，知道它们都将处于第 I 种状态。

5.1.2.4 预测结果

运用上述方法，得到 1991 年—2017 年 Markov 生命周期模型的模拟值及其相对误差，结果显示，相对误差绝对值平均值为 0.8%，精度有了显著的提高。据此模型对北京市 2018 年—2031 年 KISI 增加值的预测结果见表 5-3，其发展趋势见图 5-1。

表 5-3 北京市 KISI 增加值的 Markov 生命周期模型预测结果

单位：亿元

年份	2018	2019	2020	2021	2022	2023	2024
预测值	16476	17583	18599	19516	20331	21045	21664
年份	2025	2026	2027	2028	2029	2030	2031
预测值	22194	22645	23026	23344	23610	23831	24013

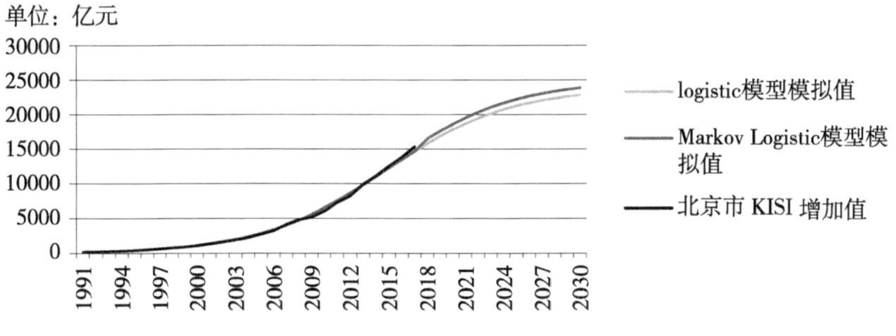

图 5-1 北京市 KISI 增加值的趋势预测

5.1.3 北京市 KISI 占 GDP 比重的预测

根据历史数据（见表 5－4），运用 Logsitic 生命周期模型与线性回归法相结合，得北京市 KISI 占 GDP 比重预测值。

表 5－4 对北京市 KISI 增加值占 GDP 比重的模拟与实际值的对比

年份	1991	1992	1993	1994	1995	1996	1997	1998	1999	2000	2001	2002	2003	2004
比重	0.19	0.19	0.19	0.19	0.19	0.21	0.23	0.25	0.26	0.27	0.29	0.28	0.40	0.36
logistic 拟合值	0.18	0.19	0.20	0.20	0.22	0.23	0.24	0.25	0.26	0.27	0.29	0.30	0.32	0.33
相对误差	-0.07	-0.02	0.03	0.08	0.13	0.08	0.03	0.00	0.01	0.02	-0.01	0.08	-0.21	-0.08
线性回归拟合值	0.15	0.17	0.18	0.19	0.21	0.22	0.24	0.25	0.26	0.28	0.29	0.31	0.32	0.33
相对误差	-0.20	-0.13	-0.05	0.02	0.09	0.06	0.03	0.00	0.02	0.03	0.01	0.09	-0.20	-0.07
平均拟合值	0.16	0.18	0.19	0.20	0.21	0.22	0.24	0.25	0.26	0.28	0.29	0.30	0.32	0.33
相对误差	-0.14	-0.08	-0.01	0.05	0.11	0.07	0.03	0.00	0.01	0.02	0.00	0.08	-0.21	-0.07
年份	2005	2006	2007	2008	2009	2010	2011	2012	2013	2014	2015	2016	2017	
比重	0.37	0.38	0.40	0.41	0.41	0.41	0.43	0.44	0.48	0.50	0.53	0.54	0.55	
logistic 拟合值	0.35	0.36	0.38	0.39	0.41	0.43	0.45	0.47	0.48	0.50	0.52	0.54	0.57	
相对误差	-0.08	-0.05	-0.05	-0.04	0.00	0.05	0.04	0.05	0.01	0.01	0.00	0.01	0.03	
线性回归拟合值	0.35	0.36	0.38	0.39	0.40	0.42	0.43	0.45	0.46	0.47	0.49	0.50	0.52	
相对误差	-0.07	-0.05	-0.06	-0.05	-0.01	0.03	0.00	0.01	-0.04	-0.05	-0.07	-0.07	-0.06	
平均拟合值	0.35	0.36	0.38	0.39	0.41	0.42	0.44	0.46	0.47	0.49	0.51	0.52	0.54	
相对误差	-0.07	-0.05	-0.06	-0.05	0.00	0.04	0.02	0.03	-0.02	-0.02	-0.04	-0.03	-0.01	

首先，运用 Logistic 模型计算。由数据的起始和终止时间，分别取 1991 年、2000 年、2009 年、2017 年四个年份的增加值占比作为测算常数项数据，求得北京市 KISI 增加值占比的 Logistic 生命周期曲线模型为：

$$y_1 = \frac{1.6116}{1 + 8.6192 \cdot e^{-0.057t}}$$

其中 $R^2 = 0.964$，相对误差绝对值平均为 4.7%，表明拟合程度良好。

其次，运用线性回归法建模，得：

$$y_2 = 0.014t + 0.138, \quad R^2 = 0.966$$

相对误差绝对值平均为 5.8%，拟合效果也很好。

最后，将两种模型结果综合得：

$$y = 0.5 \cdot (y_1 + y_2)$$

相对误差绝对值平均为 4.9%，并且近 3 年的误差分别为 -3.8%，-2.6%，-1.1%，呈逐渐减小趋势，因此将其拟合值作为最终预测值（见表 5-5、图 5-2）。

表 5-5　2018 年—2030 年北京市 KISI 占 GDP 比重预测

年份	2018	2019	2020	2021	2022	2023	2024	2025	2026	2027	2028	2029	2030
加权平均预测	0.558	0.576	0.594	0.612	0.630	0.648	0.667	0.685	0.703	0.722	0.740	0.759	0.777

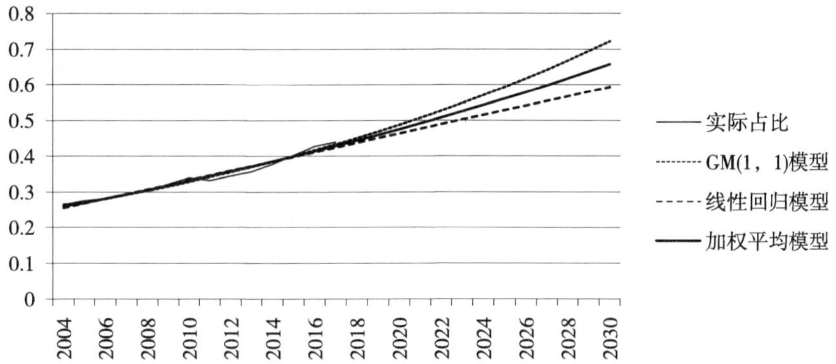

图 5-2　北京市 KISI 增加值占 GDP 的比重趋势预测

5.2　北京市 KISI 从业人员的预测

对北京市 KISI 从业人员总量及其占比的预测将采用 GM（1，1）模型与线性回归模型相结合的方法。

5.2.1　GM（1，1）模型

GM（1，1）建模法是灰色系统预测的方法之一，指在信息不完全、不确定的情况下，针对结构、特征、参数等信息不完备的问题，根据过去及现在已知的或未确定的信息建立一个从过去延伸到将来的 1 阶 1 个变量的灰模型（Grey Model），从而确定系统在未来发展变化的趋势。灰色预测不追求个别因素的作用效果，力图通过对原始数据的处理削弱随机因素的影响来寻找其内在规律。

具体算法为：

（1）对原始序列

$$x^{(0)} = (x_{(1)}^{(0)},\ x_{(2)}^{(0)},\ \cdots\cdots,\ x_{(n)}^{(0)})$$

作 AGO（累加）生成，有

$$x^{(1)} = AGOx^{(0)},x_{(k)}^{(1)} = \sum_{m=1}^{k} x_{(m)}^{(0)}$$

（2）对上述 $x^{(0)}$ 的 GM（1，1）参数 a，b，按下述算式辨识：

$$\hat{a} = \begin{bmatrix} a \\ b \end{bmatrix} = (B^T B)^{-1} B^T y_N$$

其中，

$$B = \begin{bmatrix} -z_{(2)}^{(1)} & 1 \\ -z_{(3)}^{(1)} & 1 \\ \vdots & \vdots \\ -z_{(n)}^{(1)} & 1 \end{bmatrix},\ y_N = \begin{bmatrix} x_{(2)}^{(0)} \\ x_{(3)}^{(0)} \\ \vdots \\ x_{(n)}^{(0)} \end{bmatrix},$$

$$z_{(k)}^{(1)} = 0.5x_{(k)}^{(1)} + 0.5x_{(k-1)}^{(1)}$$

（3）得 GM（1，1）模型为：

灰微分方程：

$$x_{(1)}^{(0)} + az_{(k)}^{(1)} = b$$

白化方程：

$$\frac{dx^{(1)}}{dt} + ax^{(1)} = b$$

白化方程的时间响应式：

$$\hat{x}_{(k+1)}^{(1)} = (x_{(1)}^{(0)} - \frac{b}{a})\ e^{-ak} + \frac{b}{a}$$

$$\hat{x}_{(k+1)}^{(0)} = \hat{x}_{(k+1)}^{(1)} - \hat{x}_{(k)}^{(1)}$$

5.2.2 北京市 KISI 从业人员的预测模型

（1）GM（1，1）模型

根据历史数据（见表 5-6），经过计算，得

$$\hat{a}=\begin{bmatrix}a\\b\end{bmatrix}=\begin{bmatrix}-0.0680\\206.1078\end{bmatrix}$$

则北京市 KISI 从业人员数量的

灰微分方程为：

$$x_{(1)}^{(0)}-0.0680z_{(k)}^{(1)}=206.1078$$

白化方程：

$$\frac{dx^{(1)}}{dt}-0.0680x^{(1)}=206.1078$$

白化方程的时间响应式：

$$\hat{x}_{(k+1)}^{(1)}=\left(x_{(1)}^{(0)}+3029.25\right)e^{0.0680k}-3029.25$$

$$\hat{x}_{(k+1)}^{(0)}=\hat{x}_{(k+1)}^{(1)}-\hat{x}_{(k)}^{(1)}$$

$$x_{(1)}^{(0)}=x_{(1)}^{(1)}=169$$

模型相对误差绝对值的平均值为 1.2%，精度很高，通过了检验。

（2）线性回归模型

根据表 5-6，北京市 KISI 从业人员数量的线性回归模型为：

$$x=24.62t+154.1,\ R^2=0.980$$

模型相对误差绝对值的平均值为 3.7%，精度较高，通过了检验（见表 5-6）。

（3）加权平均综合模型

运用以下模型计算预测最终结果：

$$x=0.5\cdot(x_1+x_2)$$

其中，x_1 为 GM（1，1）模型的预测值，x_2 为线性回归模型的预测值。

由此得表 5-7、图 5-3。北京市 KISI 从业人员数量模拟与实际值对比见表 5-6。

表 5－6 北京市 KISI 从业人员数量模拟与实际值的对比

单位：万人

年份	2003	2004	2005	2006	2007	2008	2009	2010	2011	2012	2013	2014	2015	2016	2017
从业人员数	169	226	242	259	277	297	322	351	354	381	407	436	477	522	548
GM（1，1）模型拟合值	169	225	241	258	276	296	316	339	363	388	415	445	476	509	545
相对误差	0.000	－0.005	－0.005	－0.004	－0.004	－0.003	－0.017	－0.034	0.023	0.018	0.020	0.020	－0.002	－0.023	－0.004
线性回归模型拟合值	179	203	228	253	277	302	326	351	376	400	425	450	474	499	523
相对误差	0.058	－0.102	－0.059	－0.025	0.000	0.018	0.014	0.002	0.060	0.050	0.044	0.031	－0.006	－0.044	－0.044

数据来源：《北京市统计年鉴（2004—2018）》

表 5－7 2018 年—2030 年北京市 KISI 从业人员预测

单位：万人

年份	2018	2019	2020	2021	2022	2023	2024	2025	2026	2027	2028	2029	2030
北京市 KISI 从业人员数量	566	599	633	669	706	746	787	830	876	923	973	1026	1082

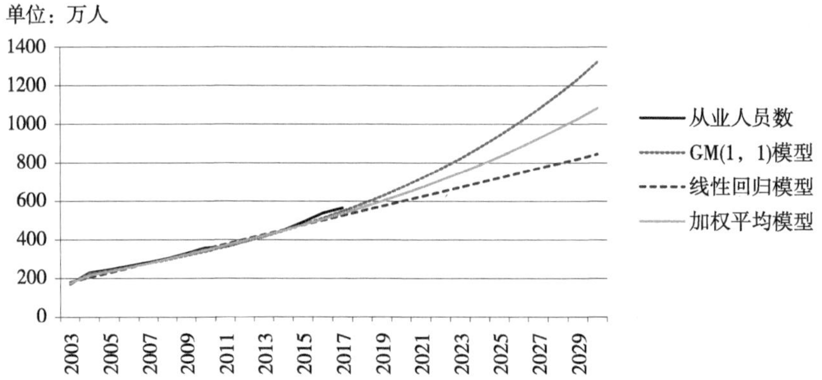

图 5－3 北京市 KISI 从业人员的趋势预测

5.2.3 北京市 KISI 从业人员占比的预测模型

（1）GM（1，1）模型

根据 2004 年—2017 年的历史数据（见表 5－8），经过计算，得：

$$\hat{a}=\begin{bmatrix} a \\ b \end{bmatrix}=\begin{bmatrix} -0.0394 \\ 0.2542 \end{bmatrix}$$

则北京市 KISI 从业人员占比的灰微分方程为：

$$x_{(1)}^{(0)}-0.0394z_{(k)}^{(1)}=0.2542$$

白化方程：

$$\frac{dx^{(1)}}{dt}-0.0394x^{(1)}=0.2542$$

白化方程的时间响应式：

$$\hat{x}_{(k+1)}^{(1)}=\left(x_{(1)}^{(0)}+6.4580\right)e^{0.0394k}-6.4580$$

$$\hat{x}_{(k+1)}^{(0)}=\hat{x}_{(k+1)}^{(1)}-\hat{x}_{(k)}^{(1)}$$

$$x_{(1)}^{(0)}=x_{(1)}^{(1)}=0.265$$

模型相对误差绝对值的平均值为 1.8%，精度很高，通过了检验。

（2）线性回归模型

根据表 5－8，北京市 KISI 从业人员占比的线性回归模型为：

$$x=0.013t+0.242,\ R^2=0.963$$

模型相对误差绝对值的平均值为 2.5%，精度较高，通过了检验（见表 5－8）。

表 5－8　对京市 KISI 从业人员占比的模拟与实际值对比

年份	2004	2005	2006	2007	2008	2009	2010	2011	2012	2013	2014	2015	2016
从业人员占比	0.265	0.276	0.282	0.294	0.302	0.322	0.340	0.331	0.344	0.357	0.377	0.402	0.428
GM（1，1）模拟值	0.265	0.270	0.281	0.292	0.304	0.316	0.329	0.342	0.356	0.370	0.385	0.400	0.416
相对误差	0.000	-0.021	-0.003	-0.007	0.005	-0.020	-0.033	0.032	0.033	0.037	0.020	-0.005	-0.027
线性回归拟合值	0.255	0.268	0.281	0.294	0.307	0.320	0.333	0.346	0.359	0.372	0.385	0.398	0.411
相对误差	-0.038	-0.028	-0.003	0.000	0.015	-0.007	-0.020	0.044	0.043	0.043	0.021	-0.010	-0.039

数据来源：《北京市统计年鉴（2004—2018）》

(3) 加权平均综合模型

运用以下模型计算预测最终结果：

$$x = 0.5 \cdot (x_1 + x_2)$$

其中，x_1 为 GM（1，1）模型的预测值，x_2 为线性回归模型的预测值。由此得表 5－9、图 5－4。

表 5－9　2018 年—2030 年北京市 KISI 从业人员占比预测

年份	2018	2019	2020	2021	2022	2023	2024	2025	2026	2027	2028	2029	2030
KISI 从业人员占比	0.444	0.459	0.475	0.491	0.508	0.525	0.543	0.561	0.579	0.598	0.617	0.637	0.658

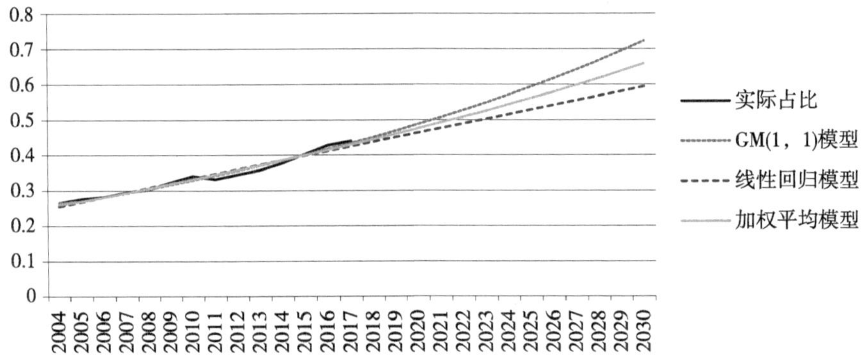

图 5－4　北京市 KISI 从业人员占比的趋势预测

5.3　北京市 KISI 所需固定资产投资额的预测

对北京市 KISI 所需固定资产投资额的预测，我们将使用 GM（1，1）模型和指数时间序列回归模型相结合的方法。

5.3.1　用 GM（1，1）模型预测

根据 1993 年—2017 年的历史数据（见表 5－10）。

表 5－10　北京市 KISI 固定资产投资额实际值与模型值的对比 单位：亿元

年份	1993	1994	1995	1996	1997	1998	1999	2000	2001	2002	2003	2004	2005
KISI 固定资产投资额	63	112	125	124	163	181	176	198	212	204	235	226	268
GM（1，1）模型拟合值	63	98	108	119	132	146	161	178	197	218	241	266	294
相对误差	0.000	－0.128	－0.136	－0.037	－0.191	－0.194	－0.084	－0.100	－0.071	0.068	0.025	0.178	0.098
指数回归模型拟合值	91	101	111	123	135	150	165	182	201	222	245	271	299
相对误差	0.447	－0.101	－0.111	－0.010	－0.169	－0.174	－0.062	－0.079	－0.050	0.090	0.044	0.199	0.116
年份	2006	2007	2008	2009	2010	2011	2012	2013	2014	2015	2016	2017	
北京市 KISI 固定资产投资额	306	378	380.7	419.2	487.4	573.9	646.7	760.2	742.9	826	872.2	996.4	
GM（1，1）模型拟合值	325	360	397	439	486	537	593	656	725	802	886	980	
相对误差	0.063	－0.049	0.044	0.048	－0.004	－0.065	－0.082	－0.137	－0.024	－0.030	0.016	－0.017	
指数回归模型拟合值	330	365	403	444	491	542	598	660	729	805	889	981	
相对误差	0.079	－0.035	0.057	0.060	0.007	－0.056	－0.075	－0.131	－0.018	－0.025	0.019	－0.015	

数据来源：《北京市统计年鉴（1994—2018）》

运用 GM（1，1）模型拟合，经过计算，得

$$\hat{a}=\begin{bmatrix}a\\b\end{bmatrix}=\begin{bmatrix}-0.1002\\86.5487\end{bmatrix}$$

则北京市 KISI 所需固定资产投资额的

灰微分方程为：

$$x_{(1)}^{(0)}-0.1002z_{(k)}^{(1)}=86.5487$$

白化方程：

$$\frac{dx^{(1)}}{dt}-0.1002x^{(1)}=86.5487$$

白化方程的时间响应式：

$$\hat{x}_{(k+1)}^{(1)}=\left(x_{(1)}^{(0)}+863.4405\right)e^{0.1002k}-863.4405$$

$$\hat{x}_{(k+1)}^{(0)}=\hat{x}_{(k+1)}^{(1)}-\hat{x}_{(k)}^{(1)}$$

$$x_{(1)}^{(0)} = x_{(1)}^{(1)} = 63$$

模型相对误差绝对值的平均值为 7.5% <10%，并且近 3 年的误差分别为 -3.0%、1.6% 和 -1.7%，误差很小，因此通过了检验。

5.3.2 用时间序列指数回归模型预测

根据表 5-10，北京市 KISI 所需固定资产投资额的指数回归模型为：

$$y = 82.59 \cdot e^{0.099x},\ R^2 = 0.974$$

模型的相对误差绝对值平均为 8.9% <10%，通过了检验。

5.3.3 综合加权平均预测模型

运用以下模型计算预测最终结果：

$$x = 0.5 \cdot (x_1 + x_2)$$

其中，x_1 为 GM（1，1）模型的预测值，x_2 为指数回归模型的预测值。

由此得表 5-11、图 5-5。

表 5-11 北京市 KISI 2018 年—2030 年所需固定资产投资额的预测

单位：亿元

年份	2018	2019	2020	2021	2022	2023	2024	2025	2026	2027	2028	2029	2030
预测值	1083	1197	1322	1460	1613	1782	1969	2175	2403	2655	2933	3240	3580

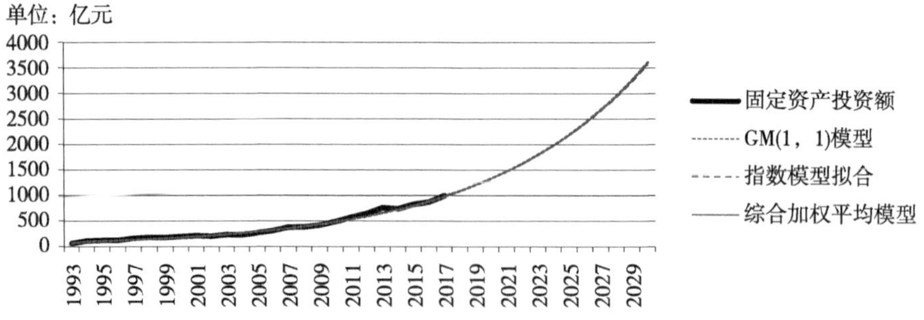

图 5-5 北京市 KISI 所需固定资产投资额的趋势预测

5.4　北京市 KISI 内部各行业的预测

本章以 2004 年—2017 年数据为依据，对北京市知识密集型各行业未来 10 年的增加值、所需固定资产投资额、所需人才情况加以预测。

5.4.1　信息传输、软件和信息技术服务业

2004 年—2017 年北京市信息传输、软件和信息技术服务业的增加值、固定资产投资额、从业人员数见表 5－12：

表 5－12　2004—2017 年北京市信息传输、软件和信息技术服务业情况

年份	增加值（亿元）	固定资产投资额（亿元）	从业人员（万人）	年份	增加值（亿元）	固定资产投资额（亿元）	从业人员（万人）	年份	增加值（亿元）	固定资产投资额（亿元）	从业人员（万人）
2004	450	73	16	2009	1067	140	36	2014	2136	240	61
2005	587	81	18	2010	1214	143	42	2015	2442	240	68
2006	696	76	18	2011	1493	113	49	2016	2806	199	69
2007	871	98	27	2012	1622	162	53	2017	3229	284	76
2008	999	103	32	2013	1902	191	58				

5.4.1.1　增加值的预测

对北京市信息传输、软件和计算机服务业增加值的预测运用时间序列指数回归模型和 GM（1，1）模型相结合的方法。

（1）时间序列指数回归模型

根据历史数据，得到北京市信息传输、软件和计算机服务业增加值的指数回归模型为：

$$y = 448.7 \cdot e^{0.143x},\ R^2 = 0.991$$

拟合效果很好，相对误差绝对值平均为 3.7%，精度很高。

（2）GM（1，1）模型

同样根据历史数据，得到北京市信息传输、软件和计算机服务业增加值的GM（1，1）模型白化方程的时间响应式为：

$$\hat{x}_{(k+1)}^{(1)} = (x_{(1)}^{(0)} + 3946.94)e^{0.1351k} - 3946.94$$

$$\hat{x}_{(k+1)}^{(0)} = \hat{x}_{(k+1)}^{(1)} - \hat{x}_{(k)}^{(1)}$$

$$x_{(1)}^{(0)} = x_{(1)}^{(1)} = 450$$

相对误差绝对值平均为2.5%，精度也很高。

（3）综合加权平均模型

运用以下模型计算预测最终结果：

$$x = 0.5 \cdot (x_1 + x_2)$$

其中，x_1 为GM（1，1）模型的预测值，x_2 为时间序列指数回归模型的预测值。

由此得表5-13、图5-6。

表5-13　北京市信息传输、软件和计算机服务业增加值的预测

单位：亿元

年份	2018	2019	2020	2021	2022	2023	2024	2025	2026	2027	2028
增加值	3758	4320	4964	5706	6558	7537	8663	9958	11445	13156	15122

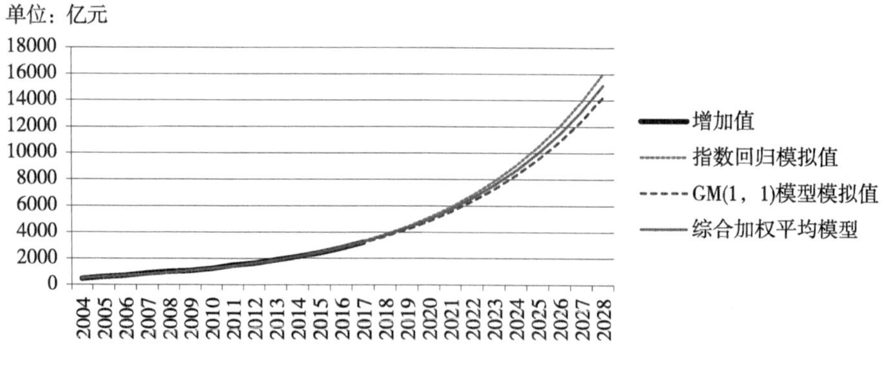

图5-6　北京市信息传输、软件和计算机服务业增加值的趋势预测

5.4.1.2　所需固定资产投资额的预测

对北京市信息传输、软件和计算机服务业所需固定资产投资额的预测仍然运用时间序列指数回归模型和 GM（1，1）模型相结合的方法。

（1）时间序列指数回归模型

根据历史数据，得到北京市信息传输、软件和计算机服务业固定资产投资额的指数回归模型为：

$$y = 63.72 \cdot e^{0.104x}, \ R^2 = 0.920$$

相对误差绝对值平均为 9.8% <10%，通过检验。

（2）GM（1，1）模型

同样根据历史数据，得到北京市信息传输、软件和计算机服务业固定资产投资额的 GM（1，1）模型白化方程的时间响应式为：

$$\hat{x}^{(1)}_{(k+1)} = \left(x^{(0)}_{(1)} + 675.34\right) e^{0.1022k} - 675.34$$

$$\hat{x}^{(0)}_{(k+1)} = \hat{x}^{(1)}_{(k+1)} - \hat{x}^{(1)}_{(k)}$$

$$x^{(0)}_{(1)} = x^{(1)}_{(1)} = 73$$

相对误差绝对值平均为 9.5%，通过了检验。

（3）综合加权平均模型

运用以下模型计算预测最终结果：

$$x = 0.5 \cdot (x_1 + x_2)$$

其中，x_1 为 GM（1，1）模型的预测值，x_2 为时间序列指数回归模型的预测值。

由此得表 5－14、图 5－7。

表 5－14　北京市信息传输、软件和计算机服务业所需固定资产投资额的预测

单位：亿元

年份	2018	2019	2020	2021	2022	2023	2024	2025	2026	2027	2028
所需固定资产投资额	304	337	373	414	459	509	564	625	693	768	852

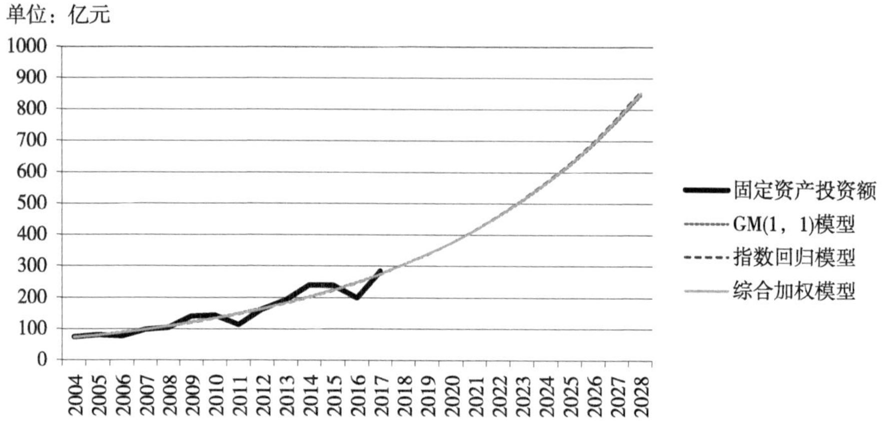

图 5－7　北京市信息传输、软件和计算机服务业所需固定资产投资额的趋势预测

5.4.1.3　所需人才的预测

对北京市信息传输、软件和计算机服务业所需人才的预测运用线性回归模型方法。

根据历史数据，得到北京市信息传输、软件和计算机服务业从业人员的时间序列线性回归模型为：

$$y = 4.898x + 7.719,\ R^2 = 0.990$$

拟合程度较好，相对误差绝对值平均为 5.1%，精度较高。由此得表 5－15、图 5－8。

表 5－15　北京市信息传输、软件和计算机服务业所需人才的预测

单位：万人

份	2018	2019	2020	2021	2022	2023	2024	2025	2026	2027	2028
所需从业人员	81	86	91	96	101	106	111	115	120	125	130

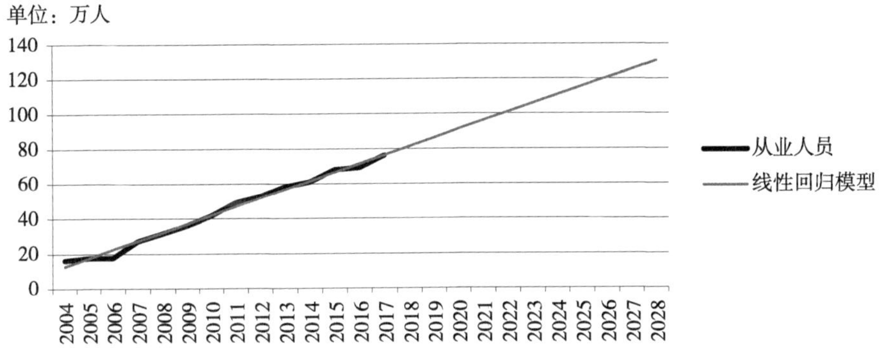

图 5－8　北京市信息传输、软件和计算机服务业所需人才的趋势预测

5.4.2　金融业

2004 年—2017 年北京市金融业的增加值、固定资产投资额、从业人员数见表 5－16：

表 5－16　2004—2017 年北京市金融业情况

年份	增加值（亿元）	固定资产投资额（亿元）	从业人员（万人）	年份	增加值（亿元）	固定资产投资额（亿元）	从业人员（万人）	年份	增加值（亿元）	固定资产投资额（亿元）	从业人员（万人）
2004	714	38	10	2009	1604	40	25	2014	3358	212	43
2005	840	36	11	2010	1864	65	27	2015	3926	267	47
2006	982	36	11	2011	2215	97	33	2016	4271	295	51
2007	1303	37	13	2012	2537	114	38	2017	4655	309	41
2008	1519	38	16	2013	2943	152	39				

5.4.2.1　增加值的预测

对北京市金融业增加值的预测运用时间序列指数回归模型和 GM（1，1）模型相结合的方法。

（1）时间序列指数回归模型

根据历史数据，得到北京市金融业增加值的指数回归模型为：

$$y = 667.5 \cdot e^{0.145x},\ R^2 = 0.991$$

拟合效果很好，相对误差绝对值平均为4.7%，精度较高。

（2）GM（1，1）模型

同样根据历史数据，得到北京市金融业增加值的GM（1，1）模型白化方程的时间响应式为：

$$\hat{x}^{(1)}_{(k+1)} = (x^{(0)}_{(1)} + 6226.81)\,e^{0.1336k} - 6226.81$$

$$\hat{x}^{(0)}_{(k+1)} = \hat{x}^{(1)}_{(k+1)} - \hat{x}^{(1)}_{(k)}$$

$$x^{(0)}_{(1)} = x^{(1)}_{(1)} = 714$$

相对误差绝对值平均为4.3%，精度也很高。

（3）综合加权平均模型

运用以下模型计算预测最终结果：

$$x = 0.5 \cdot (x_1 + x_2)$$

其中，x_1 为GM（1，1）模型的预测值，x_2 为时间序列指数回归模型的预测值。由此得表5-17、图5-9。

表5-17　北京市金融业增加值的预测

单位：亿元

年份	2018	2019	2020	2021	2022	2023	2024	2025	2026	2027	2028
增加值	5755	6616	7606	8745	10054	11560	13292	15284	17575	20210	23240

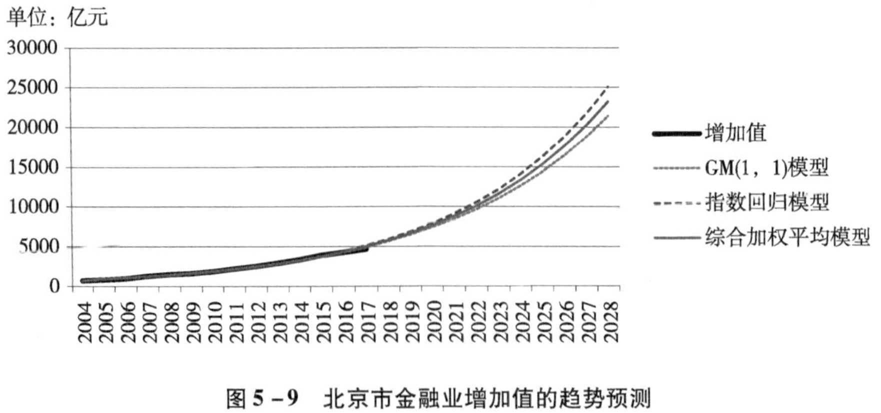

图5-9　北京市金融业增加值的趋势预测

5.4.2.2　所需固定资产投资额的预测

根据历史数据，对北京市金融业所需固定资产投资额的预测时间序列二次多项式模型拟合效果较好。其模型为：

$$y = 2.481x^2 - 14.18x + 50.43,\ R^2 = 0.981$$

拟合效果很好，相对误差绝对值平均为 9.9% < 10%，通过了检验。由此得表 5－18、图 5－10。

表 5－18　北京市金融业所需固定资产投资额的预测

单位：亿元

年份	2018	2019	2020	2021	2022	2023	2024	2025	2026	2027	2028
所需固定资产投资额	396	459	526	599	677	759	847	939	1037	1139	1247

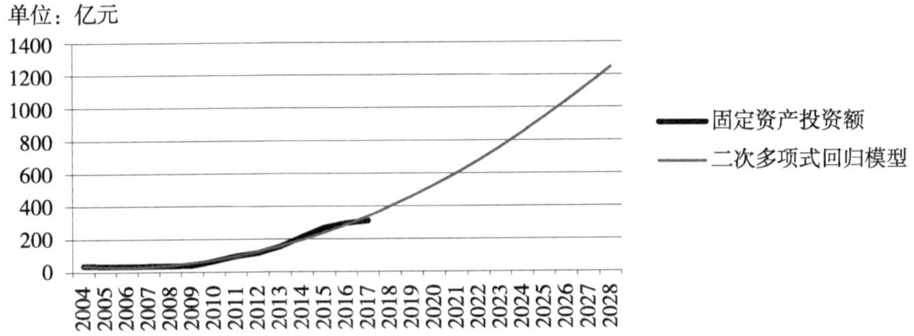

图 5－10　北京市金融业所需固定资产投资额的趋势预测

5.4.2.2　所需人才的预测

根据历史数据，北京市金融业从业人员的预测采用时间序列线性回归模型拟合较好，其模型为：

$$y = 3.382x + 3.573,\ R^2 = 0.922$$

拟合程度较好，相对误差绝对值平均为 13.9% > 10%，未通过检验。

但由于其拟合程度较好，因此我们仍用其来进行预测。由此得表 5－19、图 5－11。

表 5－18　北京市金融业所需人才的预测

单位：万人

年份	2018	2019	2020	2021	2022	2023	2024	2025	2026	2027	2028
从业人员	54	58	61	64	68	71	75	78	81	85	88

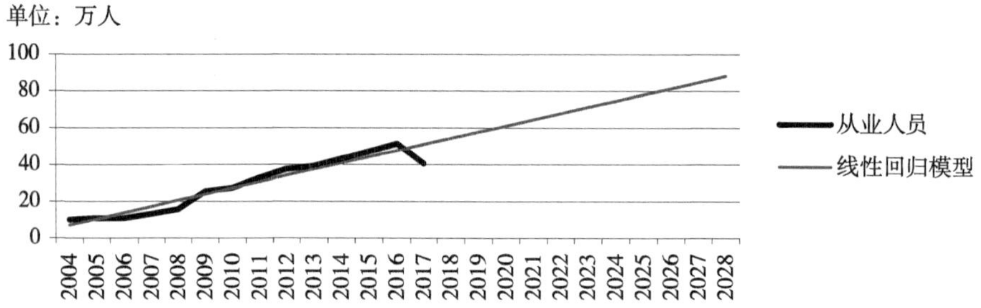

图 5－11　北京市金融业所需人才的趋势预测

5.4.3　租赁和商务服务业

2004 年—2017 年北京市租赁和商务服务业的增加值、固定资产投资额、从业人员数见表 5－19：

表 5－19　2004 年—2017 年北京市租赁和商务服务业情况

年份	增加值（亿元）	固定资产投资额（亿元）	从业人员数（万人）	年份	增加值（亿元）	固定资产投资额（亿元）	从业人员数（万人）	年份	增加值（亿元）	固定资产投资额（亿元）	从业人员数（万人）
2004	277	74	39	2009	810	223	73	2014	1705	327	71
2005	361	103	42	2010	953	231	78	2015	1771	358	80
2006	447	146	42	2011	1162	256	59	2016	1838	435	80
2007	624	180	47	2012	1341	268	61	2017	1936	677	85
2008	765	214	53	2013	1570	293	66				

5.4.3.1　增加值的预测

对北京市租赁与商务服务业增加值的预测运用时间序列线性回归模型和 GM（1，1）模型相结合的方法。

（1）时间序列线性回归模型

根据历史数据，得到北京市租赁与商务服务业增加值的线性回归模型为：

$$y = 138.7x + 70.71,\ R^2 = 0.987$$

拟合效果很好，相对误差绝对值平均为 5.9%，精度较高。

（2）GM（1，1）模型

同样根据历史数据，得到北京市租赁与商务服务业增加值的 GM（1，1）模型白化方程的时间响应式为：

$$\hat{x}^{(1)}_{(k+1)} = (x^{(0)}_{(1)} + 4355.71)\, e^{0.1142k} - 4355.71$$

$$\hat{x}^{(0)}_{(k+1)} = \hat{x}^{(1)}_{(k+1)} - \hat{x}^{(1)}_{(k)}$$

$$x^{(0)}_{(1)} = x^{(1)}_{(1)} = 277$$

相对误差绝对值平均为 12.7%，未通过检验，但由于其发展系数为 $0.1142 < 0.15$，故仍能采用。

（3）综合加权平均模型

运用以下模型计算预测最终结果：

$$x = 0.5 \cdot (x_1 + x_2)$$

其中，x_1 为 GM（1，1）模型的预测值，x_2 为时间序列线性回归模型的预测值。

由此得表 5－20、图 5－12。

表 5－20　北京市租赁与商务服务业增加值的预测

单位：亿元

年份	2018	2019	2020	2021	2022	2023	2024	2025	2026	2027	2028
增加值	2312	2531	2768	3025	3305	3610	3944	4310	4712	5155	5642

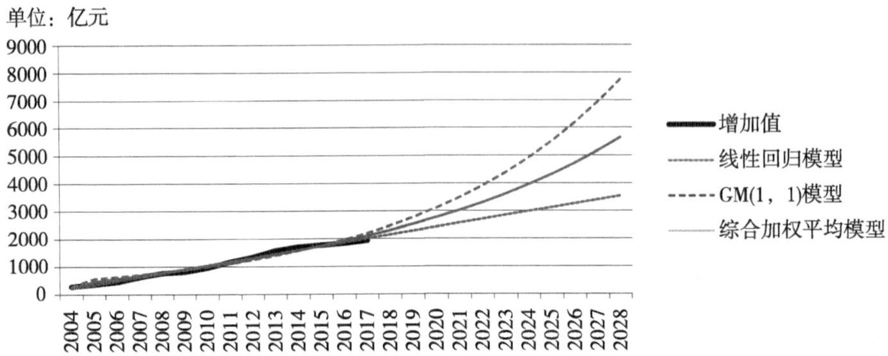

图 5－12　北京市租赁与商务服务业增加值的趋势预测

5.4.3.2　所需固定资产投资额的预测

对北京市租赁与商务服务业所需固定资产投资额的预测运用时间序列指数回归模型和 GM（1，1）模型相结合的方法。

（1）时间序列指数回归模型

根据历史数据，得到北京市租赁与商务服务业固定资产投资额的指数回归模型为：

$$y = 88.69 \cdot e^{0.129x}, \ R^2 = 0.918$$

拟合效果较好，相对误差绝对值平均为 13.6%。

（2）GM（1，1）模型

同样根据历史数据，得到北京市租赁与商务服务业增加值的 GM（1，1）模型白化方程的时间响应式为：

$$\hat{x}_{(k+1)}^{(1)} = \left(x_{(1)}^{(0)} + 721.54\right) e^{0.1309k} - 721.54$$

$$\hat{x}_{(k+1)}^{(0)} = \hat{x}_{(k+1)}^{(1)} - \hat{x}_{(k)}^{(1)}$$

$$x_{(1)}^{(0)} = x_{(1)}^{(1)} = 74$$

相对误差绝对值平均为 11.2%，未通过检验，但由于其发展系数为 0.1309 < 0.15，故仍能采用。

（3）综合加权平均模型

运用以下模型计算预测最终结果：

$$x = 0.5 \cdot (x_1 + x_2)$$

其中，x_1 为 GM（1，1）模型的预测值，x_2 为时间序列线性指数模型的预测值。

由此得表 5－21、图 5－13。

表 5－21　北京市租赁与商务服务业所需固定资产投资额的预测

单位：亿元

年份	2018	2019	2020	2021	2022	2023	2024	2025	2026	2027	2028
所需固定资产投资额	612	697	794	904	1029	1172	1335	1520	1731	1971	2245

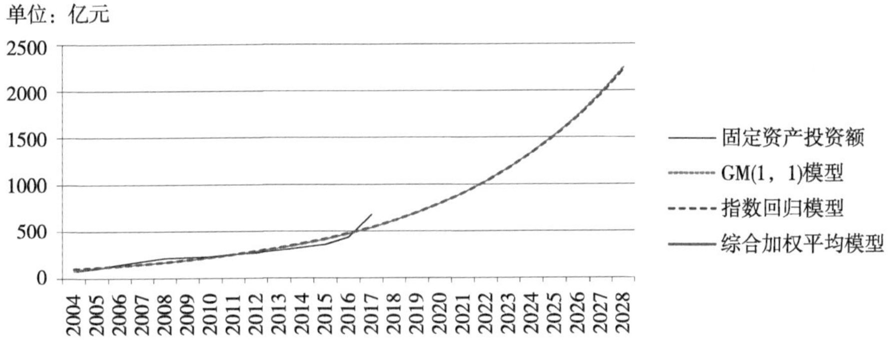

图 5－13　北京市租赁与商务服务业所需固定资产投资额的趋势预测

5.4.3.3　所需人才的预测

对北京市租赁与商务服务业所需人才的预测运用时间序列线性回归模型和 GM（1，1）模型相结合的方法。

（1）时间序列线性回归模型

根据历史数据，得到北京市租赁与商务服务业从业人员的线性回归模型为：

$$y = 3.395x + 37.08,\ R^2 = 0.792$$

拟合效果较好，相对误差绝对值平均为 8.0% <10%，通过了检验。

（2）GM（1，1）模型

同样根据历史数据，得到北京市租赁与商务服务业从业人员的 GM（1，1）模型白化方程的时间响应式为：

$$\hat{x}^{(1)}_{(k+1)} = \left(x^{(0)}_{(1)} + 870.34\right) e^{0.1022k} - 870.34$$

$$\hat{x}^{(0)}_{(k+1)} = \hat{x}^{(1)}_{(k+1)} - \hat{x}^{(1)}_{(k)}$$

$$x^{(0)}_{(1)} = x^{(1)}_{(1)} = 39$$

相对误差绝对值平均为 8.4% <10%，通过检验。

（3）综合加权平均模型

运用以下模型计算预测最终结果：

$$x = 0.5 \cdot (x_1 + x_2)$$

其中，x_1 为 GM（1，1）模型的预测值，x_2 为时间序列线性指数模型的预测值。

由此得表 5－22、图 5－14。

表 5－22　北京市租赁与商务服务业所需人才的预测

单位：万人

年份	2018	2019	2020	2021	2022	2023	2024	2025	2026	2027	2028
所需从业人员数量	89	93	97	101	106	110	115	120	125	130	135

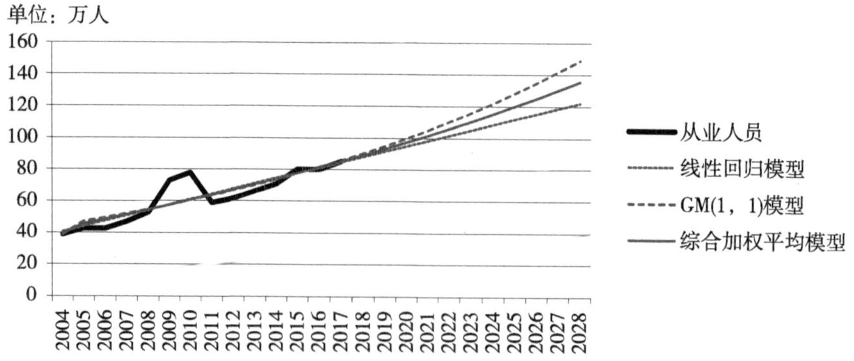

图 5－14　北京市租赁与商务服务业所需人才的趋势预测

5.4.4　科学研究和技术服务业

2004年—2017年北京市租赁和商务服务业的增加值、固定资产投资额、从业人员数见表5－23：

表5－23　2004年—2017年北京市科学研究和技术服务业情况

年份	增加值（亿元）	固定资产投资额（亿元）	从业人员数量（万人）	年份	增加值（亿元）	固定资产投资额（亿元）	从业人员数量（万人）	年份	增加值（亿元）	固定资产投资额（亿元）	从业人员数量（万人）
2004	277	277	25	2009	817	301	44	2014	2022	567	60
2005	347	281	26	2010	941	350	46	2015	2226	588	59
2006	439	280	26	2011	1136	402	51	2016	2512	582	69
2007	566	276	29	2012	1268	486	54	2017	2859	606	67
2008	707	275	34	2013	1783	543	60				

5.4.4.1　增加值的预测

对北京市科学研究和技术服务业增加值的预测运用时间序列指数回归模型和GM（1，1）模型相结合的方法。

（1）时间序列指数回归模型

根据历史数据，得到北京市科学研究和技术服务业增加值的指数回归模型为：

$$y = 261.0 \cdot e^{0.179x},\ R^2 = 0.989$$

拟合效果很好，相对误差绝对值平均为6.6%，精度较高。

（2）GM（1，1）模型

同样根据历史数据，得到北京市科学研究和技术服务业增加值的GM（1，1）模型白化方程的时间响应式为：

$$\hat{x}^{(1)}_{(k+1)} = (x^{(0)}_{(1)} + 2354.25)\ e^{0.1595k} - 2354.25$$

$$\hat{x}^{(0)}_{(k+1)} = \hat{x}^{(1)}_{(k+1)} - \hat{x}^{(1)}_{(k)}$$

$$x_{(1)}^{(0)} = x_{(1)}^{(1)} = 277$$

相对误差绝对值平均为 8.7% < 10%，通过检验。

（3）综合加权平均模型

运用以下模型计算预测最终结果：

$$x = 0.5 \cdot (x_1 + x_2)$$

其中，x_1 为 GM（1，1）模型的预测值，x_2 为时间序列指数回归模型的预测值。

由此得表 5－24、图 5－15。

表 5－24 北京市科学研究和技术服务业增加值的预测

单位：亿元

年份	2018	2019	2020	2021	2022	2023	2024	2025	2026	2027	2028
增加值	3723	4411	5227	6194	7341	8701	10313	12226	14495	17187	20381

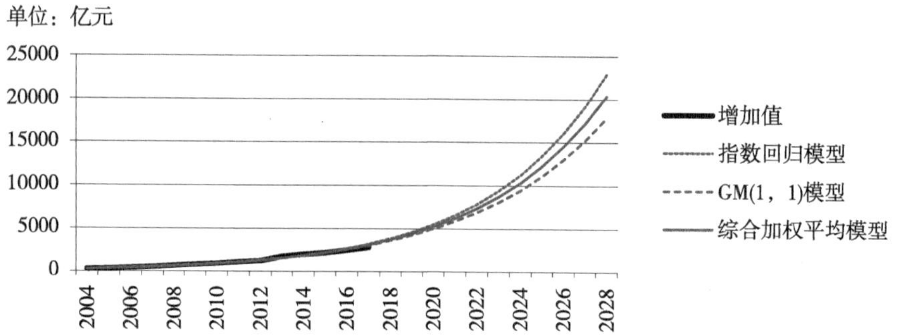

图 5－15 北京市科学研究和技术服务业增加值的趋势预测

5.4.4.2 所需固定资产投资额的预测

对北京市科学研究和技术服务业所需固定资产投资额的预测运用时间序列指数回归模型、线性回归模型和 GM（1，1）模型相结合的方法。

（1）时间序列指数回归模型

根据历史数据，得到北京市科学研究和技术服务业增加值的线性回归模型为：

$$y = 221.6 \cdot e^{0.076x},\ R^2 = 0.906$$

拟合效果较好，相对误差绝对值平均为 10.5%。

（2）时间序列线性回归模型

根据历史数据，得到北京市科学研究和技术服务业增加值的线性回归模型为：

$$y = 31.53x + 178.6,\ R^2 = 0.903$$

拟合效果较好，相对误差绝对值平均为 8.6%，通过检验。

（3）GM（1，1）模型

同样根据历史数据，得到北京市科学研究和技术服务业增加值的 GM（1，1）模型白化方程的时间响应式为：

$$\hat{x}^{(1)}_{(k+1)} = \left(x^{(0)}_{(1)} + 2773.87\right) e^{0.0797k} - 2773.87$$

$$\hat{x}^{(0)}_{(k+1)} = \hat{x}^{(1)}_{(k+1)} - \hat{x}^{(1)}_{(k)}$$

$$x^{(0)}_{(1)} = x^{(1)}_{(1)} = 277$$

相对误差绝对值平均为 7.8% <10%，通过检验。

（4）综合加权平均模型

运用以下模型计算预测最终结果：

$$x = 0.25 \cdot (x_1 + x_2) + 0.5 \cdot x_3$$

其中，x_1 为 GM（1，1）模型的预测值，x_2 为时间序列指数回归模型的预测值，x_3 为时间序列线性回归模型。

由此得表 5 – 25、图 5 – 16。

表 5 – 25　北京市科学研究和技术服务业所需固定资产投资额的预测

单位：亿元

年份	2018	2019	2020	2021	2022	2023	2024	2025	2026	2027	2028
所需固定资产投资额	677	722	768	817	869	924	982	1043	1108	1177	1250

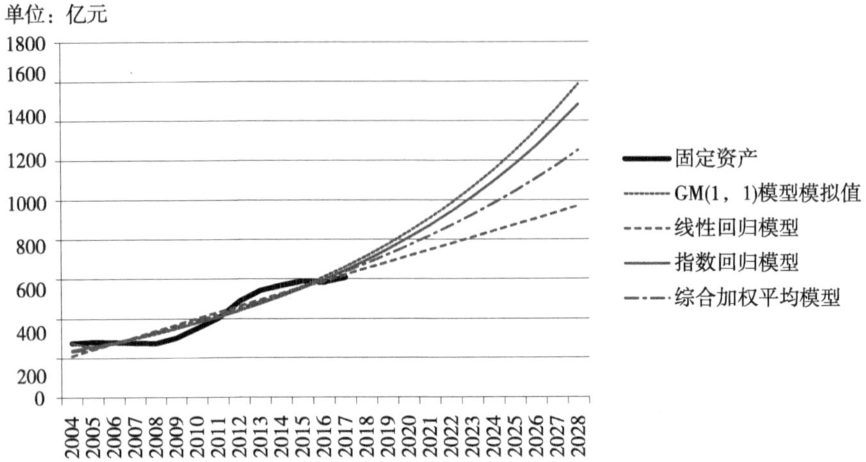

图 5－16　北京市科学研究和技术服务业所需固定资产投资额的趋势预测

5.4.4.3　所需人才的预测

对北京市科学研究和技术服务业所需人才的预测运用时间序列线性回归模型和 GM（1，1）模型相结合的方法。

（1）时间序列线性回归模型

根据历史数据，得到北京市科学研究和技术服务业从业人员数量的线性回归模型为：

$$y = 3.736x + 18.31,\ R^2 = 0.965$$

拟合效果较好，相对误差绝对值平均为 6.2%，精度较高。

（2）GM（1，1）模型

同样根据历史数据，得到北京市科学研究和技术服务业从业人员数量的 GM（1，1）模型白化方程的时间响应式为：

$$\hat{x}^{(1)}_{(k+1)} = (x^{(0)}_{(1)} + 347.41)\ e^{0.0762k} - 347.41$$

$$\hat{x}^{(0)}_{(k+1)} = \hat{x}^{(1)}_{(k+1)} - \hat{x}^{(1)}_{(k)}$$

$$x^{(0)}_{(1)} = x^{(1)}_{(1)} = 25$$

相对误差绝对值平均为 8.5% <10%，通过检验。

（3）综合加权平均模型

运用以下模型计算预测最终结果：

$$x = 0.5 \cdot (x_1 + x_2)$$

其中，x_1 为 GM（1，1）模型的预测值，x_2 为时间序列线性回归模型的预测值。

由此得表 5 – 26、图 5 – 17。

表 5 – 26　北京市科学研究和技术服务业所需人才的预测

单位：万人

年份	2018	2019	2020	2021	2022	2023	2024	2025	2026	2027	2028
所需从业人员数量	77	82	87	93	98	104	111	118	125	133	141

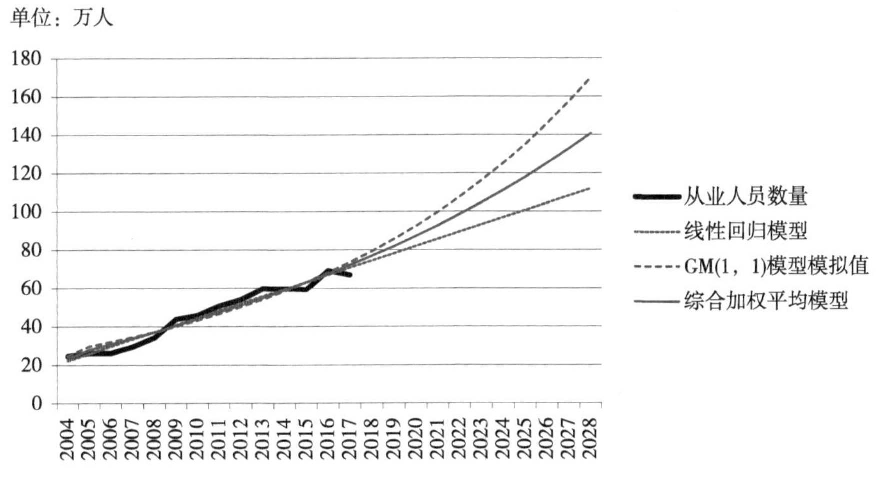

图 5 – 17　北京市科学研究和技术服务业所需人才的趋势预测

5.4.5　教育

2004 年—2017 年北京市教育业的增加值、固定资产投资额、从业人员数见表 5 – 27：

表 5-27 2004 年—2017 年北京市教育业情况

年份	增加值（亿元）	固定资产投资额（亿元）	从业人员数量（万人）	年份	增加值（亿元）	固定资产投资额（亿元）	从业人员数量（万人）	年份	增加值（亿元）	固定资产投资额（亿元）	从业人员数量（万人）
2004	267	389	33	2009	444	455	42	2014	929	743	46
2005	289	412	33	2010	516	490	41	2015	1045	806	47
2006	321	434	33	2011	606	567	43	2016	1173	832	49
2007	365	437	34	2012	682	598	44	2017	1335	883	46
2008	402	440	35	2013	832	674	46				

5.4.5.1 增加值的预测

对北京市教育业增加值的预测运用时间序列指数回归模型和 GM（1，1）模型相结合的方法。

（1）时间序列指数回归模型

根据历史数据，得到北京市教育业增加值的指数回归模型为：

$$y = 219.2 \cdot e^{0.128x},\ R^2 = 0.995$$

拟合效果很好，相对误差绝对值平均为 2.9%，精度很高。

（2）GM（1，1）模型

同样根据历史数据，得到北京市教育业增加值的 GM（1，1）模型白化方程的时间响应式为：

$$\hat{x}^{(1)}_{(k+1)} = (x^{(0)}_{(1)} + 1686.34)\ e^{0.1320k} - 1686.34$$

$$\hat{x}^{(0)}_{(k+1)} = \hat{x}^{(1)}_{(k+1)} - \hat{x}^{(1)}_{(k)}$$

$$x^{(0)}_{(1)} = x^{(1)}_{(1)} = 267$$

相对误差绝对值平均为 2.2% <10%，通过检验。

（3）综合加权平均模型

运用以下模型计算预测最终结果：

$$x = 0.5 \cdot (x_1 + x_2)$$

其中，x_1 为 GM（1，1）模型的预测值，x_2 为时间序列指数回归模型的预测值。

由此得表 5－27、图 5－18。

表 5－27　北京市教育业增加值的预测

单位：亿元

年份	2018	2019	2020	2021	2022	2023	2024	2025	2026	2027	2028
增加值	1514	1724	1964	2237	2547	2901	3304	3763	4285	4881	5558

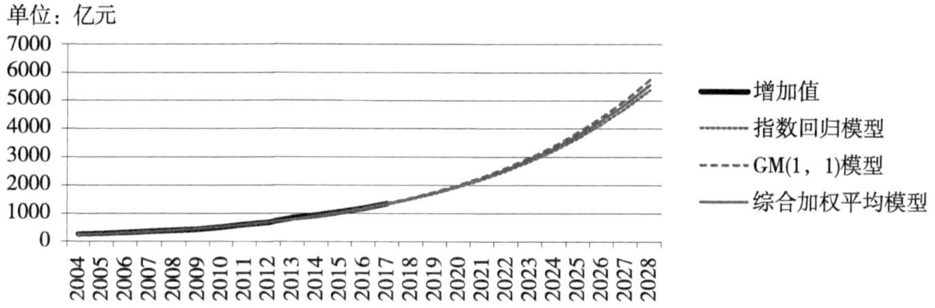

图 5－18　北京市教育业增加值的趋势预测

5.4.5.2　所需固定资产投资额的预测

对北京市教育业所需固定资产投资额的预测运用时间序列指数回归模型和 GM（1，1）模型相结合的方法。

（1）时间序列指数回归模型

根据历史数据，得到北京市教育业固定资产投资额的指数回归模型为：

$$y = 337.3 \cdot e^{0.067x},\ R^2 = 0.956$$

拟合效果很好，相对误差绝对值平均为 5.1%，精度较高。

（2）GM（1，1）模型

同样根据历史数据，得到北京市教育业固定资产投资额的 GM（1，1）模型白化方程的时间响应式为：

$$\hat{x}^{(1)}_{(k+1)} = (x^{(0)}_{(1)} + 4428.25)\ e^{0.0737k} - 4428.25$$

$$\hat{x}^{(0)}_{(k+1)} = \hat{x}^{(1)}_{(k+1)} - \hat{x}^{(1)}_{(k)}$$

$$x^{(0)}_{(1)} = x^{(1)}_{(1)} = 389$$

相对误差绝对值平均为4.2% <10%，通过检验。

(3) 综合加权平均模型

运用以下模型计算预测最终结果：

$$x = 0.5 \cdot (x_1 + x_2)$$

其中，x_1 为GM (1, 1) 模型的预测值，x_2 为时间序列指数回归模型的预测值。

由此得表5－28、图5－19。

表5－28　北京市教育业所需固定资产投资额的预测

单位：亿元

年份	2018	2019	2020	2021	2022	2023	2024	2025	2026	2027	2028
所需固定资产投资额	941	1010	1084	1163	1248	1339	1437	1542	1655	1776	1905

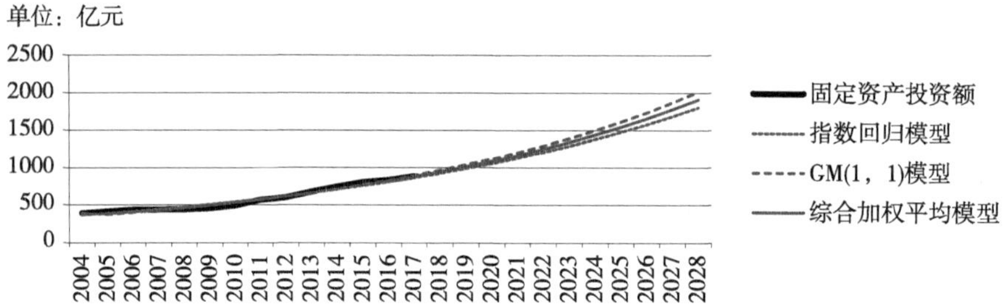

图5－19　北京市教育业所需固定资产投资额的趋势预测

5.4.5.3　所需人才的预测

对北京市教育业所需人才的预测运用时间序列线性回归模型和GM (1, 1) 模型相结合的方法。

(1) 时间序列线性回归模型

根据历史数据，得到北京市教育业从业人员数量的指数回归模型为：

$$y = 1.368x + 30.53, \ R^2 = 0.911$$

拟合效果较好，相对误差绝对值平均为 3.6%，精度较高。

（2）GM（1，1）模型

同样根据历史数据，得到北京市教育业从业人员数量的 GM（1，1）模型白化方程的时间响应式为：

$$\hat{x}^{(1)}_{(k+1)} = \left(x^{(0)}_{(1)} + 968.17\right) e^{0.0331k} - 968.17$$

$$\hat{x}^{(0)}_{(k+1)} = \hat{x}^{(1)}_{(k+1)} - \hat{x}^{(1)}_{(k)}$$

$$x^{(0)}_{(1)} = x^{(1)}_{(1)} = 33$$

相对误差绝对值平均为 3.8% <10%，通过检验。

（3）综合加权平均模型

运用以下模型计算预测最终结果：

$$x = 0.5 \cdot (x_1 + x_2)$$

其中，x_1 为 GM（1，1）模型的预测值，x_2 为时间序列线性回归模型的预测值。

由此得表 5－29、图 5－20。

表 5－28　北京市教育业所需人才数量的预测

单位：万人

年份	2018	2019	2020	2021	2022	2023	2024	2025	2026	2027	2028
所需从业人员数量	51	53	55	56	58	60	61	63	65	67	68

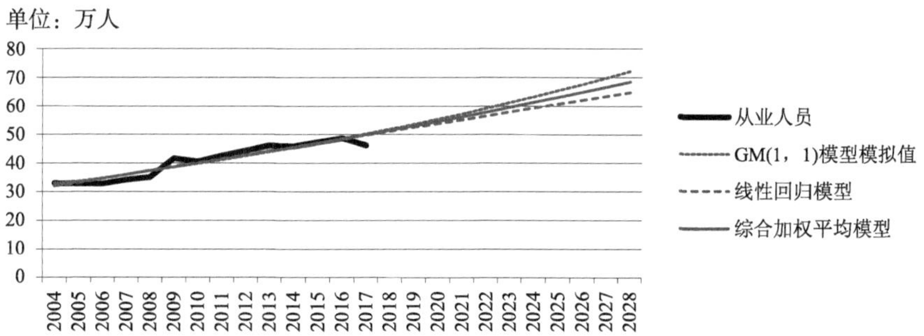

图 5－20　北京市教育业所需人才数量的趋势预测

5.4.6 卫生和社会工作

2004年—2017年北京市卫生和社会工作业的增加值、固定资产投资额、从业人员数见表5-29：

表5-29 2004年—2017年北京市卫生和社会工作业的情况

年份	增加值（亿元）	固定资产投资额（亿元）	从业人员数量（万人）	年份	增加值（亿元）	固定资产投资额（亿元）	从业人员数量（万人）	年份	增加值（亿元）	固定资产投资额（亿元）	从业人员数量（万人）
2004	106	48	15	2009	213	154	20	2014	469	312	25
2005	118	61	15	2010	255	180	21	2015	579	344	27
2006	140	77	15	2011	312	212	22	2016	637	361	29
2007	163	92	16	2012	364	238	23	2017	696	395	28
2008	188	124	17	2013	417	277	25				

5.4.6.1 增加值的预测

对北京市卫生和社会工作业增加值的预测运用时间序列指数回归模型和GM（1，1）模型相结合的方法。

（1）时间序列指数回归模型

根据历史数据，得到北京市科学研究和技术服务业增加值的指数回归模型为：

$$y = 89.22 \cdot e^{0.151x}, \ R^2 = 0.997$$

拟合效果很好，相对误差绝对值平均为2.4%，精度很高。

（2）GM（1，1）模型

同样根据历史数据，得到北京市教育业增加值的GM（1，1）模型白化方程的时间响应式为：

$$\hat{x}^{(1)}_{(k+1)} = (x^{(0)}_{(1)} + 707.33)\ e^{0.1460k} - 707.33$$

$$\hat{x}^{(0)}_{(k+1)} = \hat{x}^{(1)}_{(k+1)} - \hat{x}^{(1)}_{(k)}$$

$$x_{(1)}^{(0)} = x_{(1)}^{(1)} = 106$$

相对误差绝对值平均为 3.8% <10%，通过检验。

（3）综合加权平均模型

运用以下模型计算预测最终结果：

$$x = 0.5 \cdot (x_1 + x_2)$$

其中，x_1 为 GM（1，1）模型的预测值，x_2 为时间序列指数回归模型的预测值。

由此得表 5 – 30、图 5 – 21。

表 5 – 30　北京市卫生和社会工作业增加值的预测

单位：亿元

年份	2018	2019	2020	2021	2022	2023	2024	2025	2026	2027	2028
增加值	856	993	1152	1336	1550	1798	2086	2420	2807	3257	3779

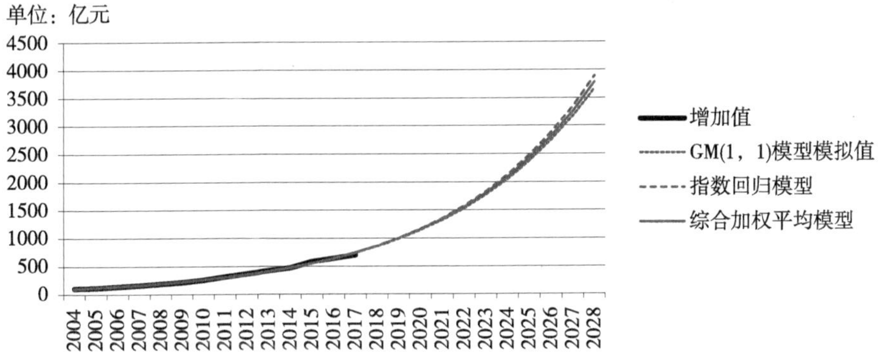

图 5 – 21　北京市卫生和社会工作业增加值的趋势预测

5.4.6.2　所需固定资产投资额的预测

对北京市卫生和社会工作业所需固定资产投资额的预测运用时间序列线性回归模型和 GM（1，1）模型相结合的方法。

（1）时间序列线性回归模型

根据历史数据，得到北京市卫生和社会服务业固定资产投资额的线性回归模型为：

$$y=28.13x-5.651,\ R^2=0.990$$

拟合效果很好，相对误差绝对值平均为9%，精度较高。

（2）GM（1，1）模型

同样根据历史数据，得到北京市卫生和社会工作业增加值的GM（1，1）模型白化方程的时间响应式为：

$$\hat{x}^{(1)}_{(k+1)}=\left(x^{(0)}_{(1)}+620.62\right)e^{0.1299k}-620.62$$

$$\hat{x}^{(0)}_{(k+1)}=\hat{x}^{(1)}_{(k+1)}-\hat{x}^{(1)}_{(k)}$$

$$x^{(0)}_{(1)}=x^{(1)}_{(1)}=48$$

相对误差绝对值平均为12.2%>10%，未通过检验，但由于其发展系数为0.1299<0.15，故仍可采用。

（3）综合加权平均模型

运用以下模型计算预测最终结果：

$$x=0.5\cdot(x_1+x_2)$$

其中，x_1为GM（1，1）模型的预测值，x_2为时间序列线性回归模型的预测值。

由此得表5-31、图5-22。

表5-31　北京市卫生和社会工作业所需固定资产投资额的预测

单位：亿元

年份	2018	2019	2020	2021	2022	2023	2024	2025	2026	2027	2028
所需固定资产投资额	459	508	562	621	686	759	839	929	1030	1142	1268

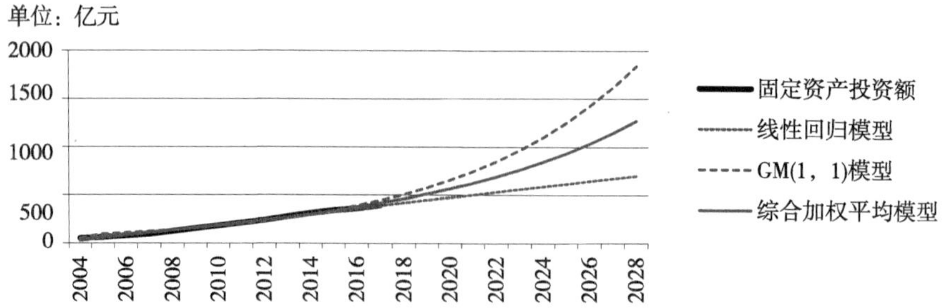

图5-22　北京市卫生和社会工作业所需固定资产投资额的趋势预测

5.4.6.3　所需人才的预测

对北京市卫生和社会工作业所需人才的预测运用时间序列线性回归模型和 GM（1，1）模型相结合的方法。

（1）时间序列线性回归模型

根据历史数据，得到北京市卫生和社会服务业从业人员数量的线性回归模型为：

$$y = 1.179x + 12.48,\ R^2 = 0.976$$

拟合效果很好，相对误差绝对值平均为 3.2%，精度很高。

（2）GM（1，1）模型

同样根据历史数据，得到北京市卫生和社会工作业从业人员数量的 GM（1，1）模型白化方程的时间响应式为：

$$\hat{x}^{(1)}_{(k+1)} = (x^{(0)}_{(1)} + 259.05)\, e^{0.0548k} - 259.05$$

$$\hat{x}^{(0)}_{(k+1)} = \hat{x}^{(1)}_{(k+1)} - \hat{x}^{(1)}_{(k)}$$

$$x^{(0)}_{(1)} = x^{(1)}_{(1)} = 15$$

相对误差绝对值平均为 3.4% <10%，通过检验。

（3）综合加权平均模型

运用以下模型计算预测最终结果：

$$x = 0.5 \cdot (x_1 + x_2)$$

其中，x_1 为 GM（1，1）模型的预测值，x_2 为时间序列线性回归模型的预测值。

由此得表 5 -32、图 5 -23。

表 5 -32　北京市卫生和社会工作业所需从业人员数量的预测

单位：万人

年份	2018	2019	2020	2021	2022	2023	2024	2025	2026	2027	2028
所需从业人员数量	31	32	34	35	37	39	40	42	44	46	48

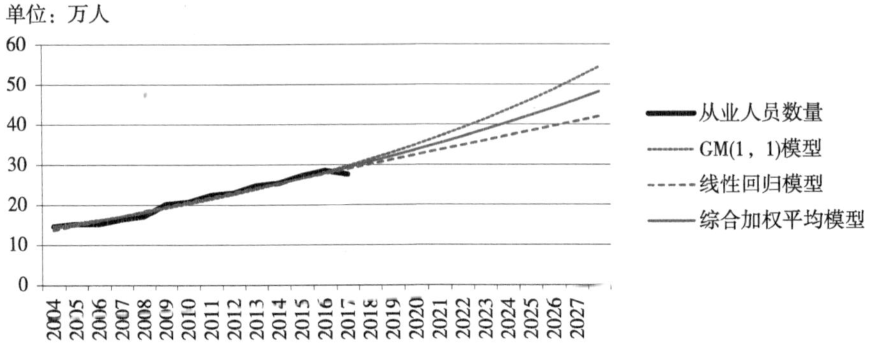

图 5－23　北京市卫生和社会工作业所需从业人员数量的趋势预测

5.4.7　文化、体育和娱乐业

2004 年—2017 年北京市文化、体育和娱乐业的增加值、固定资产投资额、从业人员数见表 5－33：

表 5－33　2004 年—2017 年北京市文化、体育和娱乐业的情况

年份	增加值（亿元）	固定资产投资额（亿元）	从业人员数量（万人）	年份	增加值（亿元）	固定资产投资额（亿元）	从业人员数量（万人）	年份	增加值（亿元）	固定资产投资额（亿元）	从业人员数量（万人）
2004	143	35	12	2009	259	77	16	2014	471	133	17
2005	170	65	13	2010	295	72	15	2015	528	133	18
2006	189	91	13	2011	339	55	17	2016	565	153	19
2007	223	130	13	2012	403	79	17	2017	598	109	18
2008	247	100	13	2013	451	112	18				

5.4.7.1　增加值的预测

对北京市文化、体育和娱乐业增加值预测运用时间序列线性回归模型和 GM（1，1）模型相结合的方法。

（1）时间序列线性回归模型

根据历史数据，得到北京市文化、体育和娱乐业增加值的线性回归模

型为：

$$y = 36.35x + 75.94,\ R^2 = 0.981$$

拟合效果很好，相对误差绝对值平均为 6.2%，精度较高。

（2）GM（1，1）模型

同样根据历史数据，得到文化、体育和娱乐业增加值的 GM（1，1）模型白化方程的时间响应式为：

$$\hat{x}^{(1)}_{(k+1)} = (x^{(0)}_{(1)} + 1548.56)\ e^{0.1031k} - 1548.56$$

$$\hat{x}^{(0)}_{(k+1)} = \hat{x}^{(1)}_{(k+1)} - \hat{x}^{(1)}_{(k)}$$

$$x^{(0)}_{(1)} = x^{(1)}_{(1)} = 143$$

相对误差绝对值平均为 3.8% <10%，通过检验。

（3）综合加权平均模型

运用以下模型计算预测最终结果：

$$x = 0.5 \cdot (x_1 + x_2)$$

其中，x_1 为 GM（1，1）模型的预测值，x_2 为时间序列线性回归模型的预测值。

由此得表 5-34、图 5-24。

表 5-34　北京市文化、体育和娱乐业增加值的预测

单位：亿元

年份	2018	2019	2020	2021	2022	2023	2024	2025	2026	2027	2028
增加值	661	718	778	843	913	989	1071	1160	1257	1362	1476

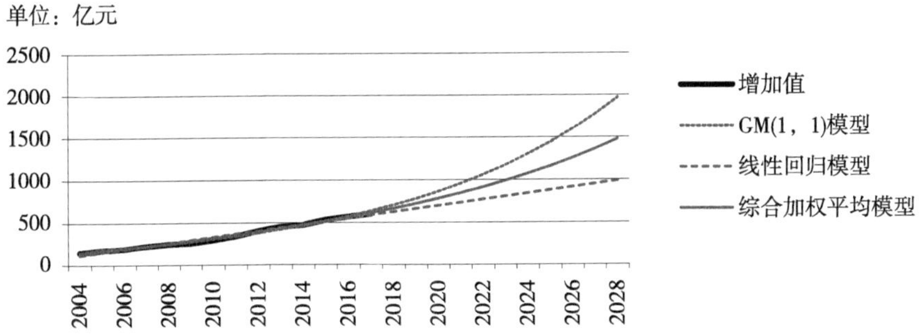

图 5-24　北京市文化、体育和娱乐业增加值的趋势预测

5.4.7.2 所需固定资产投资额的预测

对北京市文化、体育和娱乐业所需固定资产投资额的预测 GM（1，1）模型。

根据历史数据，得到文化、体育和娱乐业固定资产投资额的 GM（1，1）模型白化方程的时间响应式为：

$$\hat{x}_{(k+1)}^{(1)} = \left(x_{(1)}^{(0)} + 1659.1\right) e^{0.0440k} - 1659.1$$

$$\hat{x}_{(k+1)}^{(0)} = \hat{x}_{(k+1)}^{(1)} - \hat{x}_{(k)}^{(1)}$$

$$x_{(1)}^{(0)} = x_{(1)}^{(1)} = 35$$

相对误差绝对值平均为 21.9% <10%，未通过检验；但由于其增值系数 0.0440 <0.15，故仍可采用。由此得表 5 -35、图 5 -25：

表 5 -35 北京市文化、体育和娱乐业所需固定资产投资额的预测

单位：亿元

年份	2018	2019	2020	2021	2022	2023	2024	2025	2026	2027	2028
所需固定资产投资额	135	141	147	154	161	168	176	184	192	201	210

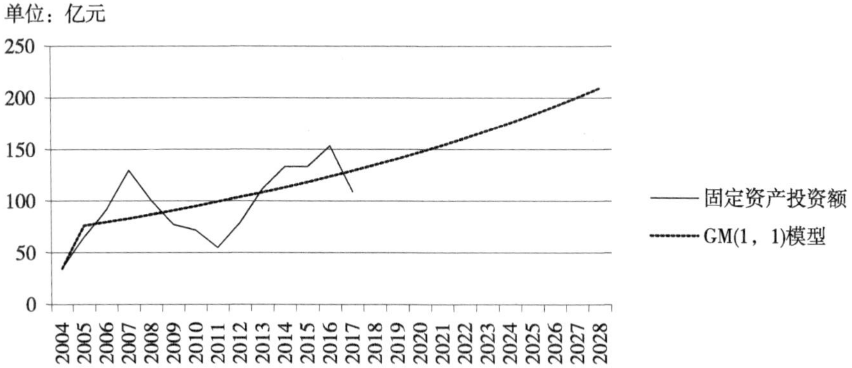

图 5 -25 北京市文化、体育和娱乐业所需固定资产投资额的趋势预测

5.4.7.3 所需人才的预测

对北京市文化、体育和娱乐业所需人才运用时间序列线性回归模型和GM（1，1）模型相结合的方法。

（1）时间序列线性回归模型

根据历史数据，得到北京市文化、体育和娱乐业从业人员数量的线性回归模型为：

$$y = 0.568x + 11.32,\ R^2 = 0.909$$

拟合效果较好，相对误差绝对值平均为3.8%，精度很高。

（2）GM（1，1）模型

同样根据历史数据，得到文化、体育和娱乐业从业人员数量的GM（1，1）模型白化方程的时间响应式为：

$$\hat{x}^{(1)}_{(k+1)} = (x^{(0)}_{(1)} + 340.542)\ e^{0.0354k} - 340.542$$

$$\hat{x}^{(0)}_{(k+1)} = \hat{x}^{(1)}_{(k+1)} - \hat{x}^{(1)}_{(k)}$$

$$x^{(0)}_{(1)} = x^{(1)}_{(1)} = 12$$

相对误差绝对值平均为4.0% <10%，通过检验。

（3）综合加权平均模型

运用以下模型计算预测最终结果：

$$x = 0.5 \cdot (x_1 + x_2)$$

其中，x_1 为GM（1，1）模型的预测值，x_2 为时间序列线性回归模型的预测值。

由此得表5-36、图5-26。

表5-36 北京市文化、体育和娱乐业所需人才的预测

单位：万人

年份	2018	2019	2020	2021	2022	2023	2024	2025	2026	2027	2028
所需从业人员数量	20	21	21	22	23	23	24	25	26	26	27

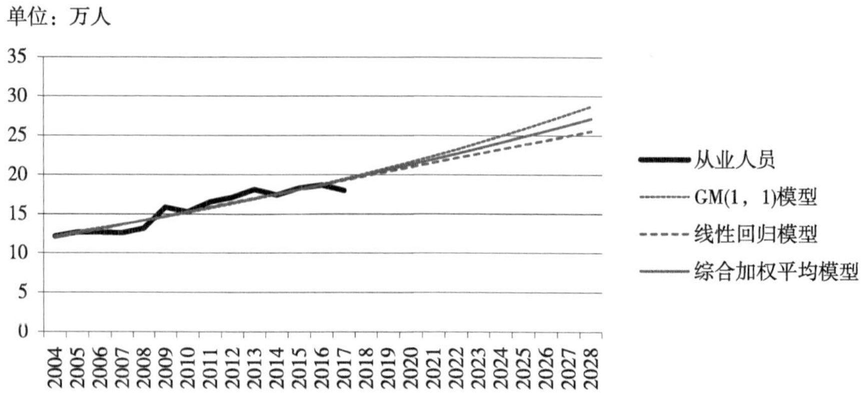

图 5－26　北京市文化、体育和娱乐业所需人才的趋势预测

5.5　小结

本章通过建立 KISI 发展的预测模型，对北京市 KISI 及其内部各行业的增加值总量、占 GDP 的比重、从业人员以及所需的投资额进行了预测。对北京市 KISI 增加值的预测结果可以作为北京市 KISI 近期的发展目标，对于从业人员和投资额的预测可以看作北京市发展 KISI 所需的投入要素，可为有关部门进行人才培养和资金筹措提供决策参考。

第六章　经济新常态下北京市 KISI 发展政策及对策研究

北京市的战略定位为全国的“政治中心、文化中心、科技创新中心、国际交往中心”，未来北京的产业发展必须符合首都功能定位，以科技含量高、信息化程度高、附加值高、能耗低、污染低甚至无污染为特征，北京具有高等院校多、智库系统庞大、人力资源丰富等优势，因此北京以KISI为发展方向是适宜的。同时，北京实施“人文北京科技北京、绿色北京”的城市发展战略，将北京建成国际一流宜居城市，并最终建成世界城市，这使得北京必须发展与国际接轨的KISI，调整疏解首都非核心功能，优化三次产业结构，优化产业特别是工业项目选择，突出服务化、集聚化、融合化、低碳化，有效控制人口规模，增强区域人口均衡分布，促进区域均衡发展。

6.1 研究结论

首先，本书通过大量的文献综述和理论探讨，界定了北京市KISI的研究范围，总结了知识密集型服务的基本特征；从经济总量、内部结构、从业人员等方面分析了北京市KISI的发展现状，从生产要素、需求条件及相关产业等方面研究了北京市KISI发展的环境条件。认为北京市KISI处于产业快速成长阶段，北京市发展KISI生产要素充沛，需求条件优越，相关和支持产业目前状况良好，但恐发展后劲不足。

其次，知识密集型服务企业竞争力来自于企业所拥有的知识、企业的服务能力以及企业的创新能力；要保持知识密集型服务企业的竞争力需要使员工忠诚和满意、设置模仿障碍以及成为学习型组织。通过建立知识密集型服务企业间的竞争演化模型，揭示出了企业的绩效不仅与自身企业的服务结果、服务过程质量、服务价格以及顾客成本有关，而且还与竞争对手的这些决策有关，并模拟了企业绩效的竞争演化过程，验证了模型的有效性。

第三，整个服务供应链上企业间的竞合过程表现为：通过合作研发实现服务创新，通过合作营销实现市场深度扩张，通过服务互动实现知识转移和增加，最终实现产业升级。通过建立服务供应链竞合博弈模型，发现如果服务供应商、企业与服务营销商结成联盟，在一定的契约机制作用下，会实现共赢的局面，随着产业链上节点企业竞争力的增强，整个产业竞争力也得到提升。提出北京市知识密集型服务产业升级的路径选择为：对于信息传输、计算机服务及软件业，应选择“高端”道路与“主企业领导型”道路；对于金融业，应选择以“主企业领导型”为主的道路。

第四，通过建立产业演化模拟模型，揭示了北京市 KISI 的演化规律，结果显示，北京市知识服务业的企业数量会出现先增后减；产业的生产能力、产业总利润会不断增加，但增长幅度会逐渐减小；单位服务产品的价格会逐渐下降；企业平均规模和平均利润会逐渐增大；最后这些指标都会稳定在一定范围内。最后对北京市 KISI 的总量水平、从业人员、所需资金等作了预测。

6.2　政策及对策建议

需要优先发展科学技术服务业与文化产业，以及与科技文化密切相关的教育和信息产业，并且在发展中要充分利用已有优势，注重信息技术和卫生、商务服务业、金融业等其他产业的融合发展，不断提高技术进步贡献率；进一步优化人才政策，适当放宽本科以上毕业生留京户籍制度，确保 KISI 发展中有充足的人力资源。

6.2.1　充分发挥政府政策的引导作用

北京市 KISI 是未来经济发展的新增长点，对于优化产业结构、保持经济和社会的协调健康发展有着重要意义，应将其摆到全局工作中的重要战略位置，将 KISI 作为一个战略产业。转换政府职能是发展北京市 KISI 的保证。政府是北京市发展 KISI 中关键的力量，应该起到裁判员的作用。政府应遵循市场规律对各个行业间的资源配置进行引导，并形成国际化的制度环境。应在金融、保险、电信、商务服务业等领域制订出一整套符合国民待遇的制度和法规，如税收制度、行业准入制度、产权交易制度、人员上岗的行业标准等等。

6.2.1.1 解放思想，消除误区

发展 KISI，首要任务是解放思想，消除认识上的误区，要充分认识现代工业与传统工业最显著的区别是它包含了大量的服务的内容。现代工业的营销网络和生产网络的形成过程，就是聚集营销人才、进行研发产品、广告、保险、会计和法律服务等开发市场的过程，在这一过程的每一环节都伴随着知识密集型服务需求。现代工业的发展对 KISI 产生了强大的市场需求，而 KISI 的发展又为制造业提供了有力的支撑。

6.2.1.2 积极引导，打破垄断

政府应根据 KISI 的发展战略定位和发展重点，应定期发布 KISI 发展重点指导性目录，引导企业按市场经济规律，健康有序地发展。同时还应利用各种经济手段，如资金资助、税收减免、信贷补助等，来推动研发设计、成果转化、教育培训等 KISI 的发展。为了打破某些行业的垄断，可实施的具体措施有：

一是对电信等自然垄断性行业，要允许非公有资本“参股”方式进入，但不能控股和独资，也可通过引入“特许经营权”的拍卖和招标等机制按“准市场化”的思路来运作。

二是对教育科研等事业性垄断行业，应按照政府配置资源和市场配置资源相结合的思路，采取区别对待的方针，按公共性、准公共性、营利性

分类改革。

三是对意识形态垄断的生产性服务业，要根据意识形态强弱程度的不同，进行分类改革。对较强的意识形态的服务部门，如通讯社、报刊社、出版社、广播电台、电视台、新闻网站等，应由国有资本掌控，非国有资本不应投资设立或控股。对意识形态较弱的业务部门，如出版物的印刷、发行业务，新闻出版单位的广告、发行业务，广播电台的节目制作业务等，应允许非公有资本以参股的形式进入。

四是对大量中介服务业、咨询服务业和信息服务业等行政性垄断行业，要使其从扭曲的行政管理职能中剥离出来，真正按照中介、咨询和信息服务业的运作规律来运作。

五是积极鼓励和发展服务业行业协会，它是提高我国服务业的管理水平和服务水平的有效途径，也是塑造市场化行为主体、改进政府职能的有效措施。

6.2.1.3　增加供给，鼓励创新

增加对企业技术创新优惠政策供给。创新是提高技术进步贡献率的源泉。应认真执行服务企业研发费用税前加计扣除、高新技术企业税收优惠政策，引导服务企业建立研发准备金制度，提高研发经费占比；鼓励服务企业编制技术发展规划，明确技术创新方向路线，制定技术创新解决方案，引导中小企业围绕单项技术进行原创性研发；发挥科技成果转化基金引导作用，支持服务企业以技术转化为重点，深化与高校院所的合作，加强关键共性技术研发与转化，共同组建创新平台及新型研发机构，强化产学研协同创新及成果转移转化。

6.2.1.4　政策扶持，改善环境

应出台各项政策扶持措施。具体有：

一是降低市场准入标准，促进产业国际化。KISI 市场准入标准是一个

国际化趋势，所以我国必须抓紧制定KISI的准入标准，对于我国原有旧的标准、老的标准要及时更新，三五年是一个周期；要加快新型标准的建立，服务的成本核算的标准，服务的市场准入和市场退出的标准等等；要建立标准的相互认证，部门之间互相承认制度。允许外商、跨国公司率先进入北京市KISI，以长期处于行业垄断地位和缺乏有效市场竞争的金融业、电信业以及开放度较低的分销服务业、中介服务业为重点，加大管理体制改革，允许开放KISI市场；致力于吸引国外的知识密集型服务公司进入北京市场，提供包括银行、医疗、会展、增值电讯等在内的服务；吸引更多的国际知识密集型服务专才到北京执业，如法律、保险和管理咨询方面的专才；争取尽快推出创业板或恢复发行证券主板，形成风险投资的退出机制。

二是突破KISI的体制障碍，提高市场化程度。受长期经济发展战略和传统观念的影响，我国KISI总体来讲体制改革滞后，因此，消除KISI发展的体制性障碍，深化KISI的市场化改革，加快推进KISI的市场化、产业化、社会化、规范化和集中化进程，是促进我国KISI发展所面临的主要任务。在放松进入管制的前提下，扩大非公有经济比重，促进服务企业数量和规模的增加，形成多元经济主体参与的充分竞争的格局。在加强行业监管的前提下扩大服务企业经营范围，实行按质论价、差别化价格等市场定价方式。以保证KISI健康、有序地发展。

三是打造适宜创新的公共服务平台。应瞄准制约服务企业创新发展的研发、孵化、交易等环节，着力搭建技术研发、创新创业孵化、技术产权交易等平台，促进重大创新平台开放共享。打造服务企业研发资源共享平台，支持服务企业联合市内外高校院所开展技术攻关，搭建服务技术研究中心和产业技术创新战略联盟等研发平台，开展产学研协同创新；推进创新创业孵化平台建设，加快众创、众包、众扶、众筹的应用步伐，打造“众创空间—孵化器—加速器—专业园区”完整孵化链，构建创新与创业结合、线上与线下结合、孵化与投资结合的新型孵化平台。

四是促进产业融合。按国际通行标准，目前北京已经完成工业化，进入发达经济时期（人均 GDP3360 - 5040 美元，北京 2003 年基本跨入门槛）。北京作为中国的首都，行使着全国政治、经济、文化和对外交往中心的职能。她不仅要成为现代加工工业密集地和高科技孵化的源头，更要成为带动中国和区域经济迅跑的中枢，而 KISI 正是实现这一目标的桥梁和纽带。因此，北京在继续调整结构、加大高新技术密集型工业投入的同时，必须以逐步弱化城乡二元结构为目标，继续保持高质量的城市 KISI 的适度增长，加快城市化进度。而 KISI 与现代制造业相辅相成，知识密集型现代服务业会为现代制造业的发展创造良好的环境，而现代制造业的发展又带动了 KISI 水平的提升。政府要高度重视二、三产业之间的关联关系，制订产业融合发展战略。除采用“内引外联”的方式培育一批现代化的大型知识密集型服务企业集团外，还应加大力度培育民营企业的发展，发展具有自主知识产权的一批企业，可以让他们与国外巨头分庭抗礼。推动电子商务在现代服务业中的应用。大力发展金融、保险、文化、娱乐、教育、卫生等服务业的电子商务，整合 KISI 资源，提升知识型服务业网络应用水平。加大仓储、物流企业利用现代信息技术力度，推动流通业由传统流通业向现代流通业转型。以电子商务整合旅游会展资源，促进北京市旅游会展业的发展。加强电子商务服务体系的建设。加强专业化、系统化、社会化服务体系建设，发挥中介机构作用，推动电子商务工程规范设计、咨询服务、工程监理等服务工作。

6.2.1.5 开发人资，加强培养

人才是 KISI 发展的根本动力，必须首先创造培养人才、吸引人才、留住人才的宽松政策环境。北京建城历史悠久，高校科研院所鳞次栉比，在人才聚集方面占有天然优势。应优化人才政策环境，加强政策引导，积极实施人才培养工程，重点培养信息、金融、商务、卫生、文化等方面的人才；形成人才公平竞争、双向选择的有效机制，提供优厚条件待遇，积极

吸引高级人才；建立留住人才的激励机制，调动他们的积极性和创造性。为聚集人才，应拓宽渠道：一是充分利用国外人才的优势，加大引进人才的力度。二是加大人才开发力度，制定分类开发计划，在 KISI 各个领域培养、造就一批具有高素质专业人才。三是加快 KISI 紧缺人才培养步伐，发展各个层次、各种类型的服务专业教育，积极组织实施服务人才能力培训工程。

夯实产业引领、能力本位、适用为重的教育培训体系应考虑：健全高技能人才职业培训体系，建立健全以企业为主体，职业学校、职业培训机构为基础，校企合作为纽带，政府推动与社会支持相结合的技能人才培训体系，健全生产性服务业专业技术人员从业资质管理，提高在职人员的业务水平。推行校企联合培养模式，加大职业培训力度，推进多元、多层次、广覆盖的基地化培训，不断提高职业素质和专业技能。结合重点产业发展需求，设定年度计划建设若干家技能大师工作室和技师工作站，建设高技能人才培训基地。加快培养服务业发展急需的实用型人才，提升服务业从业人员的整体素质，完善服务业人才、智力和项目相结合的引进机制，大力引进高层次、高技能、通晓国际通行规则和熟悉现代管理的高级人才，重点培养一批领军人才。

6.2.2 北京市 KISI 的发展对策

借鉴国际大都市（国家）KISI 发展的先进经验，结合《北京市“十三五”规划研究编制工作方案》提出的“促进转型升级，强化综合治理，加快构建‘高精尖’经济结构，有力促进首都经济社会持续健康发展”的目标，北京市 KISI 应当优先发展商务服务行业和信息服务行业，加强教育行业、科技服务行业的建设，全面提升金融行业的国际竞争力，大力发展文化体育创意产业。

6.2.2.1 优先发展商务服务行业和信息服务行业

北京商务服务行业的优势在于行业收入显著增长、企业平均盈利能力较强，其劣势在于企业数量较少、行业规模较小。新加坡凭借良好的经济、社会发展条件以及优美的环境吸引了大量境外投资，并一直鼓励外商在商务服务领域进行投资、开展合作。本书对北京相关机构和部门提出如下建议：营造有利于商务服务行业发展的社会经济环境，鼓励商务服务企业创业，吸引国外领先的商务服务企业在中国设立办事处，培育一批本土的、高端的商务服务企业品牌，提高商务要素市场资源配置水平，不断提升行业服务能力。北京信息服务行业的优势在于行业收入较高、企业盈利能力较强，其劣势在于企业数量较少、行业规模较小。新加坡政府倡导信息化的生活方式，鼓励传统企业应用信息技术获得竞争优势，并针对不同人群进行 IT 培训以缩小数字鸿沟，从而推动信息服务行业快速发展。本书对北京相关机构和部门提出如下建议：保持有利于信息服务行业发展的社会经济环境，鼓励企业和个人运用信息技术，加强信息服务行业的结构调整，支持从事经营性信息服务、互联网营销推广等新型业务的企业进行创新和发展，鼓励行业内部的良性竞争，强化信息安全和保护意识，推动行业规模扩大。

6.2.2.2　加强教育行业、科技服务行业的建设

北京教育行业的优势在于行业规模大、教育投入较多、学生数量较多、大学数量较多、大学教育质量较高，其劣势在于高等教育人数占人口比重呈下降趋势、人均教育资源（学校数和教师数）较紧张。应继续加大教育投入力度，加快教育基础设施建设，改善办学条件；鼓励社会资源参与办学，支持民办教育，鼓励教育投入多元化；在条件允许情况下，加大对贫困家庭学生的资助力度，提高接受高等教育人口比例，全面提高市民素质；提升教师队伍素质，增强教育活力，拓展教育功能，推进智慧型城市建设。

北京科技服务业的优势在于政府较为重视、行业规模较大、行业经费较为充足，其劣势在于机构平均科研支出较少、科研活跃度较低。应继续

加大对科技服务行业的投入，重点关注机构的平均科研支出，保证科技服务机构有足够的经费资源为科技服务；加强科技服务人才队伍建设，发挥科技园区的孵化和带动作用；引导各类新兴技术型创新机构和市场化新型研发组织有序发展，支持科技服务机构为市场和企业提供研发服务。

6.2.2.3　全面提升金融行业的国际竞争力

北京金融行业的优势在于行业发展规模大、发展势头强劲，其劣势在于金融机构贷款总额低、金融要素市场资源配置能力低。北京市应为中国金融行业参与国际竞争提供全方位的有利条件，鼓励金融机构对其他产业和企业给予扶持，扩大贷款规模，在有效满足重点领域和薄弱环节的融资需求的前提下，大力满足企业尤其是小微企业的融资需求，以全面提高金融行业对社会经济发展的重要支撑作用；建立金融行业高素质专业人才培养机制，制定灵活而有效的监管政策，鼓励自由竞争，营造良好的金融生态环境。

6.2.2.4　大力发展文体创意产业

北京市要成为全国文化中心，必须大力发展文化体育创意产业。首先要创新体制机制，加大国有文化体育企事业单位的改革力度，充分发挥市场配置资源的基础性作用。其次要调整产业结构，盘活存量、优化增量，建设功能完备、布局合理的文化体育创意产业集聚区。再次要整合优质资源，培育拥有自主创新知识产权、市场竞争力较强的文化体育创意龙头企业，加强文化体育创意产业的品牌建设。第四要增强创新能力，建设以企业为主体、市场为导向、产学研结合的文化创意产业创新体系。第五要推进科技应用，促进互联网、大数据、人工智能等高科技同文化内容的融合，提高文化创意产品的质量和水平。第六要完善产业链，加强社会相关行业对文化创意产业的配套支撑。同时，还要面向国际国内市场，建设发达的文化创意产业营销网络。

6.3　小结

本章首先总结了本课题的研究结论；其次提出了解放思想、消除误区，积极引导、打破垄断，增加供给、鼓励创新，政策扶持、改善环境，开发人资、加强培养等北京市发展 KISI 的政策建议；最后提出了促进北京市 KISI 发展的系列对策建议。

参考文献

[1] CHRISTINE BENNA SKYTT - LARSEN & LARS WINTHER. Knowledge Production, Urban Locations and the Importance of Local Networks [J]. European Planning Studies, 2015, 23 (9): 1895 - 1917

[2] DAVID DOLOREUX, NABIL AMARA, AND RÉJEAN LANDRY. Mapping Regional and Sectoral Characteristics of Knowledge - Intensive Business Services: Evidence from the Province of Quebec (Canada) . Growth and Change. 2008, 39 (3): 464 - 496

[3] Ferreira, João J. M. ; Raposo, Mário L. ; Fernandes, Cristina. Does innovativeness of knowledge - intensive business services differ from other industries? [J] Service Industries Journal. 2013, 33 (7/8): 734 - 748.

[4] HUNG - NIEN HSIEH, CHI - MEI CHEN, JUN - YAO WANG & TAI - SHAN HU. Knowledge - Intensive Business Services as Knowledge Intermediaries in Industrial Regions: A Comparison of the Hsinchu and Tainan Metropolitan Areas [J]. European Planning Studies. 2015 23 (11): 2253 - 2274

[5] Lars Bengtsson, Mandar Dabhilkar. Manufacturing outsourcing and its effect on plant performance—lessons for KIBS outsourcing [J]. J Evol Econ, DOI 10. 1007/s00191 - 2008 - 0129 - 1

[6] Nicoletta Corrocher, Lucia Cusmano, Andrea Morrison. Modes of innovation in knowledge - intensive business services evidence from Lombardy [J]. Journal of Evolutionary Economics. DOI 10. 1007/s00191 - 2008 - 0128 - 2

[7] ROBERT HUGGINS. The Growth of Knowledge - Intensive Business Services: Innovation, Markets and Networks [J]. European Planning Studies. 2011, 19 (8): 1459 - 1471

[8] Roberta Capello, Andrea Caragliu and Camilla Lenzi. Is innovation in cities a matter of knowledge - intensive services? An empirical investigation [J]. The European Journal of Social Science Research. 2012, 25 (2): 151 - 174

[9] ANDREAS KOCH, THOMAS STAHLECKER. Regional Innovation Systems and the Foundation of Knowledge Intensive Business Services. A Comparative Study in Bremen, Munich, and Stuttgart, Germany [J]. European Planning Studies, 2006, (14) 2: 123 -145

[10] Andrew Chadwick, John Glasson, Helen Lawton Smith. Employment Growth in Knowledge - Intensive Business Services in Great Britain during the 1990s - Variations at the Regional and Sub - Reginal Level [J]. Local Economy, 2008, 23 (1): 6 -18

[11] Andrew Johnston and Robert Huggins. The Spatio - Relational Nature of Urban Innovation Systems: Universities, Knowledge Intensive Business Service Firms, and Collaborative Networks [J]. Journal of Urban Technology, 2016, 23 (1): 29 -52

[12] GallegoJorge, MarotoAndrés. TheSpecializationin Knowledge - Intensive Business Services (KIBS) across Europe: Permanent Co - Localization to Debate [J]. Regional Studies. 2015, 49 (4): p644 -664.

[13] HEIDI WIIG ASLESEN and ARNE ISAKSEN. Knowledge Intensive Business Services and Urban Industrial Development [J]. The Service Industries Journal, 2007, 27 (3): 321 -338

[14] Miles. Patterns of Innovation in Service Industries [J]. IBM SYSTEMS JOURNAL, 2008, 47 (1): 115 -128

[15] Kristin Kronenberg. Firm relocations in the Netherlands: Why do firms move, and where do they go? [J]. Papers in Regional Science, 2013, 92 (4): 691 -715

[16] Lars Bengtsson, Mandar Dabhilkar. Manufacturing outsourcing and its effect on plant performance—lessons for KIBS outsourcing [J]. Journal of Evolutionary Economics, 2009, 19 (2): 231 -257

[17] Marco Bettiol, et. al. Determinants of Market Extension in Knowledge - Intensive Business Services: Evidence from a Regional Innovation System [J]. European Planning Studies, 2013, 21 (4): 498 -515

[18] MARCO BETTIOL, VALENTINA DE MARCHI, ELEONORA DI MARIA & ROBERTO GRANDINETTI. Determinants of Market Extension in Knowledge - Intensive Business Services: Evidence from a Regional Innovation System [J]. European Planning Studies, 2013, 21 (4): 498 -515

[19] Mark Freel. Patterns of Technological Innovation in Knowledge - Intensive Business Services . Industry and Innovation, 2006, 13 (3): 335 -358

[20] Muller. E. , A. Zenker. Business Services as Actors of Knowledge Transformation: the Role of KIBS in Regional and National Innovation Systems [J]. Research Policy. 2001,

(30): 1501 -1516

[21] Nicoletta Corrocher, Lucia Cusmano, Andrea Morrison. Modes of innovation in knowledge - intensive business services evidence from Lombardy [J]. Journal of Evolutionary Economics. DOI 10. 1007/s00191 -008 -0128 -2

[22] PETER WOOD. A Service - Informed Approach to Regional Innovation—or Adaptation? . The Service Industries Journal, 2005, 25 (4): 429 -445

[23] Peter Wood. The Regional Significance of Knowledge - Intensive Services in Europe [J]. Innovation, 2006, 19 (1): 51 -66

[24] Peter Wood. Urban Development and Knowledge - Intensive Business Services: Too Many Unanswered Questions? [J]. Growth and Change, 2006, 37 (3): 335 -361

[25] PIM DEN HERTOG. Knowledge - Intensive Business Services as Co - producers of Innovation [J]. International Journal of Innovation Management, 2000, 4 (4): 491 -528

[26] POH KAM WONG and ZI - LIN HE. A Comparative Study of Innovation Behaviour in Singapore' s KIBS and Manufacturing Firms [J]. The Service Industries Journal, 2005, 25 (1): 23 -42

[27] Robert Huggins. The Growth of Knowledge - Intensive Business Services: Innovation, Markets and Networks [J]. European Planning Studies, 2011, 19 (8): 1459 -1471

[28] Sidney G. Winter, Yuri M. Kaniovski, Giovanni Dosi. A baseline model of industry evolution [J]. Journal of Evolutionary Economics, 2003, 13: 355 -383

[29] Wong Poh Kam and Annette Singh. The Pattern of Innovation in the Knowledge - Intensive Business Services Sector of Singapore [J]. SINGAPORE MANAGEMENT REVIEW. 2006, 26 (1): 21 -44

[30] Yuzhuo Cai, and Cui Liu. The roles of universities in fostering knowledge - intensive clusters in Chinese regional innovation systems [J]. Science and Public Policy. 2015, (42): 15 -29

[31] 巴特・范・路易，保罗・格墨尔等（比）著，吴雅辉，王娟，李国建译．服务管理［M］．北京：中国市场出版社．2006. 12

[32] 白鸥，魏江．知识密集型服务业创新轨迹演化研究：P - KIBS 与 T - KIBS 的对比［J］．北京工商大学学报（社会科学版），2014，29（6:）8 - 16

[33] 彼德・德鲁克．知识管理［M］．北京：中国人民大学出版社，1999

[34] 蔡安宁，张华，庄立，梁进社．世界城市目标下的北京产业链演变研究［J］．经济地理．2015，35（2）：100 - 106

[35] 陈如洁，张鹏，杨艳君．科技服务业发展水平对制造业升级影响的区域差异——基于劳动生产率的视角［J］．中国科技论坛．2019，（7）：96 - 106

[36] 程大中著．中国服务业的增长，技术进步与国际竞争力［M］．北京：经济管理出版社．2006. 6
[37] 邓聚龙著．灰色控制系统（第二版）［M］．武汉：华中科技大学出版社，1993 年 9 月
[38] 邓聚龙著．灰预测与灰决策（修订版）［M］．武汉：华中科技大学出版社，2002 年 9 月
[39] 邓向荣，曹红．产业升级路径选择：遵循抑或偏离比较优势——基于产品空间结构的实证分析［J］．中国工业经济．2016，（2）：52 –67
[40] 方远平，毕斗斗，谢蔓，林彰平．知识密集型服务业空间关联特征及其动力机制分析——基于广东省 21 个地级市的实证［J］．地理科学．2014，34（10）：1193 –1201
[41] 方远平，阎小培．1990 年代以来我国沿海中心城市服务业特征与趋势比较研究——以北京、上海与广州为例［J］．经济地理，2004，（9）：614 –619
[42] 傅正华，李明亮．北京创新型服务业发展趋势分析［J］．北京机械工业学院学报．2008，（3）：35 –38
[43] 盖文启，王缉慈．从硅谷的成功看中国高新区的发展［J］．中国工业经济，1999，（12）：83 –24
[44] 盖文启，王缉慈．论区域的技术创新型模式及其创新网络——以北京中关村地区为例［J］．北京大学学报（哲学社会科学版），1999，（5）：92 –63
[45] 贺灿飞，朱晟君．北京市劳动力结构和空间结构对其制造业地理集聚的影响［J］．中国软科学，2007，（11）：104 –113
[46] 贺灿飞．产业联系与北京优势产业及其演变［J］．城市发展研究，2006，（4）：99 –108
[47] 黄西川，韩玉启．开放环境下根植区域的知识密集型服务企业竞争战略［J］．现代经济探讨，2003，（11）：25 –28
[48] 霍国庆，王少永，李捷．基于需求导向的产业生命周期及其演化机理研究——以美国典型产业为案例［J］．中国软科学，2015，（3）：16 –27
[49] 江晓薇．北京服务业发展战略可行性分析［J］．北京社会科学，2001，（3）：15 –21
[50] 姜长云，姜江，张义博．深圳市打造高质量创新型经济体战略路径研究［J］．区域经济评论，2018，34（04）：49 –66.
[51] 金昕，陈松．知识源战略、动态能力对探索式创新绩效的影响—基于知识密集型服务企业的实证［J］．科研管理．2015，36（2）：32 –40
[52] 李红．知识密集型服务业集群研究述评［J］．科学管理研究，2005，（12）：85 –88
[53] 李红．知识密集型服务业特征剖析［J］．情报科学，2005，（8）：101 –103

[54] 李清政，徐朝霞．顾客共同生产对服务创新绩效的影响机制——基于知识密集型服务企业在情境下的实证研究［J］．中国软科学．2014，（8）：120－130
[55] 李伟庆，聂献忠．产业升级与自主创新：机理分析与实证研究［J］．科学学研究．2015，33（7）：1008－1016
[56] 李霞，樊治平，冯博．知识服务的概念、特征与模式［J］．情报科学，2007，（10）：4851－7851
[57] 刘顺忠著．知识密集型服务业与创新［M］．北京：科学出版社，2004年3月
[58] 刘学亮．发展首都知识型服务业［J］．软科学，2002，（4）：27－32
[59] 刘亦璇．新潮故宫文化创意产业的成功与启示［J］．当代经济．2018．（1）：20－22
[60] 刘志攀，杨浩雄，魏彬．电子信息产业演化实证研究及仿真分析［J］．计算机仿真．2016，33（8）：1－6
[61] 刘作丽，贺灿飞．京津冀地区工业结构趋同现象及成因探讨［J］．地理与地理信息科学，2007，（9）：62－66
[62] 马克·戴维斯，贾内尔·海内克（美）著，王成慧，郑红译．服务管理：利用技术创造价值［M］．北京：人民邮电出版社．2006.7
[63] 马睿，陈丽珍．江浙沪知识密集型服务业的竞争力比较研究——基于空间偏离－份额分析［J］．中国商贸．2014，（6）：24－30
[64] 迈克尔·波特（美国）著，李明轩，邱如美译．国家竞争优势［M］．北京：中信出版社，2007.10
[65] 毛剑梅，锁箭．互联网背景下旅游产业的演化与发展：技术驱动视角［J］．当代经济管理．2017，39（10）：49－55
[66] 毛琦梁，王菲．地区比较优势演化的空间关联：知识扩散的作用与证据［J］．中国工业经济．2018，（11）：136－155
[67] 庞毅，宋冬英．北京现代服务业发展研究［J］．经济与管理研究，2005，（10）：40－43
[68] 渠慎宁，吕铁．产业结构升级意味着服务业更重要吗——论工业与服务业互动发展对中国经济增长的影响［J］．财贸经济．2016，37（3）：138－147
[69] 申静，冷玥，耿瑞利．北京市高端服务业发展水平的国际比较与启示［J］．技术经济．2015，34（12）：24－36
[70] 盛昭瀚，蒋德鹏著．演化经济学［M］．上海：上海三联书店，2002年4月
[71] 时省，赵定涛，洪进，董慧萍．集聚视角下知识密集型服务业对区域创新的影响研究［J］．科学学与科学技术管理，2013，34（12）：167－174
[72] 孙阿楠，刘林红，夏琳，陈晓雨．基于客户互动的软件服务创新模式研究——以

恒生公司为例［J］. 科技进步与对策，2006，（5）：88－90

［73］孙晓华，王林. 范式转换、新兴产业演化与市场生态位培育——以新能源汽车为例［J］. 经济学家. 2014，（5）：54－62

［74］孙永波，甄圆圆. 北京现代服务业发展影响因素实证分析［J］. 经济体制改革. 2015，（2）：70－75

［75］孙兆慧. 京台文化创意产业合作现状、存在问题及对策建议［J］. 国际经济合作. 2015，（6）：93－95

［76］谭成文，杨开忠. 京津第三产业分工协作特征分析［J］. 城市问题，2000，（1）：45－50

［77］特日昆，宋波，徐飞. 技术与制度协同创新的战略性新兴产业演化机理研究［J］. 科学管理研究. 2015，33（4）：50－53

［78］童昕，王缉慈. 北京与上海创新性产业比较研究［J］. 规划研究，2005，（4）：35－40

［79］瓦拉瑞尔·A·泽丝曼尔等（美）著，张金成，白长虹译. 服务营销［M］. 北京：机械工业出版社. 2004. 3

［80］汪先永，刘冬，贺灿飞，胡雪峰. 北京产业链与产业结构调整研究［J］. 北京工商大学学报（社会科学版），2006，（3）：16－21

［81］汪旭晖，冯文琪. 电子商务助推现代服务业升级：机制、路径及政策——以大连市为例［J］. 北京工商大学学报（社会科学版）. 2016，31（2）：41－52

［82］王必锋，赖志花. 京津冀高端服务业与先进制造业协同发展机理与实证研究［J］. 中国流通经济. 2016，30（10）：112－119

［83］王炳才，尹丹红. 知识密集型服务与制造业中的创新体系［J］. 天津商业大学学报，2008，（1）：25－29

［84］王大海，徐丽艳. 大力发展文化创意产业［N］. 经济日报. 2011. 1. 10

［85］王缉慈，宋向辉，李光宇. 北京中关村高新技术企业的集聚与扩散［J］. 地理学报，1996，（11）：481－488

［86］王缉慈，王可. 区域创新环境和企业根植性——兼论我国高新技术企业开发区的发展［J］. 地理研究，1999，（12）：357－362

［87］王缉慈. 高新技术产业开发区对区域发展影响的分析构架［J］. 中国工业经济，1998，（3）：54－57

［88］王缉慈. 关于发展创新型产业集群的建议［J］. 经济地理. 2004，（4）

［89］王缉慈. 知识创新和区域创新环境［J］. 经济地理，1999，（2）：11－15

［90］王孔刚. 古老的故事，现代的“讲述”——关于故宫文化创意产品的思考［J］. 紫禁城. 2017.（11）：142－153

[91] 王庆金，侯英津．文化创意产业集聚演化路径及发展策略［J］．财经问题研究．2015，(2)：33－37
[92] 王思琦，蒋旭东，李永权．近年北京市知识密集型服务业的现状分析［J］．新远见．2010，(11)：111－117
[93] 王小平，陈永国．区域生产性服务业梯度与协作发展研究［J］．河北经贸大学学报，2008，(2)：70－74
[94] 威布尔（瑞典）著，王永钦译．演化博弈论［M］．上海：上海人民出版社，2006年3月
[95] 魏江，胡胜蓉，袁立宏，钟宪文．知识密集型服务企业与客户互动创新机制研究：以某咨询公司为例［J］．西安电子科技大学学报（社会科学版），2008，18（3）：14－22
[96] 魏江，胡胜蓉著．知识密集型服务业创新范式研究［M］．北京：科学出版社，2007年12月
[97] 魏江，沈璞．知识密集型服务业创新范式初探［J］．科研管理，2006，1：70－74
[98] 魏江，陶颜，陈俊青．服务创新的实施框架及其实证［J］．科研管理，2008，29（6）：52－58
[99] 魏江，陶颜，王琳．知识密集型服务业的概念与分类研究［J］．中国软科学，2007，(1)：33－41
[100] 魏江，王甜，孙阿楠．中国知识密集型服务业国际化策略研究［J］．科技进步与对策，2006，(1)：56－58
[101] 魏江，王甜．中欧知识密集型服务业发展比较及对中国的启示［J］．管理学报，2005，(5)：213－613
[102] 魏江，朱海燕．集群创新系统的创新桥梁：知识密集型服务业［J］．浙江大学学报（人文社会科学版），2007，(3)：52－60
[103] 魏江，朱海燕．知识密集型服务业功能论：集群创新过程视角［J］．科学学研究，2006，(6)：554－954
[104] 魏江，朱海燕．知识密集型服务业与产业集群发展的互动模式研究——以慈溪家电产业集群为例［J］．研究与发展管理，2006，(4)：95－36
[105] 魏杰，杨林．经济新常态下的产业结构调整及相关改革［J］．经济纵横．2015，(6)：1－5
[106] 吴艳，高汝熹，陈跃刚．知识密集型服务业特征及空间布局研究［J］．经济体制改革，2007，(1)：162－165
[107] 肖条军著．博弈论及其应用［M］．上海：上海三联书店，2004年7月
[108] 小蕊．跨国企业在辽宁蓬勃友展——专访辽宁省政协委员、普华永道中天会计师

事务所有限公司大连分所主管合伙人关兆文［J］，2010.（2）：12－13
［109］谢识予．经济博弈论（第三版）［M］．上海：复旦大学出版社，2002年1月
［110］邢菁华，张洵君．创新与产业动态变化及演化关系——以中国体外诊断产业为例［J］．中国科技论坛．2018，（5）：23－31
［111］徐建敏，任荣明，全林．集群中知识密集型服务业创新扩散及补偿机制［J］．上海交通大学学报，2007，（12）：9301－2402
［112］徐建敏，任荣明．从成功案例看知识密集型服务业创新类型［J］．北京理工大学学报（社会科学版），2007，（10）：69－72
［113］徐建敏，任荣明．知识密集型服务业的知识转移与创新［J］．河北科技大学学报，2007，（3）：66－69
［114］徐晔，陶长琪，丁晖．区域产业创新与产业升级耦合的实证研究——以珠三角地区为例［J］．科研管理．2015，36（4）：109－117
［115］许茂增，周翔，崔利刚，刘永，余国印．低配送密度区域快递共同配送模式及利益分配［J］．计算机集成制造系统．2020.26（1）：181－190
［116］许学国，王羊昕，杨文静．知识密集型服务业与先进制造业协同度分析与评价［J］．科技管理研究．2017，（22）：52－59
［117］薛雅伟，张剑，云乐鑫．国家级新区产业生命周期及其演化规律研究——基于西海岸新区数据的研判．技术经济与管理研究［J］．2018，（3）：120－124
［118］闫淑玲．北京商务服务业发展现状与趋势预测［J］．商业经济研究．2019，（18）：157－160
［119］闫小培，林耿，普军，周锐波．大珠江三角洲的产业升级与国际竞争力［J］．经济地理，2007，27（6）：972－976
［120］阎小培．广州信息密集服务业的空间发展及其对城市地域结构的影响［J］．地理科学，1999，（10）：405－410
［121］颜燕，贺灿飞，王俊松．产业关联、制度环境与区域产业演化．［J］北京工商大学学报（社会科学版）．2017，32（1）：118－126
［122］杨亚平，周泳宏．成本上升、产业转移与结构升级——基于全国大中城市的实证研究［J］．中国工业经济．2013，（7）：147－159
［123］杨阳，焦郑珊，孙显斌．产业演化的动力模型与经验研究——以全球汽车产业发展史为典型［J］．产经评论．2018，（6）：92－101
［124］姚心璐．“四大”观风［J］．21世纪商业评论．2018.（4）：76－77
［125］詹姆斯·菲茨西蒙斯（美），梦娜·菲茨西蒙斯（美）著，张金成译．服务管理——运作、战略与信息技术（原书第五版）［M］．北京：机械工业出版社，2007年1月